世界宗教の仏法を学ぶ

教学入門

創価学会教学部編

聖教新聞社

まえがき

この『教学入門《きょうがくにゅうもん》』は、創価学会《そうかがっかい》が信奉《しんぽう》する日蓮大聖人《にちれんだいしょうにん》の仏法《ぶっぽう》の教《おし》えと実践《じっせん》を学《まな》ぶための入門書《にゅうもんしょ》です。

本書《ほんしょ》は、三つの部分《ぶぶん》から構成《こうせい》されています。

第1部は、教学部任用試験相当《きょうがくぶにんようしけんそうとう》の学習内容《がくしゅうないよう》となっています。「日蓮大聖人《にちれんだいしょうにん》の御生涯《ごしょうがい》」を学《まな》ぶとともに、最《もっと》も根本《こんぽん》の法《ほう》である「南無妙法蓮華経《なんみょうほうれんげきょう》」、日蓮仏法《にちれんぶっぽう》の目的《もくてき》である「一生成仏《いっしょうじょうぶつ》と広宣流布《こうせんるふ》」、幸福《こうふく》を開《ひら》く生命論《せいめいろん》である「十界《じっかい》」の思想《しそう》など、基礎《きそ》となる教《おし》えと実践《じっせん》を学《まな》びます。

第2部は、教学部初級試験《きょうがくぶしょきゅうしけん》・青年部教学試験《せいねんぶきょうがくしけん》(3級《きゅう》)相当《そうとう》の学習内容《がくしゅうないよう》となっています。日蓮大聖人《にちれんだいしょうにん》の仏法《ぶっぽう》の基盤《きばん》である「法華経《ほけきょう》」と、「日蓮大聖人《にちれんだいしょうにん》と法華経《ほけきょう》」の関係《かんけい》を学《まな》び、また法華経《ほけきょう》に基《もと》づく実践《じっせん》の生命論《せいめいろん》である「一念三千《いちねんさんぜん》」について概略《がいりゃく》を学《まな》びます。さらに進《すす》んで、「御本尊《ごほんぞん》の意義《いぎ》」を学《まな》び、「地涌《じゆ》の使命《しめい》と実践《じっせん》」を確認《かくにん》していきます。

世界広布《せかいこうふ》と創価学会《そうかがっかい》では、釈尊《しゃくそん》から創価学会《そうかがっかい》にいたる「仏教《ぶっきょう》の人間主義《にんげんしゅぎ》の系譜《けいふ》」をたどります。また「創価学会《そうかがっかい》の歴史《れきし》」を学《まな》びます。

さらに「日顕宗《にっけんしゅう》を破《は》す」では、日蓮大聖人《にちれんだいしょうにん》の正統《せいとう》を伝《つた》えるはずでありながら、その役《やく》割《わり》を放棄《ほうき》して堕落《だらく》し「法華経《ほけきょう》の敵《かたき》」となった日蓮正宗《にちれんしょうしゅう》（日顕宗《にっけんしゅう》）の誤《あやま》りを糾《ただ》します。

なお、「教学探検《きょうがくたんけん》」と題《だい》したコーナーを適宜《てきぎ》、設《もう》けました。ここでは、入門《にゅうもん》のレベルを超《こ》えて、特別《とくべつ》なテーマを掘《ほ》り下《さ》げ、踏《ふ》み込《こ》んで解説《かいせつ》しています。

２０１５年５月

創価学会教学部

目次

第2章　生命論《せいめいろん》（1）

第3章　信仰《しんこう》と実践《じっせん》

第2部

第5章　生命論《せいめいろん》（2）

第6章　日蓮大聖人《にちれんだいしょうにん》の仏法《ぶっぽう》（3）

第7章　地涌《じゆ》の使命《しめい》と実践《じっせん》

世界広布《せかいこうふ》と創価学会《そうかがっかい》

語句索引

装幀・挿絵　中山聖雨

凡例

一、御書《ごしょ》

①出典《しゅってん》　引用《いんよう》されている御書の御文《ごもん》は、創価学会版『新編　日蓮大聖人御書全集』（第二六六刷。以下、『御書』）に基《もと》づき、該当《がいとう》ページを御文の後に（〇〇ページ）で示した。御書名を記した場合もある。御書名については略称《りゃくしょう》もある。

②御文の表記　御文の表記は、初心者に向けて、読みやすさを図った。御書独特《どくとく》のかな遣《づか》いを現代かな遣いに改《あらた》め、句読点《くとうてん》や送りがなも現代的な表示方法とし、適宜《てきぎ》、補《おぎな》った。現代語でかな表記される言葉については、かなに改めた。

③通解《つうかい》　いくつかの箇所《かしょ》には、通解を示した。御文を引用せず、通解だけを示した場合もある。

一、法華経《ほけきょう》

①出典　引用されている法華経の経文《きょうもん》は、創価学会版『妙法蓮華経並開結《みょうほうれんげきょうならびにかいけつ》』（以下、『法華経』）に基《もと》づき、該当《がいとう》ページを経文の後に（法華経〇〇ページ）で示した。

②表記　『法華経』に基づき、一部、改めたところがある。

③品名《ほんめい》　品名を表記する際、略称《りゃくしょう》を用いた場合がある。

一、読《よ》みがな

御書の御文の読みがなは、日蓮大聖人御在世《ございせ》当時の読みの習慣《しゅうかん》に基づき、現代かな遣《づか》いで表記した。

通解《つうかい》をはじめ解説部分の現代文の読みがなは、仏教用語については仏教一般《いっぱん》の伝統的《でんとうてき》な読み、一般用語については現代語の読みとした。

なお、本書の読みは、一定《いってい》の規則《きそく》に基づいた標準的《ひょうじゅんてき》な読みを、便宜上《べんぎじょう》、参考として示すものである。意味が大きく異《こと》なる場合を除《のぞ》いては、本書と違う読みを用いても教義上《きょうぎじょう》の誤《あやま》りということではない。

〈例〉

「現世」（げんぜ）／「今世」（こんぜ）／「広宣流布」（こうせんるふ）／「(三類の) 強敵」（ごうてき） ＊（きょうてき）とはしない。／「生死」（しょうじ）、「生死流転」（しょうじるてん）／「証明」（しょうみょう＝「保証」の意味） ＊一般用語の読み（しょうめい）／「父母」（ぶも） ＊一般用語の読み（ふぼ）／「法華経」（ほけきょう）／「本地」（ほんじ＝「本来の境地」の意味） ＊一般用語の読み（ほんち＝もとの領地・国の意味）／「明鏡」（みょうきょう） ＊一般用語の読み（めいきょう）／「良薬」（ろうやく） ＊一般用語の読み（りょうやく）

例外として、一部に、創価学会で慣用《かんよう》となっている読みを振《ふ》ったものがある。

〈例〉

「九界」（くかい→きゅうかい）／「弘通」（ぐずう→ぐつう）／「血脈」
（けちみゃく→けつみゃく）／「三宝」（さんぼう→さんぽう）／「正法」
（しょうぼう→しょうほう）／「本懐」（ほんがい→ほんかい）／「凡夫」
（ぼんぶ→ぼんぷ）

一、年月日の表示

鎌倉時代《かまくらじだい》の暦《こよみ》は太陰太陽暦《たいいんたいようれき》で、現代の暦とは、一カ月前後、日付がずれている。また、閏月《うるうづき》が用いられている年もある。年については、一年ごとに西暦《せいれき》と対応させ、月日は当時の日付のまま用いた。改元《かいげん》の年は新元号《しんげんごう》で表示した。

〈例〉

承久《じょうきゅう》4年2月16日→貞応元年《じょうおうがんねん》（1222年）2月16日

＊改元は4月13日だが新元号《しんげんごう》を用《もち》いる。現代の西暦（グレゴリウス暦《れき》）に換《かん》算《さん》して1222年4月6日とはしない。

一、日蓮大聖人の年齢の表示

数《かぞ》え年《どし》で表示した。

第1部

第1章　日蓮大聖人《にちれんだいしょうにん》の仏法《ぶっぽう》（1）

第2章　生命論《せいめいろん》（1）

第3章　信仰《しんこう》と実践《じっせん》

教学部任用試験相当の学習
内容となっています

第1章　日蓮大聖人《にちれんだいしょうにん》の仏法《ぶっぽう》（1）

——御生涯《ごしょうがい》と教《おし》え——

1 日蓮大聖人《にちれんだいしょうにん》の御生涯《ごしょうがい》

日蓮大聖人《にちれんだいしょうにん》の御生涯《ごしょうがい》——それは、全人類《ぜんじんるい》の不幸《ふこう》を根絶《こんぜつ》し、すべての人々《ひとびと》に仏《ほとけ》の境涯《きょうがい》を開《ひら》かせたいとの誓願《せいがん》と慈悲《じひ》に貫《つらぬ》かれた妙法弘通《みょうほうぐつう》の御一生《ごいっしょう》でした。そして、民衆《みんしゅう》の幸福《こうふく》を阻《はば》む一切《いっさい》の悪《あく》を責《せ》め抜《ぬ》き、大難《だいなん》に次《つ》ぐ大難《だいなん》の御生涯《ごしょうがい》でもありました。

①誕生《たんじょう》・出家《しゅっけ》・遊学《ゆうがく》

日蓮大聖人《にちれんだいしょうにん》は、貞応元年《じょうおうがんねん》（1222年）2月16日、安房国《あわのくに》長狭《ながさ》郡《ぐん》東条郷《とうじょうごう》の片海《かたうみ》（千葉県《ちばけん》

鴨川市《かもがわし》）という漁村《ぎょそん》で誕生《たんじょう》されたと伝《つた》えられています。漁業《ぎょぎょう》で生計《せいけい》を立《た》てる庶民《しょみん》の出身《しゅっしん》でした。

12歳《さい》から安房国《あわのくに》の清澄寺《せいちょうじ》で、教育《きょういく》を受《う》けられました。

そのころ大聖人《だいしょうにん》は「日本第一《にほんだいいち》の智者《ちしゃ》となし給《たま》え」（888ページ）との願《ねが》いを立《た》てられました。父母《ふぼ》、そして民衆《みんしゅう》を救《すく》うために、生死《しょうじ》の根本的《こんぽんてき》な苦《くる》しみを乗《の》り越《こ》える仏法《ぶっぽう》の智慧《ちえ》を得《え》ようとされたのです。

そして、大聖人《だいしょうにん》は、仏法《ぶっぽう》を究《きわ》めるために、16歳《さい》の時《とき》、清澄寺《せいちょうじ》の道善房《どうぜんぼう》を師匠《ししょう》として出家《しゅっけ》されました。

このころ、「明星《みょうじょう》のごとくなる智慧《ちえ》の宝珠《ほうしゅ》」（同）を得《え》られたと述《の》べられています。これは、仏法《ぶっぽう》の根底《こんてい》というべき「妙法《みょうほう》」についての智慧《ちえ》と拝《はい》されます。

大聖人《だいしょうにん》は、鎌倉《かまくら》・京都《きょうと》・奈良《なら》など各地《かくち》を遊学《ゆうがく》し、比叡山延暦寺《ひえいざんえんりゃくじ》をはじめ諸大寺《しょだいじ》を巡《めぐ》って、諸経典《しょきょうてん》を学《まな》ぶとともに、各宗派《かくしゅうは》の教義《きょうぎ》の本質《ほんしつ》を把握《はあく》されていきました。その結論《けつろん》として、法華経《ほけきょう》こそが仏教《ぶっきょう》のすべての経典《きょうてん》のなかで最《もっと》も勝《すぐ》れた経典《きょうてん》であり、御自身《ごじしん》が覚《さと》った南無妙法蓮華経《なんみょうほうれんげきょう》こそが法華経《ほけきょう》の肝要《かんよう》であり、万人《ばんにん》の苦悩《くのう》を根本《こんぽん》から解決《かいけつ》する法《ほう》であることを確認《かくにん》されました。そして南無妙法蓮華経《なんみょうほうれんげきょう》を、末法《まっぽう》の人々《ひとびと》を救《すく》う法《ほう》として広《ひろ》める使命《しめい》を自覚《じかく》されました。

＊「末法《まっぽう》」とは、釈尊《しゃくそん》の仏法《ぶっぽう》が救済《きゅうさい》の力《ちから》を失《うしな》う時代《じだい》のことで、当時《とうじ》の一般《いっぱん》の説《せつ》では、釈尊《しゃくそん》が入滅《にゅうめつ》してから2000年以後《いご》とされていました。この説《せつ》に基《もと》づいて「末法に入《はい》る」と考《かんが》えられていた年《とし》は、永承《えいしょう》7年で西暦《せいれき》に換算《かんさん》すると1052年にあたります。

②立宗宣言《りっしゅうせんげん》

遊学《ゆうがく》によって妙法弘通《みょうほうぐつう》の使命《しめい》とその方途《ほうと》を確認《かくにん》された大聖人《だいしょうにん》は、大難《だいなん》が起《お》こることを覚悟《かくご》のうえで、妙法弘通《みょうほうぐつう》の実践《じっせん》に踏《ふ》み出《だ》されました。

建長《けんちょう》5年（1253年）4月28日の「午《うま》の時《とき》（正午《しょうご》ごろ）」、清澄寺《せいちょうじ》で、念仏《ねんぶつ》などを破折《はしゃく》するとともに、南無妙法蓮華経《なんみょうほうれんげきょう》の題目《だいもく》を高《たか》らかに唱《とな》えて末法《まっぽう》の民衆《みんしゅう》を救済《きゅうさい》する唯一《ゆいいつ》の正法《しょうほう》を宣言《せんげん》されました。これが「立宗宣言《りっしゅうせんげん》」です。

立宗《りっしゅう》とは宗旨《しゅうし》（肝要《かんよう》の教義《きょうぎ》）を立《た》てることです。32歳《さい》の時《とき》でした。このころ、みずから「日蓮《にちれん》」と名乗《なの》られました。

この立宗宣言《りっしゅうせんげん》の際《さい》に念仏宗《ねんぶつしゅう》の教義《きょうぎ》を厳《きび》しく批判《ひはん》した大聖人《だいしょうにん》に対《たい》し、地頭《じとう》（警察権《けいさつけん》や税《ぜい》の徴収権《ちょうしゅうけん》などを行使《こうし》した幕府《ばくふ》の役人《やくにん》）の東条景信《とうじょうかげのぶ》は、念仏《ねんぶつ》の強信者《ごうしんじゃ》であったために激《はげ》しく憤《いきどお》りました。

そのため、大聖人《だいしょうにん》に危害《きがい》を加《くわ》えようとしましたが、大聖人《だいしょうにん》はかろうじて、その難《なん》を免《まぬか》れました。

その後《ご》、大聖人《だいしょうにん》は、当時《とうじ》の政治《せいじ》の中心《ちゅうしん》であった鎌倉《かまくら》に出《で》られました。名越《なごえ》あたり（松《まつ》葉ケ谷《ばがやつ》と伝承《でんしょう》）に草庵《そうあん》を構《かま》えて、本格的《ほんかくてき》に弘教《ぐきょう》を開始《かいし》されました。当時《とうじ》、鎌倉《かまくら》の人々《ひとびと》に悪《あく》影響《えいきょう》を与《あた》えていた念仏宗《ねんぶつしゅう》や禅宗《ぜんしゅう》の誤《あやま》りを破折《はしゃく》しながら、南無妙法蓮華経《なんみょうほうれんげきょう》の題目《だいもく》を唱《とな》え、広《ひろ》められました。

この弘教《ぐきょう》の初期《しょき》に、富木常忍《ときじょうにん》・四条金吾《しじょうきんご》（頼基《よりもと》）・池上宗仲《いけがみむねなか》らが入信《にゅうしん》しました。

③「立正安国論《りっしょうあんこくろん》」の提出《ていしゅつ》と法難《ほうなん》

大聖人《だいしょうにん》が鎌倉《かまくら》での弘教《ぐきょう》を開始《かいし》された当時《とうじ》、毎年《まいとし》のように、異常気象《いじょうきしょう》や大地震《おおじしん》などの天《てん》変地異《ぺんちい》が相次《あいつ》ぎ、大飢饉《だいききん》・火災《かさい》・疫病《えきびょう》（伝染病《でんせんびょう》）などが続発《ぞくはつ》していました。

特《とく》に、正嘉元年《しょうかがんねん》（1257年）8月に鎌倉地方《かまくらちほう》を襲《おそ》った大地震《おおじしん》は、鎌倉中《かまくらじゅう》の主《おも》な建物《たてもの》をことごとく倒壊《とうかい》させる大被害《だいひがい》をもたらしました。

大聖人《だいしょうにん》は、この地震《じしん》を機《き》に、人々《ひとびと》の不幸《ふこう》の根本原因《こんぽんげんいん》を明《あき》らかにし、それを根絶《こんぜつ》する道《みち》を世《よ》に示《しめ》すため、「立正安国論《りっしょうあんこくろん》」を著《あらわ》され、文応元年《ぶんおうがんねん》（1260年）7月16日、時《とき》の実質《じっしつ》的《てき》な最高権力者《さいこうけんりょくしゃ》であった北条時頼《ほうじょうときより》に提出《ていしゅつ》されました。これが大聖人《だいしょうにん》による最初《さいしょ》の国主諫《こくしゅかん》暁《ぎょう》です（第1回の国主諫暁《こくしゅかんぎょう》）。国主諫暁《こくしゅかんぎょう》とは、国《くに》の主権者《しゅけんしゃ》に対《たい》して、その誤《あやま》りをただし、正《せい》義《ぎ》を明《あき》らかにして、諫《いさ》めることです。

「立正安国論《りっしょうあんこくろん》」では、天変地異《てんぺんちい》が続《つづ》いている原因《げんいん》は、国中《くにじゅう》の人々《ひとびと》が正法《しょうほう》に背《そむ》いて邪法《じゃほう》を信《しん》じるという謗法《ほうぼう》（正法《しょうほう》を謗《そし》ること）にあり、最大《さいだい》の元凶《げんきょう》は法然《ほうねん》が説《と》き始《はじ》めた念仏《ねんぶつ》の教《おし》えにあると指摘《してき》されています。

そして、人々《ひとびと》が悪法《あくほう》への帰依《きえ》を止《や》めて正法《しょうほう》を信受《しんじゅ》するなら、平和《へいわ》な楽土《らくど》が現出《げんしゅつ》するが、悪法《あくほう》への帰依《きえ》を続《つづ》けるなら、経文《きょうもん》に説《と》かれている三災七難《さんさいしちなん》などの種々《しゅじゅ》の災難《さいなん》のうち、まだ起《お》こっていない自界叛逆難《じかいほんぎゃくなん》（内乱《ないらん》）と他国侵逼難《たこくしんぴつなん》（他国《たこく》からの侵略《しんりゃく》）の二つの災難《さいなん》も起《お》こるであろうと警告《けいこく》し、速《すみ》やかに正法《しょうほう》に帰依《きえ》するよう諫《いさ》められました。

＊三災七難《さんさいしちなん》とは、穀貴《こっき》（飢饉《ききん》による穀物《こくもつ》の高騰《こうとう》）・兵革《ひょうかく》（戦乱《せんらん》のこと）・疫病《えきびょう》（伝染病《でんせんびょう》がはやること）の3種《しゅ》の災《わざわ》いと、星宿変怪難《しょうしゅくへんげなん》（星《ほし》の運行《うんこう》や輝《かがや》きが乱《みだ》れること）・非時風雨難《ひじふううなん》（季節外《きせつはず》れの風雨《ふうう》の災害《さいがい》が起《お》こること）などの7種《しゅ》の災難《さいなん》をいう。

しかし、幕府要人《ばくふようじん》は大聖人《だいしょうにん》の至誠《しせい》の諫暁《かんぎょう》を無視《むし》し、念仏者《ねんぶつしゃ》たちは幕府要人《ばくふようじん》の内々《ないない》の承《しょう》認《にん》のもと、大聖人《だいしょうにん》への迫害《はくがい》を図《はか》ってきたのです。

「立正安国論《りっしょうあんこくろん》」の提出後《ていしゅつご》まもない、ある夜《よ》、念仏者《ねんぶつしゃ》たちが、大聖人《だいしょうにん》を亡《な》き者《もの》にしようと、草庵《そうあん》を襲《おそ》いました（松葉ケ谷《まつばがやつ》の法難《ほうなん》）。

幸《さいわ》い、この時《とき》は大聖人《だいしょうにん》は難《なん》を逃《のが》れ、一時《いちじ》、鎌倉《かまくら》を離《はな》れることになりました。

翌《よく》・弘長元年《こうちょうがんねん》（1261年）5月12日、幕府《ばくふ》は鎌倉《かまくら》に戻《もど》られた大聖人《だいしょうにん》を捕《と》らえ、伊豆《いず》の伊東《いとう》への流罪《るざい》に処《しょ》しました（伊豆流罪《いずるざい》）。

弘長《こうちょう》3年（1263年）2月、伊豆流罪《いずるざい》を赦免《しゃめん》（罪《つみ》を許《ゆる》されること）されて鎌倉《かまくら》に帰《かえ》られた大聖人《だいしょうにん》は、翌年《よくねん》、病気《びょうき》の母《はは》を見舞《みま》いに郷里《きょうり》の安房方面《あわほうめん》に赴《おもむ》かれます。

文永元年《ぶんえいがんねん》（1264年）11月11日、大聖人《だいしょうにん》の一行《いっこう》は、天津《あまつ》の門下《もんか》の工藤邸《くどうてい》へ向《む》かう途《と》中《ちゅう》、東条《とうじょう》の松原《まつばら》で地頭《じとう》・東条景信《とうじょうかげのぶ》の軍勢《ぐんぜい》に襲撃《しゅうげき》されました。この時《とき》、大聖人《だいしょうにん》は額《ひたい》に傷《きず》を負《お》い、左《ひだり》の手《て》を骨折《こっせつ》。門下《もんか》の中《なか》には死者《ししゃ》も出《で》ました（小松原《こまつばら》の法難《ほうなん》）。

④竜《たつ》の口《くち》の法難《ほうなん》と発迹顕本《ほっしゃくけんぽん》

文永《ぶんえい》5年（1268年）、蒙古《もうこ》（「蒙古《もうこ》」は歴史的《れきしてき》な呼称《こしょう》であり、当時《とうじ》のモンゴル帝国《ていこく》を指《さ》す）からの国書《こくしょ》が鎌倉《かまくら》に到着《とうちゃく》しました。そこには、蒙古《もうこ》の求《もと》めに応《おう》じなければ、兵力《へいりょく》を用《もち》いるとの意《い》が示《しめ》されていました。「立正安国論《りっしょうあんこくろん》」で予言《よげん》した他国侵逼難《たこくしんぴつなん》が、現実《げんじつ》のものとなって迫《せま》ってきたのです。

そこで大聖人《だいしょうにん》は、時《とき》の執権《しっけん》・北条時宗《ほうじょうときむね》をはじめとする幕府要人《ばくふようじん》や鎌倉《かまくら》の諸大寺《しょだいじ》の僧《そう》ら、あわせて11カ所に書状《しょじょう》（十一通御書《じゅういっつうごしょ》）を送《おく》り、予言《よげん》の的中《てきちゅう》を明示《めいじ》するとともに、諸宗《しょしゅう》の僧《そう》らに公《おおやけ》の場《ば》での法論《ほうろん》を迫《せま》りました。

しかし、幕府《ばくふ》も諸宗《しょしゅう》も、大聖人《だいしょうにん》のはたらきかけを黙殺《もくさつ》しました。それどころか、幕府《ばくふ》は大聖人《だいしょうにん》の教団《きょうだん》を危険視《きけんし》し、その弾圧《だんあつ》に向《む》かっていったのです。

このころ、蒙古《もうこ》の調伏《じょうぶく》（敵《てき》などを打《う》ち破《やぶ》り服従《ふくじゅう》させること）の祈禱《きとう》を行《おこな》う真言僧《しんごんそう》が影響力《えいきょうりょく》を増《ま》してきました。また、真言律宗《しんごんりっしゅう》の極楽寺《ごくらくじ》の良観《りょうかん》（忍性《にんしょう》）が、幕府《ばくふ》と結《むす》び付《つ》いて大《おお》きな力《ちから》を強《つよ》めていました。

大聖人《だいしょうにん》は、民衆《みんしゅう》と社会《しゃかい》に悪影響《あくえいきょう》を与《あた》えるこれら諸宗《しょしゅう》に対《たい》しても、一歩《いっぽ》も退《しりぞ》かず破折《はしゃく》を開始《かいし》します。

文永《ぶんえい》8年（1271年）夏《なつ》に大旱魃《だいかんばつ》（長期間《ちょうきかん》の日照《ひで》り）が起《お》こった時《とき》、良観《りょうかん》が、祈雨《きう》（雨乞《あまご》い）をすることになりました。そのことを聞《き》かれた大聖人《だいしょうにん》は、良観《りょうかん》に申《もう》し入《い》れをされました。

それは、もし良観《りょうかん》が7日のうちに雨《あめ》を降《ふ》らせたなら、大聖人《だいしょうにん》が良観《りょうかん》の弟子《でし》となり、もし雨《あめ》が降《ふ》らなければ、良観《りょうかん》が法華経《ほけきょう》に帰伏《きぶく》（帰順《きじゅん》し従《したが》うこと）せよ、というものでした。

その結果《けっか》は、良観《りょうかん》の祈雨《きう》が行《おこな》われた最初《さいしょ》の7日間《かん》は雨《あめ》は一滴《いってき》も降《ふ》らず、良観《りょうかん》は祈禱《きとう》の7日延長《えんちょう》を申《もう》し入《い》れて祈《いの》りましたが、それでも雨《あめ》は降《ふ》らないばかりか、暴風《ぼうふう》が吹《ふ》くというありさまで、良観《りょうかん》の大敗北《だいはいぼく》となりました。

しかし、良観《りょうかん》は自《みずか》らの敗北《はいぼく》を素直《すなお》に認《みと》めず、大聖人《だいしょうにん》に対《たい》する怨《うら》みをさらに募《つの》らせ、配《はい》下《か》の念仏僧《ねんぶつそう》の名《な》で大聖人《だいしょうにん》を訴《うった》えたり、幕府要人《ばくふようじん》やその夫人《ふじん》たちにはたらきかけて、権力《けんりょく》による弾圧《だんあつ》を企《くわだ》てました。

良観《りょうかん》は、当時《とうじ》の人々《ひとびと》から、徳《とく》のある高僧《こうそう》として崇《あが》められていました。しかし、実際《じっさい》には権力《けんりょく》と結託《けったく》して、権勢《けんせい》におごっていたのです。

同年《どうねん》9月10日、大聖人《だいしょうにん》は幕府《ばくふ》から呼《よ》び出《だ》されて、侍所《さむらいどころ》の所司《しょし》（侍所《さむらいどころ》は軍事《ぐんじ》・警察《けいさつ》を担当《たんとう》する役所《やくしょ》。所司《しょし》は次官《じかん》のこと。長官《ちょうかん》は執権《しっけん》が兼務《けんむ》）である平左衛門尉頼綱《へいのさえもんのじょうよりつな》（平頼綱《たいらのよりつな》）の尋問《じんもん》を受《う》けました。

この時《とき》、大聖人《だいしょうにん》は平左衛門尉《へいのさえもんのじょう》に対《たい》して仏法《ぶっぽう》の法理《ほうり》のうえから、国《くに》を治《おさ》めていく一国《いっこく》の指導者《しどうしゃ》のあるべき姿《すがた》を説《と》いて諫《いさ》められました。

2日後《ご》の文永《ぶんえい》8年（1271年）9月12日、平左衛門尉《へいのさえもんのじょう》が武装《ぶそう》した兵士《へいし》を率《ひき》いて草庵《そうあん》を襲《おそ》い、大聖人《だいしょうにん》は謀叛人《むほんにん》（時《とき》の為政者《いせいしゃ》に叛逆《はんぎゃく》する人《ひと》）のような扱《あつか》いを受《う》けて捕《と》らえられました。この時《とき》、大聖人《だいしょうにん》は、平左衛門尉《へいのさえもんのじょう》に向《む》かって「〝日本《にほん》の柱《はしら》〟である日蓮《にちれん》を迫害《はくがい》するなら、必《かなら》ず自界叛逆《じかいほんぎゃく》・他国侵逼《たこくしんぴつ》の二難《になん》が起《お》こる」と述《の》べて、強《つよ》く諫暁《かんぎょう》されました（第2回の国主諫暁《こくしゅかんぎょう》）。

大聖人《だいしょうにん》は、夜半《やはん》に突然《とつぜん》、護送《ごそう》され、鎌倉《かまくら》のはずれにある竜《たつ》の口《くち》に連行《れんこう》されました。平《へいの》左衛門尉《さえもんのじょう》らが、内々《ないない》で大聖人《だいしょうにん》を斬首《ざんしゅ》することを謀《はか》っていたのです。しかし、まさに刑《けい》が執行《しっこう》されようとしたその時、突然《とつぜん》、江ノ島《えのしま》の方《ほう》から〝まり〟のような大《おお》きな光《ひか》りものが夜空《よぞら》を北西《ほくせい》の方向《ほうこう》へと走《はし》りました。兵士《へいし》たちはこれに恐《おそ》れおののいて、刑《けい》の執行《しっこう》は不可《ふか》能《のう》となりました（竜《たつ》の口《くち》の法難《ほうなん》）。

この法難《ほうなん》は、大聖人御自身《だいしょうにんごじしん》にとって極《きわ》めて重要《じゅうよう》な意義《いぎ》をもつ出来事《できごと》でした。すなわち、大聖人《だいしょうにん》は竜《たつ》の口《くち》の法難《ほうなん》を勝《か》ち越《こ》えた時《とき》に、宿業《しゅくごう》や苦悩《くのう》を抱《かか》えた凡夫《ぼんぷ》という迹《しゃく》（仮《かり》の姿《すがた》）を開《ひら》いて、凡夫《ぼんぷ》の身《み》に、生命《せいめい》にそなわる本源的《ほんげんてき》な、慈悲《じひ》と智慧《ちえ》にあふれる仏《ほとけ》（久遠元《くおんがん》初《じょ》の自受用報身如来《じじゅゆうほうしんにょらい》）という本来《ほんらい》の境地《きょうち》（本地《ほんじ》）を顕《あらわ》されたのです。

これを「発迹顕本《ほっしゃくけんぽん》（迹《しゃく》を発《ひら》いて本《ほん》を顕《あらわ》す）」といいます（本書173ページ参照）。

この発迹顕本以後《ほっしゃくけんぽんいご》、大聖人《だいしょうにん》は末法《まっぽう》の御本仏《ごほんぶつ》としての御振《おふ》る舞《ま》いを示《しめ》されていきます。

そして、万人《ばんにん》が根本《こんぽん》として尊敬《そんけい》し、帰依《きえ》していくべき御本尊《ごほんぞん》を図顕《ずけん》されていきました。

⑤佐渡流罪《さどるざい》

竜《たつ》の口《くち》の法難後《ほうなんご》のしばらくの間《あいだ》、幕府《ばくふ》は大聖人《だいしょうにん》への処遇《しょぐう》を決《き》められず、約《やく》1カ月間《げつかん》、大聖人《だいしょうにん》は相模国《さがみのくに》の依智《えち》（神奈川県厚木市北部《かながわけんあつぎしほくぶ》）にある本間六郎左衛門重連《ほんまろくろうざえもんしげつら》（佐渡国《さどのくに》の守護代《しゅごだい》）の館《やかた》に留《とど》め置《お》かれました。その間、放火《ほうか》や殺人《さつじん》の罪《つみ》が門下《もんか》に着《き》せられるなど、さまざまな弾圧《だんあつ》が画策《かくさく》されました。

結局《けっきょく》、佐渡流罪《さどるざい》と決《き》まり、大聖人《だいしょうにん》は、文永《ぶんえい》8年（1271年）10月10日に依智《えち》を出発《しゅっぱつ》し、

11月1日に佐渡《さど》の塚原《つかはら》の墓地《ぼち》にある荒《あ》れ果《は》てた三昧堂《さんまいどう》（葬送用の堂《そうそうようのどう》）に入《はい》りました。大聖人《だいしょうにん》は、厳寒《げんかん》の気候《きこう》に加《くわ》えて、衣類《いるい》や食料《しょくりょう》も乏《とぼ》しい中《なか》、佐渡《さど》の念仏者《ねんぶつしゃ》などから命《いのち》を狙《ねら》われるという厳《きび》しい状況《じょうきょう》に置《お》かれたのです。

弾圧《だんあつ》は、鎌倉《かまくら》の門下《もんか》にも及《およ》び、土牢《つちろう》に入《い》れられたり、追放《ついほう》、所領没収《しょりょうぼっしゅう》などの処分《しょぶん》を受《う》けたりします。そして、多数《たすう》の門下《もんか》が、臆病《おくびょう》と保身《ほしん》から、大聖人《だいしょうにん》の仏法《ぶっぽう》に疑《うたが》いを起《お》こして退転《たいてん》してしまいました。

翌《よく》・文永《ぶんえい》9年（1272年）1月16日、17日には、佐渡《さど》だけでなく北陸《ほくりく》・信越《しんえつ》などから諸宗《しょしゅう》の僧《そう》ら数百人《すうひゃくにん》が集《あつ》まり、大聖人《だいしょうにん》を亡《な》きものにしようとしました。本間重連《ほんましげつら》に制止《せいし》され、法論《ほうろん》で対決《たいけつ》することになりました。大聖人《だいしょうにん》は各宗《かくしゅう》の邪義《じゃぎ》をことごとく論破《ろんぱ》されました（塚原問答《つかはらもんどう》）。

2月には北条一門《ほうじょういちもん》の内乱《ないらん》が起《お》こり、鎌倉《かまくら》と京都《きょうと》で戦闘《せんとう》が行《おこな》われました（二月騒動《にがつそうどう》、北条《ほうじょう》時輔《ときすけ》の乱《らん》）。大聖人《だいしょうにん》が竜《たつ》の口《くち》の法難《ほうなん》の際《さい》に予言《よげん》された自界叛逆難《じかいほんぎゃくなん》が、わずか150日後《ご》に現実《げんじつ》になったのです。

同年初夏《どうねんしょか》、大聖人《だいしょうにん》の配所《はいしょ》は、塚原《つかはら》から一谷《いちのさわ》に移《うつ》されましたが、念仏者《ねんぶつしゃ》などに命《いのち》を狙《ねら》われるという危険《きけん》な状況《じょうきょう》に変《か》わりはありませんでした。

この佐渡流罪《さどるざい》の間《あいだ》、日興上人《にっこうしょうにん》は、大聖人《だいしょうにん》に常随給仕《じょうずいきゅうじ》して苦難《くなん》をともにされました。また、佐渡《さど》の地《ち》でも、阿仏房《あぶつぼう》・千日尼《せんにちあま》夫妻《ふさい》をはじめ、大聖人《だいしょうにん》に帰依《きえ》する人々《ひとびと》が現《あらわ》れました。

大聖人《だいしょうにん》は、この佐渡《さど》の地《ち》で多《おお》くの重要《じゅうよう》な御書《ごしょ》を著《あらわ》されていますが、とりわけ重要《じゅうよう》な著作《ちょさく》が「開目抄《かいもくしょう》」と「観心本尊抄《かんじんのほんぞんしょう》」です。

文永《ぶんえい》9年2月に著《あらわ》された「開目抄《かいもくしょう》」は、日蓮大聖人《にちれんだいしょうにん》こそが法華経《ほけきょう》に予言《よげん》された通《とお》りに実践《じっせん》された末法《まっぽう》の「法華経《ほけきょう》の行者《ぎょうじゃ》」であり、末法《まっぽう》の衆生《しゅじょう》を救《すく》う主師親《しゅししん》の三徳《さんとく》を具《そな》えられた末法《まっぽう》の御本仏《ごほんぶつ》であることを明《あ》かされています（人本尊開顕《にんほんぞんかいけん》の書《しょ》）。

また文永《ぶんえい》10年（1273年）4月に著《あらわ》された「観心本尊抄《かんじんのほんぞんしょう》」は、末法《まっぽう》の衆生《しゅじょう》が成仏《じょうぶつ》のために受持《じゅじ》すべき南無妙法蓮華経《なんみょうほうれんげきょう》の本尊《ほんぞん》について説《と》き明《あ》かされています（法本尊開顕《ほうほんぞんかいけん》の書《しょ》）。

文永《ぶんえい》11年（1274年）2月、大聖人《だいしょうにん》は赦免《しゃめん》され、3月に佐渡《さど》を発《た》って鎌倉《かまくら》へ帰《かえ》られました。

4月に平左衛門尉《へいのさえもんのじょう》と対面《たいめん》した大聖人《だいしょうにん》は、蒙古調伏《もうこじょうぶく》の祈禱《きとう》を真言《しんごん》などの邪法《じゃほう》によって行《おこな》っている幕府《ばくふ》を強《つよ》く諫《いさ》めるとともに、平左衛門尉《へいのさえもんのじょう》の質問《しつもん》に答《こた》えて、蒙古《もうこ》の襲来《しゅうらい》は必《かなら》ず年《ねん》内《ない》に起《お》こると予言《よげん》されました（第3回の国主諫暁《こくしゅかんぎょう》）。

この予言《よげん》の通《とお》り、同年《どうねん》10月に蒙古《もうこ》の大軍《たいぐん》が九州地方《きゅうしゅうちほう》を襲《おそ》ったのです（文永《ぶんえい》の役《えき》）。

これで、「立正安国論《りっしょうあんこくろん》」で示《しめ》された自界叛逆難《じかいほんぎゃくなん》・他国侵逼難《たこくしんぴつなん》の二難《になん》の予言《よげん》が、二つとも的中《てきちゅう》したことになりました。

このように、幕府《ばくふ》を直接《ちょくせつ》に諫暁《かんぎょう》して、国難《こくなん》を予言《よげん》した御事跡《ごじせき》は、これで3度目《どめ》になります（1度目《どめ》は「立正安国論《りっしょうあんこくろん》」提出《ていしゅつ》の時《とき》、2度目《どめ》は竜《たつ》の口《くち》の法難《ほうなん》の時《とき》）。この予言《よげん》が適中《てきちゅう》したことから、日蓮大聖人《にちれんだいしょうにん》は「余《よ》に三度《さんど》のこうみょう《高名》あり」（287ページ）と述《の》べられています（三《さん》度《ど》の高名《こうみょう》）。

＊ 高名《こうみょう》とは、特《とく》に優《すぐ》れた「名誉《めいよ》」「名声《めいせい》」のこと。

⑥身延入山《みのぶにゅうざん》

3度目《どめ》の諫暁《かんぎょう》も幕府《ばくふ》が用《もち》いなかったため、日蓮大聖人《にちれんだいしょうにん》は鎌倉《かまくら》を離《はな》れることを決意《けつい》し、甲斐国《かいのくに》（山梨県《やまなしけん》）波木井郷《はきいごう》の身延山《みのぶさん》に入《はい》られました。身延《みのぶ》の地《ち》は、日興上人《にっこうしょうにん》の教化《きょうけ》によって大聖人《だいしょうにん》の門下《もんか》となった波木井六郎実長《はきいろくろうさねなが》が地頭《じとう》として治《おさ》めていました。

大聖人《だいしょうにん》は、文永《ぶんえい》11年（1274年）5月に身延《みのぶ》に入《はい》られました。しかし、大聖人《だいしょうにん》の身延《みのぶ》入山《にゅうざん》は、決《けっ》して隠棲《いんせい》（俗世間《ぞくせけん》から離《はな》れて静《しず》かに住《す》むこと）などではありませんでした。

身延《みのぶ》において大聖人《だいしょうにん》は「撰時抄《せんじしょう》」「報恩抄《ほうおんしょう》」をはじめ、数多《かずおお》くの御書《ごしょ》を執筆《しっぴつ》されて、大聖人《だいしょうにん》の仏法《ぶっぽう》の重要《じゅうよう》な法門《ほうもん》を説《と》き示《しめ》されました。特《とく》に、三大秘法《さんだいひほう》（本門《ほんもん》の本尊《ほんぞん》、本門《ほんもん》の戒壇《かいだん》、本門《ほんもん》の題目《だいもく》）を明《あき》らかにされました。

さらに、法華経《ほけきょう》の講義《こうぎ》などを通《とお》して、未来《みらい》の広布《こうふ》を担《にな》う人材《じんざい》の育成《いくせい》に全力《ぜんりょく》を注《そそ》がれました。

また、各地《かくち》の男性《だんせい》・女性《じょせい》の在家信徒《ざいけしんと》に対《たい》し、数多《かずおお》くの御消息《ごしょうそく》（お手紙《てがみ》）を書《か》き送《おく》って励《はげ》まされています。一人ひとりが強盛《ごうじょう》な信心《しんじん》を貫《つらぬ》き、人生《じんせい》の勝利《しょうり》と成仏《じょうぶつ》の境涯《きょうがい》が得《え》られるよう、懇切《こんせつ》に指導《しどう》・激励《げきれい》を続《つづ》けられました。

⑦熱原《あつはら》の法難《ほうなん》と出世《しゅっせ》の本懐《ほんかい》

日蓮大聖人《にちれんだいしょうにん》の身延入山後《みのぶにゅうざんご》に、駿河国《するがのくに》（静岡県中央部《しずおかけんちゅうおうぶ》）の富士方面《ふじほうめん》では、日興上人《にっこうしょうにん》が中心《ちゅうしん》となって折伏《しゃくぶく》・弘教《ぐきょう》が進《すす》められ、天台宗《てんだいしゅう》などの僧侶《そうりょ》や信徒《しんと》が、それまでの信仰《しんこう》を捨《す》てて、大聖人《だいしょうにん》に帰依《きえ》するようになりました。

そのために、地域《ちいき》の天台宗寺院《てんだいしゅうじいん》による迫害《はくがい》が始《はじ》まり、大聖人《だいしょうにん》に帰依《きえ》した人々《ひとびと》を脅迫《きょうはく》する事件《じけん》が次々《つぎつぎ》に起《お》こりました。

弘安《こうあん》2年（1279年）9月21日には、熱原《あつはら》の農民信徒《のうみんしんと》20人《にん》が、無実《むじつ》の罪《つみ》を着《き》せられて逮捕《たいほ》され、鎌倉《かまくら》に連行《れんこう》されました。

農民信徒《のうみんしんと》は平左衛門尉《へいのさえもんのじょう》の私邸《してい》で拷問《ごうもん》に等《ひと》しい取《と》り調《しら》べを受《う》け、法華経《ほけきょう》の信心《しんじん》を捨《す》てるよう脅《おど》されましたが、全員《ぜんいん》がそれに屈《くっ》せず、信仰《しんこう》を貫《つらぬ》き通《とお》しました。

そして、神四郎《じんしろう》・弥五郎《やごろう》・弥六郎《やろくろう》の3人《にん》の兄弟《きょうだい》が処刑《しょけい》され、残《のこ》る17人《にん》は居住《きょじゅう》する地域《ちいき》から追放《ついほう》されました。この弾圧《だんあつ》を中心《ちゅうしん》とする一連《いちれん》の法難《ほうなん》を「熱原《あつはら》の法難《ほうなん》」といいます。農民信徒《のうみんしんと》たちの不惜身命《ふしゃくしんみょう》（仏道修行《ぶつどうしゅぎょう》のためには身命《しんみょう》を惜《お》しまないこと）の姿《すがた》に、大聖人《だいしょうにん》は、民衆《みんしゅう》が大難《だいなん》に耐《た》える強《つよ》き信心《しんじん》を確立《かくりつ》したことを感《かん》じられて、10月1日に著《あらわ》された「聖人御難事《しょうにんごなんじ》」で、立宗以来《りっしゅういらい》「二十七年《ねん》」目《め》にして、大聖人自身《だいしょうにんじしん》の「出世《しゅっせ》の本懐《ほんかい》」を示《しめ》されました。「出世《しゅっせ》の本懐《ほんかい》」とは、この世《よ》に出現《しゅつげん》した目的《もくてき》という意味《いみ》です。

日蓮大聖人《にちれんだいしょうにん》は、若《わか》き日《ひ》に、仏法《ぶっぽう》の肝要《かんよう》を知《し》る智者《ちしゃ》となって、すべての人《ひと》を苦悩《くのう》から根本的《こんぽんてき》に救《すく》うという誓願《せいがん》を立《た》てられます。この誓願《せいがん》の成就《じょうじゅ》が御生涯《ごしょうがい》をかけて目指《めざ》された根本目的《こんぽんもくてき》であると拝《はい》されます。大聖人《だいしょうにん》は、万人成仏《ばんにんじょうぶつ》の根本法《こんぽんほう》である南無妙法蓮華経《なんみょうほうれんげきょう》を説《と》き、本門《ほんもん》の本尊《ほんぞん》と本門《ほんもん》の戒壇《かいだん》と本門《ほんもん》の題目《だいもく》という三大秘法《さんだいひほう》を明《あ》かし、未来永遠《みらいえいえん》にわたる広宣流布《こうせんるふ》の基盤《きばん》を確立《かくりつ》されました。

この熱原《あつはら》の法難《ほうなん》において、三大秘法《さんだいひほう》の南無妙法蓮華経《なんみょうほうれんげきょう》を受持《じゅじ》して、不惜身命《ふしゃくしんみょう》の実践《じっせん》で広宣流布《こうせんるふ》する民衆《みんしゅう》が出現《しゅつげん》したことにより、世界《せかい》の人々《ひとびと》を救《すく》うための日蓮大聖人《にちれんだいしょうにん》の民衆仏法《みんしゅうぶっぽう》が現実《げんじつ》のものとなりました。

このことにより、生涯《しょうがい》をかけた根本目的《こんぽんもくてき》、「出世《しゅっせ》の本懐《ほんかい》」を達成《たっせい》されたのです。

そして、大聖人《だいしょうにん》は弘安《こうあん》2年（1279年）10月12日、その意義《いぎ》を留《とど》めた御本尊《ごほんぞん》を建立《こんりゅう》されました（いわゆる、弘安《こうあん》2年の御本尊《ごほんぞん》）。

また、この熱原《あつはら》の法難《ほうなん》において、大聖人門下《だいしょうにんもんか》は異体同心《いたいどうしん》の信心《しんじん》で戦《たたか》いました。特《とく》に、近隣《きんりん》の地頭《じとう》であった青年《せいねん》・南条時光《なんじょうときみつ》は同志《どうし》を守《まも》るなど活躍《かつやく》しました。

⑧御入滅《ごにゅうめつ》と日興上人《にっこうしょうにん》の継承《けいしょう》

弘安《こうあん》5年（1282年）9月8日、大聖人《だいしょうにん》は、弟子《でし》たちの勧《すす》めで常陸国《ひたちのくに》（茨城県北部《いばらきけんほくぶ》と福島県南東部《ふくしまけんなんとうぶ》）へ湯治《とうじ》に行くとして、9年住《す》まわれた身延山《みのぶさん》を発《た》たれました。その後《ご》、武蔵国池上《むさしのくにいけがみ》（東京都大田区《とうきょうとおおたく》）にある池上宗仲《いけがみむねなか》の屋敷《やしき》に滞在《たいざい》されると、後事《こうじ》について種々定《しゅじゅさだ》められました。

9月25日には、病《やまい》を押《お》して、門下《もんか》に対《たい》し「立正安国論《りっしょうあんこくろん》」を講義《こうぎ》されたと伝《つた》えられています。

そして、弘安《こうあん》5年（1282年）10月13日、日蓮大聖人《にちれんだいしょうにん》は、池上宗仲邸《いけがみむねなかてい》で、「法華経《ほけきょう》の行者《ぎょうじゃ》」として生《い》き抜《ぬ》かれた61歳《さい》の尊《とうと》い生涯《しょうがい》を終《お》えられたのです。

大聖人《だいしょうにん》御入滅後《ごにゅうめつご》、日興上人《にっこうしょうにん》はただ一人《ひとり》、大聖人《だいしょうにん》の不惜身命《ふしゃくしんみょう》の広宣流布《こうせんるふ》の精神《せいしん》と行動《こうどう》を受《う》け継《つ》がれました。

また広宣流布《こうせんるふ》の継承者《けいしょうしゃ》の自覚《じかく》から、謗法厳誡《ほうぼうげんかい》の精神《せいしん》を貫《つらぬ》き、国主諫暁《こくしゅかんぎょう》を推進《すいしん》するとともに、大聖人《だいしょうにん》が著《あらわ》されたすべての著述《ちょじゅつ》を「御書《ごしょ》」として大切《たいせつ》にされ、末法《まっぽう》の聖典《せいてん》と拝《はい》して研鑽《けんさん》を奨励《しょうれい》し、行学《ぎょうがく》の二道《にどう》に励《はげ》む多《おお》くの優《すぐ》れた弟子《でし》を輩出《はいしゅつ》しました。

◇資料◇ 日蓮大聖人《にちれんだいしょうにん》の御生涯略年譜《ごしょうがいりゃくねんぷ》（御事跡《ごじせき》中の洋数字は月日、▽印は「この年ごろ」を示す）

西暦	年号	聖寿	日蓮大聖人の御事跡	一般歴史事項
1222	貞応元《じょうおう》	1	2・16 安房国長狭郡東条郷片海《あわのくにながさぐんとうじょうごうかたうみ》に御誕生《ごたんじょう》	前年（1221年）に承久の乱《じょうきゅうのらん》
1233	天福元《てんぷく》	12	春《はる》、安房国清澄寺《せいちょうじ》に登《のぼ》り、修学《しゅうがく》を始《はじ》める	
1237	嘉禎《かてい》3	16	清澄寺《せいちょうじ》で得度《とくど》し、是聖房《ぜしょうぼう》と名乗《なの》る	
1239	延応元《えんおう》	18	▽鎌倉《かまくら》などに遊学《ゆうがく》する	
1242	仁治《にんじ》3	21	▽比叡山《ひえいざん》などに遊学する	執権《しっけん》・北条泰時《ほうじょうやすとき》が没《ぼっ》する
1246	寛元《かんげん》4	25	3・8 日興上人《にっこうしょうにん》が甲斐国鰍沢《かいのくにかじかざわ》で生《う》まれる	北条時頼《ほうじょうときより》が執権《しっけん》となる
1253	建長《けんちょう》5	32	4・28 清澄寺《せいちょうじ》で立宗宣言《りっしゅうせんげん》 ▽日蓮《にちれん》と名《な》を改《あらた》め、鎌倉《かまくら》に草庵《そうあん》を構《かま》えて弘教《ぐきょう》を開《かい》始《し》する	北条時頼が建長寺《けんちょうじ》を創建《そうけん》し 蘭渓道隆《らんけいどうりゅう》を開山《かいざん》とする
1255	建長《けんちょう》7	34	▽富木常忍《ときじょうにん》が門下《もんか》となる	興福寺衆徒《こうふくじしゅうと》が東大寺《とうだいじ》を焼《や》く
1256	康元元《こうげん》	35	▽四条金吾《しじょうきんご》（頼基《よりもと》）、池上宗仲《いけがみむねなか》らが入信《にゅうしん》する	北条時頼《ほうじょうときより》が執権を辞《じ》し、北条長時《ながとき》を執権《しっけん》とする
1257	正嘉元《しょうか》	36	「立正安国論《りっしょうあんこくろん》」執筆《しっぴつ》について考《かんが》えはじめる	8・23 鎌倉《かまくら》で大地震《おおじしん》

1260	文応元《ぶんおう》	39	7・16「立正安国論《りっしょうあんこくろん》」を北条時頼《ほうじょうときより》に提出《ていしゅつ》し、諫《いさ》める（第1回の国主諫暁《こくしゅかんぎょう》）。直後（7月または8月）に草庵《そうあん》を念仏者《ねんぶつしゃ》らに襲撃《しゅうげき》される（松葉ケ谷《まつばがやつ》の法難《ほうなん》）	蒙古《もうこ》の世祖《せそ》フビライ・ハン即位《そくい》
1261	弘長元《こうちょう》	40	5・12 伊豆国伊東《いずのくにいとう》に流罪《るざい》される（伊豆流罪《いずるざい》）	北条重時《ほうじょうしげとき》が没《ぼっ》する
1263	弘長《こうちょう》3	42	2・22 流罪《るざい》を赦《ゆる》され鎌倉《かまくら》に戻《もど》る	北条時頼《ときより》が没《ぼっ》する
1264	文永元《ぶんえい》	43	11・11 安房国東条《あわのくにとうじょう》の松原《まつばら》で地頭《じとう》の東条景信《とうじょうかげのぶ》による襲撃《しゅうげき》を受《う》ける（小松原《こまつばら》の法難《ほうなん》）	
1268	文永《ぶんえい》5	47	10・11「十一通御書《じゅういっつうごしょ》」を北条時宗《ほうじょうときむね》はじめ関係各所《かんけいかくしょ》に送《おく》る	閏《うるう》1月 蒙古《もうこ》の国書《こくしょ》、幕府《ばくふ》に届《とど》く。3月 北条時宗《ほうじょうときむね》が執権《しっけん》となる。7月 彗星《すいせい》が現《あらわ》れる
1271	文永《ぶんえい》8	50	夏《なつ》、祈雨《きう》の勝負《しょうぶ》で極楽寺良観《ごくらくじりょうかん》（忍性《にんしょう》）を破《やぶ》る 9・12 平左衛門尉頼綱《へいのさえもんのじょうよりつな》により逮捕《たいほ》され、頸《くび》の座《ざ》に臨《のぞ》まれる（竜《たつ》の口《くち》の法難《ほうなん》）。これを機《き》に発迹顕本《ほっしゃくけんぽん》される。相模国《さがみのくに》の本間重連《ほんましげつら》の館《やかた》に移送《いそう》される 10・10 本間《ほんま》の館《やかた》を出《で》て流罪地《るざいち》・佐渡《さど》に向《む》かう	蒙古《もうこ》が国名《こくめい》を元《げん》と改《あらた》める

1272	文永《ぶんえい》9	51	11・1 佐渡《さど》・塚原《つかはら》の三昧堂《さんまいどう》に入《はい》る 「開目抄《かいもくしょう》」の執筆《しっぴつ》について考《かんが》え始《はじ》める 1・16、17 塚原問答《つかはらもんどう》 2月「開目抄《かいもくしょう》」を門下《もんか》一同《いちどう》に与《あた》える	2月 幕府内部《ばくふないぶ》の内乱《ないらん》（二月騒《そう》動《どう》）が起《お》きる
1273	文永《ぶんえい》10	52	4・25「観心本尊抄《かんじんのほんぞんしょう》」を著《あらわ》す	
1274	文永《ぶんえい》11	53	3・13 佐渡流罪《さどるざい》から赦免《しゃめん》となり、一谷《いちのさわ》を出発《しゅっぱつ》 3・26 鎌倉《かまくら》に着《つ》く 4・8 平左衛門尉頼綱《へいのさえもんのじょうよりつな》と会見《かいけん》し、諫暁《かんぎょう》を行《おこな》う。年内《ねんない》に蒙古襲来《もうこしゅうらい》があると予言《よげん》 5・17 身延《みのぶ》に入《はい》る	10月 第1回蒙古襲来《もうこしゅうらい》（文永《ぶんえい》の役《えき》）
1275	建治《けんじ》元	54	日興上人《にっこうしょうにん》の教化《きょうけ》により、駿河《するが》の天台宗寺院《てんだいしゅうじいん》の寺僧《じそう》などが大聖人門下《だいしょうにんもんか》となる。それにより天台宗寺院側《がわ》からの迫害《はくがい》がおきる ▽「撰時抄《せんじしょう》」を著《あらわ》す	3月 極楽寺《ごくらくじ》が消失《しょうしつ》 9月 幕府《ばくふ》が元《げん》の使者《ししゃ》を竜《たつ》の口《くち》で斬《き》る
1276	建治《けんじ》2	55	7・21「報恩抄《ほうおんしょう》」を著《あらわ》す	
1277	建治《けんじ》3	56		春《はる》より疫病《えきびょう》が流行《りゅうこう》

1278	弘安元《こうあん》	57		蘭渓道隆《らんけいどうりゅう》が没《ぼっ》する
1279	弘安《こうあん》2	58	9・21 数年《すうねん》にわたる熱原地域《あつはらちいき》の迫害《はくがい》（熱原《あつはら》の法難《ほうなん》）の中で、熱原《あつはら》の農民信徒《のうみんしんと》20人が捕《と》らえられる 10・12 弘安《こうあん》2年の御本尊《ごほんぞん》を建立《こんりゅう》される	7月 幕府《ばくふ》が元《げん》の使者《ししゃ》を博多《はかた》で斬《き》る
1281	弘安《こうあん》4	60		5月 第2回蒙古襲来《もうこしゅうらい》（弘安《こうあん》の役《えき》）が始《はじ》まる
1282	弘安《こうあん》5	61	9・8 身延山《みのぶさん》を下《くだ》る 9・18 武蔵国《むさしのくに》の池上宗仲邸《いけがみむねなかてい》に到着《とうちゃく》 10・13 池上宗仲邸《いけがみむねなかてい》で御入滅《ごにゅうめつ》	12月 北条時宗《ほうじょうときむね》が鎌倉《かまくら》に円覚《えんがく》寺《じ》を創建《そうけん》

2 南《な》無《ん》妙《みょう》法《ほう》蓮《れん》華《げ》経《きょう》

南《な》無《ん》妙《みょう》法《ほう》蓮《れん》華《げ》経《きょう》は、日《にち》蓮《れん》大《だい》聖《しょう》人《にん》が覚《かく》知《ち》された、万《ばん》人《にん》の苦《く》悩《のう》を根《こん》本《ぽん》から解《かい》決《けつ》する法《ほう》です。ここでは、南《な》無《ん》妙《みょう》法《ほう》蓮《れん》華《げ》経《きょう》の重《じゅう》要《よう》な側《そく》面《めん》をいくつか確《かく》認《にん》します。

宇《う》宙《ちゅう》と生《せい》命《めい》を貫《つらぬ》く根《こん》源《げん》の法《ほう》

南《な》無《ん》妙《みょう》法《ほう》蓮《れん》華《げ》経《きょう》は、宇《う》宙《ちゅう》と生《せい》命《めい》を貫《つらぬ》く根《こん》源《げん》の法《ほう》です。

釈《しゃく》尊《そん》は、人《ひと》々《びと》の苦《く》悩《のう》を自《じ》身《しん》の苦《く》悩《のう》とし、その解《かい》決《けつ》法《ほう》を探《たん》究《きゅう》しました。その結《けっ》果《か》、宇《う》宙《ちゅう》と生《せい》命《めい》を貫《つらぬ》く永《えい》遠《えん》にして普《ふ》遍《へん》である根《こん》源《げん》の法《ほう》を、自《じ》身《しん》の生《せい》命《めい》の内《うち》に覚《かく》知《ち》し、仏《ほとけ》（仏《ぶっ》陀《だ》）と呼《よ》ばれました。そして、智《ち》慧《え》と慈《じ》悲《ひ》でさまざまな教《おし》えを説《と》きました。その教《おし》えは種《しゅ》々《じゅ》の経《きょう》典《てん》にまとめられていきます。諸《しょ》経《きょう》典《てん》の中《なか》で、仏《ほとけ》の覚《さと》りの真《しん》実《じつ》を伝《つた》えるのが、法《ほ》華《け》経《きょう》です。

日蓮大聖人《にちれんだいしょうにん》は、苦悩《くのう》を根本《こんぽん》から解決《かいけつ》し幸福《こうふく》を開《ひら》く、仏《ほとけ》が覚知《かくち》したこの根源《こんげん》の法《ほう》こそ、南無妙法蓮華経《なんみょうほうれんげきょう》であると明《あ》かされたのです。

成仏《じょうぶつ》の根本法《こんぽんほう》

仏《ほとけ》とは、根源《こんげん》の法《ほう》をわが身《み》に体現《たいげん》し、あらゆる苦難《くなん》を打《う》ち破《やぶ》り、なにものにも揺《ゆ》るがない、絶対的《ぜったいてき》な幸福境涯《こうふくきょうがい》を胸中《きょうちゅう》に確立《かくりつ》した人《ひと》です。

この根源《こんげん》の法《ほう》である南無妙法蓮華経《なんみょうほうれんげきょう》こそ、成仏《じょうぶつ》の根本法《こんぽんほう》なのです。

万人《ばんにん》に具《そな》わる永遠《えいえん》の法《ほう》

仏《ほとけ》は、根源《こんげん》の法《ほう》が自身《じしん》の生命《せいめい》を貫《つらぬ》いていることに目覚《めざ》めるとともに、万人《ばんにん》の生命《せいめい》にも、本来《ほんらい》、具《そな》わっていることを覚《さと》ります。

そして、生命《せいめい》を貫《つらぬ》く根源《こんげん》の法《ほう》は、生死《しょうじ》を超《こ》えるものであり、決《けっ》して失《うしな》われたり壊《こわ》されたりするものではないことを覚知《かくち》しました。

南無妙法蓮華経《なんみょうほうれんげきょう》は、万人《ばんにん》に具《そな》わる普遍《ふへん》の法《ほう》であり、過去世《かこせ》・現在世《げんざいせ》・未来世《みらいせ》という三世《さんぜ》を貫《つらぬ》く永遠《えいえん》の法《ほう》なのです。

名前《なまえ》からうかがえる深《ふか》い意味《いみ》

南無妙法蓮華経《なんみょうほうれんげきょう》という名前《なまえ》それ自体《じたい》から、根源《こんげん》の法《ほう》の深《ふか》い意味《いみ》がうかがえます。

妙法蓮華経《みょうほうれんげきょう》とは、法華経《ほけきょう》の詳《くわ》しい名前《なまえ》です。

法華経《ほけきょう》で示《しめ》される根源《こんげん》の法《ほう》は、なかなか理解《りかい》しがたい不思議《ふしぎ》な法《ほう》であるので「妙法《みょうほう》」と呼《よ》ばれます。

妙法《みょうほう》の特質《とくしつ》を理解《りかい》するための譬《たと》えとなるのが、植物《しょくぶつ》の「蓮華（ハス）」です。

たとえば、蓮華は、泥沼《どろぬま》に生《は》えても、それに染《そ》まらず、清《きよ》らかで香《かお》り高《たか》い花《はな》を咲《さ》かせます。それは、妙法《みょうほう》を信《しん》じ、実践《じっせん》する人《ひと》が、苦悩渦巻《くのううずま》く現実世界《げんじつせかい》に生《い》きながら、清《きよ》らかな心《こころ》と行動《こうどう》をたもち、人々《ひとびと》を教《おし》え導《みちび》くことを思《おも》い浮《う》かばせます。

また、蓮華は、他《ほか》の花《はな》とは違《ちが》って、つぼみの段階《だんかい》でも花《はな》びらの中《なか》に果実《かじつ》である蓮台《れんだい》があり、花《はな》びらと実《み》が同時《どうじ》に生長《せいちょう》し、花《はな》が開《ひら》いて実《み》が現《あらわ》れた時《とき》も花《はな》びらがあります。原因《げんいん》である花《はな》と結果《けっか》である実《み》が倶《とも》にあり、同時《どうじ》です。

これは、まだ仏《ほとけ》の境涯《きょうがい》（仏界《ぶっかい》）が開《ひら》き顕《あらわ》されていない凡夫《ぼんぷ》の段階《だんかい》でも、仏《ほとけ》の境涯《きょうがい》は見《み》えないけれども厳然《げんぜん》と具《そな》わっていること、さらに、仏《ほとけ》となっても凡夫《ぼんぷ》の生命境涯《せいめいきょうがい》が失《うしな》われないということを示《しめ》します。

このように、蓮華は妙法《みょうほう》の特徴《とくちょう》を理解《りかい》するための譬《たと》えとなっています。

そして、妙法《みょうほう》は、永遠《えいえん》の真実《しんじつ》を明《あ》かすものであるので、「経《きょう》」として尊重《そんちょう》され信仰《しんこう》されるのです。

また「南無《なむ》」というのは古代《こだい》インドの言葉《ことば》の音《おん》を漢字《かんじ》で写《うつ》したものですが、その意味《いみ》を取《と》って「帰命《きみょう》」とも訳《やく》されます。「帰命《きみょう》」とは、身《み》も心《こころ》も帰依《きえ》する、全身全霊《ぜんしんぜんれい》で教《おし》えを実践《じっせん》し体現《たいげん》するという意味《いみ》です。

南無妙法蓮華経《なんみょうほうれんげきょう》は、あらゆる人々《ひとびと》を救《すく》おうとする仏《ほとけ》の慈悲《じひ》と智慧《ちえ》の生《い》き方《かた》が結晶《けっしょう》した、仏《ほとけ》の心《こころ》そのものです。

日蓮大聖人《にちれんだいしょうにん》の仏《ほとけ》の御生命《ごせいめい》

法華経《ほけきょう》には、宇宙《うちゅう》と生命《せいめい》を貫《つらぬ》く根源《こんげん》の法《ほう》は指《さ》し示《しめ》されているものの、それが具体的《ぐたいてき》にどういうものであるか、また、その名称《めいしょう》は明《あき》らかにされていませんでした。

日蓮大聖人《にちれんだいしょうにん》は、法華経《ほけきょう》に指《さ》し示《しめ》されている根源《こんげん》の法《ほう》が、御自身《ごじしん》の生命《せいめい》に具《そな》わっていることを覚知《かくち》され、それが南無妙法蓮華経《なんみょうほうれんげきょう》であると明《あ》かされたのです。

つまり、南無妙法蓮華経《なんみょうほうれんげきょう》とは、単《たん》に経典《きょうてん》の名前《なまえ》「妙法蓮華経《みょうほうれんげきょう》」に「南無《なむ》」が冠《かん》されたのではなく、根源《こんげん》の法《ほう》そのものの名称《めいしょう》なのです。

これによって、自身《じしん》の生命《せいめい》の真実《しんじつ》の姿《すがた》を知《し》らずに迷《まよ》い苦《くる》しんでいる人々《ひとびと》を根本的《こんぽんてき》に救《すく》い、揺《ゆ》るぎない幸福《こうふく》を築《きず》きゆく道《みち》が、現実《げんじつ》に開《ひら》かれたのです。

それゆえ、私たちは、日蓮大聖人《にちれんだいしょうにん》を、末法《まっぽう》という苦悩《くのう》の渦巻《うずま》く混乱《こんらん》の時代《じだい》の御本仏《ごほんぶつ》として尊崇《そんすう》するのです。

南無妙法蓮華経《なんみょうほうれんげきょう》は、宇宙《うちゅう》と生命《せいめい》を貫《つらぬ》く根源《こんげん》の法《ほう》を体現《たいげん》された大聖人《だいしょうにん》の仏《ほとけ》の生命《せいめい》そのものなのです。

凡夫《ぼんぷ》も本来《ほんらい》は妙法《みょうほう》そのもの

また、凡夫《ぼんぷ》すなわち普通《ふつう》の一人《ひとり》ひとりの生命《せいめい》にも、仏界《ぶっかい》（仏《ほとけ》の生命境涯《せいめいきょうがい》）は厳然《げんぜん》と具《そな》わっています。本来《ほんらい》は、私たち一人《ひとり》ひとりも南無妙法蓮華経《なんみょうほうれんげきょう》そのものです。

ところが、凡夫《ぼんぷ》は、その生命《せいめい》の真実《しんじつ》を自覚《じかく》していないため、内《うち》なる根源《こんげん》の法《ほう》である南無妙法蓮華経《なんみょうほうれんげきょう》の力《ちから》とはたらきを発揮《はっき》させることができていないのです。

この真実《しんじつ》を覚《さと》っている状態《じょうたい》が仏《ほとけ》であり、この真実《しんじつ》を信《しん》じられず、迷《まよ》っている状態《じょうたい》が凡夫《ぼんぷ》なのです。

ですから現実《げんじつ》には、南無妙法蓮華経《なんみょうほうれんげきょう》を信《しん》じ、実践《じっせん》する時《とき》に、妙法《みょうほう》の力《ちから》とはたらきが現《あらわ》れるのです。

曼荼羅《まんだら》に顕《あらわ》し修行《しゅぎょう》の本尊《ほんぞん》に

日蓮大聖人《にちれんだいしょうにん》は、御自身《ごじしん》の仏界《ぶっかい》の生命《せいめい》を一幅《いっぷく》の曼荼羅《まんだら》に顕《あらわ》されました。

凡夫《ぼんぷ》の私たちが、大聖人《だいしょうにん》と同《おな》じく、南無妙法蓮華経《なんみょうほうれんげきょう》をわが身《み》に体現《たいげん》し、成仏《じょうぶつ》するための修行《しゅぎょう》の本尊《ほんぞん》とされたのです。

「この御本尊《ごほんぞん》、全《まった》く余所《よそ》に求《もと》むることなかれ。ただ、我《わ》れら衆生《しゅじょう》の法華経《ほけきょう》を持《たも》ちて、南無妙法蓮華経《なんみょうほうれんげきょう》と唱《とな》うる胸中《きょうちゅう》の肉団《にくだん》におわしますなり」（1244ページ、通解《つうかい》――この御本尊《ごほんぞん》は、全《まった》く別《べつ》の所《ところ》に求《もと》めてはならない。ただ、私たちが法華経《ほけきょう》をたもって、南無妙法蓮華経《なんみょうほうれんげきょう》と唱《とな》える胸中《きょうちゅう》にいらっしゃるのである）と仰《おお》せです。

曼荼羅《まんだら》の御本尊《ごほんぞん》に顕《あらわ》された根源《こんげん》の法《ほう》であり、仏《ほとけ》の御生命《ごせいめい》である南無妙法蓮華経《なんみょうほうれんげきょう》を拝《はい》して、それが、私たち自身《じしん》の生命《せいめい》にも厳然《げんぜん》と具《そな》わっているのだと、信《しん》じ受《う》け止《と》めていくことが大切《たいせつ》です。そのことによって、自身《じしん》の内《うち》なる妙法《みょうほう》が開《ひら》き顕《あらわ》され、仏《ほとけ》の境地《きょうち》を実現《じつげん》していけるのです。

また、「始《はじ》めて我心本来《わがこころほんらい》の仏《ほとけ》なりと知《し》るを即《すなわ》ち大歓喜《だいかんぎ》と名《な》づく。いわゆる、南無妙法《なんみょうほう》蓮華経《れんげきょう》は歓喜《かんぎ》の中《なか》の大歓喜《だいかんぎ》なり」（788ページ、通解――初《はじ》めて自身《じしん》の心《こころ》が本来《ほんらい》、仏《ほとけ》であると知《し》ることを大歓喜《だいかんき》というのである。南無妙法蓮華経《なんみょうほうれんげきょう》とは、歓喜《かんき》の中《なか》の大歓喜《だいかんき》である）とあります。

自身《じしん》が本来《ほんらい》、仏《ほとけ》である、南無妙法蓮華経《なんみょうほうれんげきょう》そのものであると知《し》り、そのはかりしれない素晴《すば》らしい福徳《ふくとく》を我《わ》が身《み》に開《ひら》き顕《あらわ》していく。これ以上《いじょう》の人生《じんせい》の喜《よろこ》びはありません。妙法《みょうほう》を根本《こんぽん》に、さまざまな困難《こんなん》を勝《か》ち越《こ》えていく時《とき》、永遠《えいえん》に何《なに》ものにも壊《こわ》されない幸《こう》福《ふく》の軌道《きどう》を進《すす》むことができ、この一生《いっしょう》を大歓喜《だいかんき》で飾《かざ》っていくことができるのです。

◇教学探検◇

妙《みょう》の三義《さんぎ》

日蓮大聖人《にちれんだいしょうにん》は、「法華経題目抄《ほけきょうだいもくしょう》」で、妙法《みょうほう》の功徳《くどく》について、「開《かい》」「具足円満《ぐそくえんまん》」「蘇生《そせい》」という三点《さんてん》を挙《あ》げて説明《せつめい》されています。いわゆる「妙《みょう》の三義《さんぎ》」です。

①「開《かい》」の義《ぎ》

「妙《みょう》と申《もう》すことは、開《かい》ということなり」（943ページ）

釈尊《しゃくそん》は、人々《ひとびと》を教《おし》え導《みちび》くためにさまざま

な経《きょう》を説《と》きました。しかし、法華経以外《ほけきょういがい》の諸経《しょきょう》は、聴衆《ちょうしゅう》の状況《じょうきょう》に応《おう》じて、それにあった教《おし》えを説《と》いたのであって、仏《ほとけ》が覚《さと》った真《しん》実《じつ》の全体《ぜんたい》（純円一実《じゅんえんいちじつ》）は説《と》ききっていません。これに対《たい》して、法華経《ほけきょう》は仏《ほとけ》が覚《さと》った究《きゅう》極《きょく》・根本《こんぽん》の真実《しんじつ》を説《と》ききっています。それゆえ、法華経《ほけきょう》に基《もと》づくことによって、部分《ぶぶん》的《てき》ではあるが諸経《しょきょう》に秘《ひ》められている素晴《すば》らしい真実《しんじつ》（爾前《にぜん》の円《えん》）が活《い》かされるのです。

すなわち、法華経《ほけきょう》は、諸経《しょきょう》という蔵《くら》を開《ひら》く鍵《かぎ》であり、この法華経《ほけきょう》によってこそ諸経《しょきょう》が秘《ひ》めた宝《たから》を生《い》かすことができるのです。

②「具足円満《ぐそくえんまん》」の義《ぎ》

「妙《みょう》とは具《ぐ》の義《ぎ》なり。具《ぐ》とは円満《えんまん》の義《ぎ》なり」（944ページ）

大海《たいかい》の一滴《いってき》であっても海《うみ》に流《なが》れ込《こ》むすべての川《かわ》の水《みず》がふくまれるように、芥子粒《けしつぶ》のように小《ちい》さくても如意宝珠《にょいほうしゅ》からは一切《いっさい》の宝《たから》が現《あらわ》れるように、また、太陽《たいよう》の光《ひかり》によってあらゆる草花《くさばな》が開花《かいか》するように、法華経《ほけきょう》の一つの文字《もじ》にはあらゆる法《ほう》と功徳《くどく》が具《そな》わっているのです。

③「蘇生《そせい》」の義《ぎ》

「妙《みょう》とは蘇生《そせい》の義《ぎ》なり。蘇生《そせい》と申《もう》すはよみがえる義《ぎ》なり」（947ページ）

法華経《ほけきょう》では、他《た》の諸経典《しょきょうてん》では成仏《じょうぶつ》できないとされてきた、いかなる衆生《しゅじょう》も蘇生《そせい》させ、必《かなら》ず成仏《じょうぶつ》させることができるのです。

以上《いじょう》のように、妙法《みょうほう》はあらゆる法《ほう》と功徳《くどく》を具《そな》えた根源的《こんげんてき》にして円満《えんまん》な法《ほう》であり（具《ぐ》足円満《そくえんまん》の義《ぎ》）、すべてのものの本来《ほんらい》の価値《かち》を開《ひら》く力《ちから》がある（開《かい》の義《ぎ》）。

ゆえに、いかに行き詰《づ》まった境遇《きょうぐう》にある人《ひと》をも蘇生《そせい》させ、成仏《じょうぶつ》させていく力《ちから》がある（蘇生《そせい》の義《ぎ》）のです。

池田名誉会長《いけだめいよかいちょう》の指導《しどう》から

私たちは南無妙法蓮華経《なんみょうほうれんげきょう》の題目《だいもく》を自行《じぎょう》化他《けた》にわたって唱《とな》えることで、この「妙《みょう》の一字《いちじ》」の力《ちから》を自身《じしん》の胸中《きょうちゅう》に具体的《ぐたいてき》に現《あらわ》すことができます。なんと素晴《すば》らしい仏《ぶっ》法《ぽう》でしょうか。

この「妙《みょう》の一字《いちじ》」を体得《たいとく》するために、自分自身《じぶんじしん》の仏道修行《ぶつどうしゅぎょう》があります。

（『希望の経典《きょうてん》「御書」に学ぶ』1）

唱題《しょうだい》に励《はげ》み、広宣流布《こうせんるふ》に進《すす》みゆく我《われ》らの仏道修行《ぶつどうしゅぎょう》は、まさにこの「妙《みょう》の三義《さんぎ》」を、わが生活《せいかつ》・人生《じんせい》の上《うえ》に晴《は》れ晴《ば》れと現《げん》じゆく尊極《そんごく》の実践《じっせん》にほかならない。

ゆえに我《われ》らの信仰即人生《しんこうそくじんせい》には、絶対《ぜったい》に行き詰《づ》まりはありません。どんな境遇《きょうぐう》にいても、必《かなら》ず蘇生《そせい》できる。宇宙《うちゅう》の大法則《だいほうそく》に則《のっと》り、すべてを円満《えんまん》に調和《ちょうわ》させながら、無限《むげん》の活力《かつりょく》をもって勝利《しょうり》を開《ひら》いていけることは、御聖訓《ごせいくん》に照《て》らし間違《まちが》いないのです。

（『御書と師弟』3）

「妙《みょう》の三義《さんぎ》」の結論《けつろん》は何《なに》か——。それは、闇《やみ》を破《やぶ》る旭日《きょくじつ》のように、妙法《みょうほう》を唱《とな》えぬく人生《じんせい》には絶対《ぜったい》に行き詰《づ》まりがないということである。

大聖人《だいしょうにん》の仏法《ぶっぽう》の根本《こんぽん》は唱題《しょうだい》である。朗々《ろうろう》と題目《だいもく》を唱《とな》える時《とき》、わが胸中《きょうちゅう》に太陽《たいよう》が昇《のぼ》る。力《ちから》があふれる。慈愛《じあい》がわく。歓《かん》喜《き》が燃《も》える。智慧《ちえ》が輝《かがや》く。諸仏《しょぶつ》・諸天《しょてん》がいっせいに動《うご》き始《はじ》める。人生《じんせい》が楽《たの》しくなる。

「仏法《ぶっぽう》は勝負《しょうぶ》」である。「人生《じんせい》も勝負《しょうぶ》」である。その勝利《しょうり》を決《き》めるいちばんの根《こん》本《ぽん》は唱題《しょうだい》である。

題目《だいもく》の力《ちから》に勝《まさ》るものはない。題目《だいもく》をあげぬくかぎり、恐《おそ》れるものは何《なに》もない。
（『池田大作全集』第86巻）

3 一生成仏《いっしょうじょうぶつ》と広宣流布《こうせんるふ》

(1) 一生成仏《いっしょうじょうぶつ》

信心《しんじん》の根本的《こんぽんてき》な目的《もくてき》は、私たち自身《じしん》が仏《ほとけ》の境涯《きょうがい》を得《え》ることです。御本尊《ごほんぞん》を信受《しんじゅ》して純真《じゅんしん》に自行化他《じぎょうけた》の実践《じっせん》に励《はげ》むなら、どのような人《ひと》でも必《かなら》ず一生《いっしょう》のうちに成仏《じょうぶつ》の境涯《きょうがい》を得《え》ることができるのです。これを「一生成仏《いっしょうじょうぶつ》」といいます。

自行化他《じぎょうけた》の「自行《じぎょう》」とは、自分自身《じぶんじしん》が利益《りやく》を受《う》けるために修行《しゅぎょう》すること。「化他《けた》」とは、他人《たにん》に利益《りやく》を受《う》けさせるために教《おし》え導《みちび》くことです。具体的《ぐたいてき》には、勤行《ごんぎょう》・唱題《しょうだい》に励《はげ》むとともに、仏法《ぶっぽう》を語《かた》り、教《おし》え導《みちび》く弘教《ぐきょう》の実践《じっせん》です（本書78ジペー参照）。

日蓮大聖人《にちれんだいしょうにん》は「法華経《ほけきょう》の行者《ぎょうじゃ》は、如説修行《にょせつしゅぎょう》せば、必《かなら》ず一生《いっしょう》の中《うち》に一人《ひとり》も残《のこ》らず成仏《じょうぶつ》すべし。譬《たと》えば、春夏《はるなつ》、田《た》を作《つく》るに、早晩《わせおく》あれども、一年《いちねん》の中《うち》には必《かなら》ずこれを納《おさ》む」（4

16ページ、通解――法華経《ほけきょう》の行者《ぎょうじゃ》は、仏《ほとけ》の説《と》いた通《とお》りに修行《しゅぎょう》するなら、必《かなら》ず一生《いっしょう》のうちに一人《ひとり》も残《のこ》らず成《じょう》仏《ぶつ》することができる。譬《たと》えば、春《はる》、夏《なつ》に田《た》を作《つく》るのに、早《はや》く実《みの》る品種《ひんしゅ》と遅《おそ》く実《みの》る品種《ひんしゅ》の違《ちが》いがあっても、どちらも一年のうちには必《かなら》ず収穫《しゅうかく》できるようなものである）と述《の》べられています。

成仏《じょうぶつ》とは、現在《げんざい》の自分《じぶん》と全《まった》く異《こと》なった特別《とくべつ》な人間《にんげん》になるとか、死後《しご》に次《つぎ》の一生《いっしょう》で現実《げんじつ》世界《せかい》を離《はな》れた浄土《じょうど》に生《う》まれるなどということではありません。

御書《ごしょ》には成仏《じょうぶつ》の「成《じょう》」について「成《じょう》は開《ひら》く義《ぎ》なり」（753ページ）とあります。成仏《じょうぶつ》とは、自身《じしん》の内《うち》に具《そな》わる仏《ほとけ》の生命境涯《せいめいきょうがい》（仏界《ぶっかい》）を開《ひら》くことにほかなりません。「凡夫《ぼんぷ》」すなわち普通《ふつう》の人間《にんげん》である私たちが、その身《み》のままで、自身《じしん》に仏《ほとけ》の生命境涯《せいめいきょうがい》を開《ひら》き顕《あらわ》せるのです。それゆえ、「凡夫成仏《ぼんぷじょうぶつ》」とも、「即身成仏《そくしんじょうぶつ》」ともいいます。

成仏《じょうぶつ》とは、他《た》の世界《せかい》に行《い》くことではなく、あくまでもこの現実世界《げんじつせかい》において、何《なに》ものにも崩《くず》されない絶対的《ぜったいてき》な幸福境涯《こうふくきょうがい》を築《きず》くことをいうのです。

御書《ごしょ》に「桜梅桃李《おうばいとうり》の己己《ここ》の当体《とうたい》を改《あらた》めずして、無作三身《むささんじん》と開見《かいけん》す」（784ページ、通解――桜《さくら》、梅《うめ》、桃《もも》、李《すもも》がそれぞれの特質《とくしつ》を持《も》つように、私たちもそれぞれの特質《とくしつ》を改《あらた》めることなく、そのままの姿《すがた》で無作三身《むささんじん》の仏《ほとけ》であると開《ひら》き顕《あらわ》れるのである＝「無作三身《むささんじん》の仏《ほとけ》」とは何《なに》も飾《かざ》らないそのままの姿《すがた》で仏《ほとけ》の特質《とくしつ》をすべて具《そな》えている真実《しんじつ》の仏《ほとけ》のこと）と仰《おお》せのように、成仏《じょうぶつ》とは、自分自身《じぶんじしん》が本来持《ほんらいも》っている特質《とくしつ》を生《い》かしきって、自身《じしん》をもっとも充実《じゅうじつ》させていく生《い》き方《かた》をすることです。すなわち、成仏《じょうぶつ》とは、生命《せいめい》の全体《ぜんたい》が浄化《じょうか》され、本来《ほんらい》もっているはたらきを十分《じゅうぶん》に発揮《はっき》して、さまざまな困難《こんなん》に直面《ちょくめん》しても動揺《どうよう》しない、力強《ちからづよ》い境涯《きょうがい》になることをいいます。

また、成仏《じょうぶつ》とはゴール（終着点《しゅうちゃくてん》）に到達《とうたつ》するということではありません。妙法《みょうほう》を受持《じゅじ》して、悪《あく》を滅《めっ》し善《ぜん》を生《しょう》ずる戦《たたか》いを続《つづ》けていく、その境涯《きょうがい》が仏《ほとけ》の境涯《きょうがい》なのです。間断《かんだん》なく広宣流布《こうせんるふ》に戦《たたか》い続《つづ》ける人《ひと》こそが仏《ほとけ》なのです。

凡夫成仏《ぼんぷじょうぶつ》・即身成仏《そくしんじょうぶつ》

「凡夫《ぼんぷ》」とは、普通《ふつう》の人間《にんげん》のことです。法華経《ほけきょう》では、凡夫《ぼんぷ》の身《み》に本来《ほんらい》、仏《ほとけ》の境涯《きょうがい》が具《そな》わっていて開《ひら》き顕《あらわ》すことができると明《あ》かされています。普通《ふつう》の人間《にんげん》の身《み》に、偉大《いだい》な仏《ほとけ》の境涯《きょうがい》を開《ひら》いていけるのです。これを「凡夫即極《ぼんぷそくごく》」とも、「凡夫即仏《ぼんぷそくほとけ》」ともいいます。

成仏《じょうぶつ》とは、人間《にんげん》に具《そな》わる本来《ほんらい》の仏《ほとけ》の境地《きょうち》（本有《ほんぬ》の仏界《ぶっかい》）を現《あらわ》すことであって、人間《にんげん》からかけ離《はな》れた特別《とくべつ》な存在《そんざい》になることではありません。凡夫《ぼんぷ》の身《み》に仏《ほとけ》という最高《さいこう》の人間性《にんげんせい》を開《ひら》き顕《あらわ》すことが大聖人《だいしょうにん》の成仏観《じょうぶつかん》です。

このような成仏《じょうぶつ》を「即身成仏《そくしんじょうぶつ》」といいます。即身成仏《そくしんじょうぶつ》とは、衆生《しゅじょう》が、死《し》んで生《う》まれ変《か》わって現実《げんじつ》の凡夫《ぼんぷ》の身《み》を改《あらた》めることなく、仏《ほとけ》の境涯《きょうがい》を得《え》ることをいいます。

法華経以外《ほけきょういがい》の諸経《しょきょう》では、「成仏《じょうぶつ》」が説《と》かれていても、少《すく》なくとも二つのことが条件《じょうけん》とされていました。

一つは、二乗《にじょう》（声聞《しょうもん》・縁覚《えんがく》）・悪人《あくにん》・女人《にょにん》ではないことです。

二乗《にじょう》は、自分《じぶん》たちは偉大《いだい》な仏《ほとけ》には成《な》れないと決《き》め込《こ》んで阿羅漢《あらかん》（声聞《しょうもん》の教えでの最高《さいこう》の覚《さと》りを得《え》る人《ひと》）を目指《めざ》すにとどまり、煩悩《ぼんのう》を完全《かんぜん》になくした境地《きょうち》として心身《しんしん》を滅《めっ》することを目指《めざ》します。このような二乗《にじょう》に対《たい》して、大乗《だいじょう》の諸経典《しょきょうてん》は、成仏《じょうぶつ》できないと厳《きび》しく非難《ひなん》しました。

また衆生《しゅじょう》が悪人《あくにん》であるなら善人《ぜんにん》に生《う》まれ変《か》わることが必要《ひつよう》であり、女性《じょせい》であるなら男《だん》性《せい》に生《う》まれ変《か》わることが必要《ひつよう》であると考《かんが》えられていました。悪人《あくにん》や女性《じょせい》が、その身《み》のまで成仏《じょうぶつ》することはできないとされていたのです。成仏《じょうぶつ》を説《と》いてはいても、現実《げんじつ》に成仏《じょうぶつ》できる条件《じょうけん》を満《み》たす人《ひと》は限定《げんてい》されていたのです。

二つには、何度《なんど》も何度《なんど》も生死《しょうじ》を繰《く》り返《かえ》して仏道修行《ぶつどうしゅぎょう》を行《おこな》い（歴劫修行《りゃっこうしゅぎょう》）、凡夫《ぼんぷ》の境涯《きょうがい》を脱《だっ》して仏《ほとけ》の境涯《きょうがい》に到達《とうたつ》するとされたことです。

凡夫《ぼんぷ》の身《み》のままで一生《いっしょう》のうちに成仏《じょうぶつ》

これに対《たい》して、法華経《ほけきょう》では、成仏《じょうぶつ》とは「仏《ほとけ》という特別《とくべつ》な存在《そんざい》に成《な》る」ことではなく、自身《じしん》のその身《み》に「仏界《ぶっかい》の生命境涯《せいめいきょうがい》を開《ひら》く」ことであると説《と》いたのです。

大聖人《だいしょうにん》は、あらゆる仏《ほとけ》を仏《ほとけ》たらしめている根源《こんげん》の法《ほう》そのものを、南無妙法蓮華経《なんみょうほうれんげきょう》であると明《あ》かされました。そして、根源《こんげん》の法《ほう》と一体《いったい》となった大聖人御自身《だいしょうにんごじしん》の御生命《ごせいめい》を、南無《なん》妙法蓮華経《みょうほうれんげきょう》の御本尊《ごほんぞん》として顕《あらわ》されたのです。

私たちは、南無妙法蓮華経《なんみょうほうれんげきょう》の御本尊《ごほんぞん》を信受《しんじゅ》することで、だれもが自《みずか》らの生命《せいめい》に仏界《ぶっかい》を開《ひら》き顕《あらわ》すことが可能《かのう》になりました。

日寛上人《にちかんしょうにん》は次《つぎ》のように述《の》べています。

「我《われ》らこの本尊《ほんぞん》を信受《しんじゅ》し、南無妙法蓮華経《なんみょうほうれんげきょう》と唱《とな》え奉《たてまつ》れば、我《わ》が身《み》即《すなわ》ち一念三千《いちねんさんぜん》の本《ほん》尊《ぞん》、蓮祖聖人《れんそしょうにん》なり」(『日寛上人 文段集』)

御本尊《ごほんぞん》を信受《しんじゅ》し、広宣流布《こうせんるふ》の実践《じっせん》と信心《しんじん》を貫《つらぬ》けば、凡夫《ぼんぷ》の身《み》のままで、胸中《きょうちゅう》に大聖人《だいしょうにん》と同《おな》じ仏《ほとけ》の生命境涯《せいめいきょうがい》を開《ひら》き顕《あらわ》すことができるのです。

なお、凡夫《ぼんぷ》の身《み》のままで成仏《じょうぶつ》できることを即身成仏《そくしんじょうぶつ》、一生《いっしょう》のうちに成仏《じょうぶつ》できることを一生成仏《いっしょうじょうぶつ》といいますが、どちらも同《おな》じ法理《ほうり》を表現《ひょうげん》した言葉《ことば》です。

＊日寛上人《にちかんしょうにん》は江戸時代《えどじだい》の学僧《がくそう》で、日蓮大聖人《にちれんだいしょうにん》から日興上人《にっこうしょうにん》に受《う》け継《つ》がれた仏法《ぶっぽう》の法理《ほうり》を整理《せいり》し宣揚《せんよう》した。

煩悩即菩提《ぼんのうそくぼだい》・生死即涅槃《しょうじそくねはん》

即身成仏《そくしんじょうぶつ》の法理《ほうり》を、別《べつ》な角度《かくど》から表《あらわ》したのが「煩悩即菩提《ぼんのうそくぼだい》」「生死即涅槃《しょうじそくねはん》」です。

小乗教《しょうじょうきょう》と呼《よ》ばれる諸経典《しょきょうてん》では、苦悩《くのう》の原因《げんいん》は自分自身《じぶんじしん》の煩悩《ぼんのう》にあると説《と》き、苦悩《くのう》を解《かい》決《けつ》するには煩悩《ぼんのう》を消滅《しょうめつ》させる以外《いがい》にはないとして、多《おお》くの戒律《かいりつ》を守《まも》り修行《しゅぎょう》を積《つ》み重《かさ》ねて解脱《げだつ》（覚《さと》りによる苦悩《くのう》からの解放《かいほう》）を求《もと》めました。

しかし、煩悩《ぼんのう》を完全《かんぜん》になくした境地《きょうち》として、心身《しんしん》を消滅《しょうめつ》させ、この世《よ》に再《ふたた》び生《う》まれないことを目指《めざ》す生《い》き方《かた》は、結局《けっきょく》、生命自体《せいめいじたい》を否定《ひてい》することになります。

権大乗教《ごんだいじょうきょう》と呼《よ》ばれる諸経典《しょきょうてん》では、小乗教《しょうじょうきょう》を実践《じっせん》する二乗《にじょう》や、悪人《あくにん》・女性《じょせい》の成仏《じょうぶつ》を否定《ひてい》します。

実質的《じっしつてき》には小乗教《しょうじょうきょう》と同《おな》じく、凡夫《ぼんぷ》と仏《ほとけ》の間《あいだ》に乗《の》り越《こ》えがたい断絶《だんぜつ》がある考《かんが》え方《かた》です。

仏《ほとけ》についても、阿弥陀仏《あみだぶつ》や大日如来《だいにちにょらい》など、人間《にんげん》を超越《ちょうえつ》し、現実世界《げんじつせかい》から遊離《ゆうり》した別世《べっせ》界《かい》に住《す》む架空《かくう》の仏《ほとけ》を説《と》きます。

凡夫《ぼんぷ》が仏《ほとけ》に成《な》るためには、いくつもの生《せい》の間《あいだ》、仏《ほとけ》の覚《さと》りの境地《きょうち》を一部分《いちぶぶん》ずつ順次《じゅんじ》に学《まな》んで修行《しゅぎょう》し、身《み》に付《つ》けていかなければならないと説《と》きます。

また、偉大《いだい》な仏《ほとけ》には自分《じぶん》の力《ちから》ではなれないと考《かんが》え、仏《ほとけ》の絶対的《ぜったいてき》な力《ちから》で救《すく》われることを強調《きょうちょう》する考《かんが》えも現《あらわ》れます。

これに対《たい》して法華経《ほけきょう》では、慈悲《じひ》と智慧《ちえ》に満《み》ちた仏《ほとけ》の境地《きょうち》が、あらゆる衆生《しゅじょう》に本来的《ほんらいてき》に具《そな》わっていて、それを開《ひら》き顕《あらわ》すことによって成仏《じょうぶつ》できることが明《あ》かされました。

煩悩《ぼんのう》に覆《おお》われ、悪業《あくごう》を積《つ》み、苦悩《くのう》にさいなまれている凡夫《ぼんぷ》であっても、自身《じしん》の内《うち》に仏《ぶっ》界《かい》が具《そな》わっているという真実《しんじつ》に目覚《めざ》めれば、仏《ほとけ》の覚《さと》り（菩提《ぼだい》）の智慧《ちえ》を発揮《はっき》し、苦悩《くのう》から解放《かいほう》され、自在《じざい》の境地《きょうち》を得《え》ることができるのです。

煩悩《ぼんのう》に覆《おお》われた苦悩《くのう》の身《み》が、そのまま菩提《ぼだい》の智慧《ちえ》に輝《かがや》く自在《じざい》の身《み》となるのです。この法理《ほうり》を「煩悩即菩提《ぼんのうそくぼだい》」といいます。

日蓮大聖人《にちれんだいしょうにん》は、自身《じしん》の内《うち》なる仏界《ぶっかい》とは、南無妙法蓮華経《なんみょうほうれんげきょう》であると示《しめ》されています。

私たちは、南無妙法蓮華経《なんみょうほうれんげきょう》の御本尊《ごほんぞん》を信《しん》じて題目《だいもく》を唱《とな》え、尊厳《そんげん》なる本当《ほんとう》の自分《じぶん》に目覚《めざ》めれば、生《い》き抜《ぬ》く智慧《ちえ》がわき、苦難《くなん》に挑戦《ちょうせん》し、乗《の》り越《こ》える確信《かくしん》と勇気《ゆうき》が出《で》て、他《た》の人《ひと》を思《おも》いやる慈悲《じひ》も現《あらわ》れてくるのです。

「生死即涅槃《しょうじそくねはん》」とは、御本尊《ごほんぞん》を信《しん》じて南無妙法蓮華経《なんみょうほうれんげきょう》と唱《とな》えていけば、生死《しょうじ》によってもたらされる苦《くる》しみの境涯《きょうがい》にある生命《せいめい》に、仏《ほとけ》の覚《さと》りによって得《え》られる安穏《あんのん》な境涯《きょうがい》（涅《ね》槃《はん》）を開《ひら》き顕《あらわ》していけることを示《しめ》しています。

「煩悩即菩提《ぼんのうそくぼだい》」「生死即涅槃《しょうじそくねはん》」の法理《ほうり》は、妙法《みょうほう》の信心《しんじん》に立脚《りっきゃく》する時《とき》、あらゆる苦悩《くのう》を自身《じしん》の成長《せいちょう》と幸福《こうふく》の因《いん》に転《てん》じていく積極的《せっきょくてき》な生《い》き方《かた》が可能《かのう》になることを教《おし》えているのです。

相対的幸福《そうたいてきこうふく》と絶対的幸福《ぜったいてきこうふく》

戸田城聖《とだじょうせい》第2代会長《だいかいちょう》は、幸福《こうふく》には「相対的幸福《そうたいてきこうふく》」と「絶対的幸福《ぜったいてきこうふく》」があると述《の》べています。

相対的幸福《そうたいてきこうふく》とは、物質的《ぶっしつてき》に充足《じゅうそく》したり、欲望《よくぼう》が満《み》ち足《た》りた状態《じょうたい》をいいます。しかし、欲望《よくぼう》には際限《さいげん》がないし、たとえ、一時《いちじ》は満《み》ち足《た》りたようでも永続性《えいぞくせい》はありません。外《そと》の条件《じょうけん》が整《ととの》った場合《ばあい》に成立《せいりつ》する幸福《こうふく》なので、条件《じょうけん》が崩《くず》れた場合《ばあい》には、その幸福《こうふく》も消《き》えてしまいます。

これに対《たい》して、絶対的幸福《ぜったいてきこうふく》とは、どこにいても、また、何《なに》があっても、生《い》きているこ

第1章

と自体《じたい》が幸福《こうふく》である、楽《たの》しいという境涯《きょうがい》をいいます。それは外《そと》の条件《じょうけん》に左右《さゆう》されることのない幸福《こうふく》なので、絶対的幸福《ぜったいてきこうふく》というのです。成仏《じょうぶつ》とは、この絶対的幸福境涯《ぜったいてきこうふくきょうがい》の確立《かくりつ》をいいます。

現実世界《げんじつせかい》に住《す》んでいる以上《いじょう》、人生《じんせい》にさまざまな苦難《くなん》はつきものです。しかし、山登《やまのぼ》りに譬《たと》えていえば、頑健《がんけん》な体《からだ》の持《も》ち主《ぬし》が、少々重《しょうしょうおも》い荷物《にもつ》を背負《せお》っても悠々《ゆうゆう》と山道《やまみち》を登《のぼ》ることができるように、自身《じしん》の生命《せいめい》に絶対的幸福境涯《ぜったいてきこうふくきょうがい》を確立《かくりつ》した人《ひと》は、さまざまな困難《こんなん》が起《お》こったとしても、その困難《こんなん》をバネとして、強《つよ》い生命力《せいめいりょく》を湧《わ》き出《だ》させ、逆境《ぎゃっきょう》を悠々《ゆうゆう》と乗《の》り越《こ》えていくことができます。

そして頑健《がんけん》な人《ひと》は、むしろ、山道《やまみち》が険《けわ》しければ険《けわ》しいほど、それを克服《こくふく》していく喜《よろこ》びを味《あじ》わいます。それと同《おな》じように、あらゆる困難《こんなん》を乗《の》り越《こ》えていく生命力《せいめいりょく》と智慧《ちえ》を身《み》につけた人《ひと》にとっては、困難《こんなん》が渦巻《うずま》く現実世界《げんじつせかい》そのものが、充実感《じゅうじつかん》に満《み》ちた価値創造《かちそうぞう》の場《ば》となるのです。

また、環境《かんきょう》に依存《いそん》する相対的幸福《そうたいてきこうふく》が「死《し》」によって途絶《とだ》えるのに対《たい》し、絶対的幸福《ぜったいてきこうふく》である仏《ほとけ》の境涯《きょうがい》は、「自身《じしん》、法性《ほっしょう》の大地《だいち》を生死生死《しょうじしょうじ》と転《め》ぐり行《ゆ》くなり」（724ジペー、通解――わが身《み》が、妙法《みょうほう》の大地《だいち》を生死生死《しょうじしょうじ》とめぐり行《ゆ》くのである）と仰《おお》せのように、死《し》をも超《こ》えて存続《そんぞく》していくのです。

（2）立正安国《りっしょうあんこく》と広宣流布《こうせんるふ》

仏法《ぶっぽう》を実践《じっせん》する目的《もくてき》は、個人《こじん》の一生成仏《いっしょうじょうぶつ》を実現《じつげん》するとともに、自他共《じたとも》の幸福《こうふく》を確立《かくりつ》していくことにあります。日蓮大聖人《にちれんだいしょうにん》は、現実《げんじつ》の社会《しゃかい》に自他共《じたとも》の幸福《こうふく》を確立《かくりつ》していく実践《じっせん》の指標《しひょう》として、「立正安国《りっしょうあんこく》」と「広宣流布《こうせんるふ》」を説《と》かれました。

立正安国《りっしょうあんこく》

日蓮大聖人《にちれんだいしょうにん》の仏法《ぶっぽう》は、各人《かくじん》の生命境涯《せいめいきょうがい》を変革《へんかく》し、今世《こんぜ》のうちに絶対的幸福境涯《ぜったいてきこうふくきょうがい》を開《ひら》くことを可能《かのう》にする教《おし》えです。それとともに、各人《かくじん》の生命境涯《せいめいきょうがい》の変革《へんかく》を通《とお》して、社会全体《しゃかいぜんたい》の平和《へいわ》を達成《たっせい》することを目指《めざ》しています。

大聖人《だいしょうにん》は、平和実現《へいわじつげん》のための原理《げんり》を「立正安国論《りっしょうあんこくろん》」のなかで示《しめ》されました。

「立正安国《りっしょうあんこく》」とは「正《しょう》を立《た》て国《くに》を安《やす》んず」と読《よ》みます。

「立正《りっしょう》」とは、人々《ひとびと》が人生《じんせい》のよりどころとして正法《しょうほう》を信受《しんじゅ》することであり、また、仏法《ぶっぽう》の生命尊厳《せいめいそんげん》の理念《りねん》が、社会《しゃかい》を動《うご》かす基本《きほん》の原理《げんり》として確立《かくりつ》されることです。「安国《あんこく》」とは、社会《しゃかい》の平和《へいわ》・繁栄《はんえい》と人々《ひとびと》の生活《せいかつ》の安穏《あんのん》を実現《じつげん》することです。

「立正安国論《りっしょうあんこくろん》」における「国《くに》」とは、権力《けんりょく》を中心《ちゅうしん》にした統治機構《とうちきこう》という面《めん》とともに、より一歩深《いっぽふか》く、民衆《みんしゅう》の生活《せいかつ》の基盤《きばん》としてとらえられています。その意味《いみ》で、人間《にんげん》が形成《けいせい》している社会体制《しゃかいたいせい》だけでなく、自然環境《しぜんかんきょう》の国土《こくど》も含《ふく》まれます。

大聖人《だいしょうにん》が民衆《みんしゅう》を中心《ちゅうしん》に国《くに》をとらえられていたことは、「立正安国論《りっしょうあんこくろん》」の御真筆《ごしんぴつ》において、国《くに》を意味《いみ》する漢字《かんじ》を書《か》かれる多《おお》くの場合《ばあい》に、国構《くにがま》えに民《たみ》と書《か》く「囻」の字《じ》を用《もち》いられていることにも、うかがうことができます。

また、大聖人《だいしょうにん》は「王《おう》は民《たみ》を親《おや》とし」（１５５４ページ）と述《の》べられ、権力者《けんりょくしゃ》も民衆《みんしゅう》を根本《こんぽん》とすべきであるとされています。また、国主《こくしゅ》となりながら、「民衆《みんしゅう》の歎《なげ》き」を知《し》らない者《もの》は、悪道《あくどう》に堕《お》ちると言《い》われています（36ページ）。

「立正安国論《りっしょうあんこくろん》」は、直接的《ちょくせつてき》には当時《とうじ》の日本《にほん》の安国《あんこく》の実現《じつげん》のために著《あらわ》された書《しょ》ですが、その根底《こんてい》となっている精神《せいしん》は、民衆《みんしゅう》の安穏《あんのん》の実現《じつげん》にあり、したがって、未来永遠《みらいえいえん》にわたる全世界《ぜんせかい》の平和《へいわ》と人々《ひとびと》の幸《しあわ》せを実現《じつげん》することにあります。

大聖人《だいしょうにん》が、当時《とうじ》の人々《ひとびと》の苦悩《くのう》を解決《かいけつ》するため、「立正安国論《りっしょうあんこくろん》」を著《あらわ》し、権力者《けんりょくしゃ》を諫《いさ》められたこと自体《じたい》、仏法《ぶっぽう》を行《ぎょう》ずる者《もの》は、ただ自身《じしん》の成仏《じょうぶつ》を祈《いの》って信仰《しんこう》していればよいのではなく、仏法《ぶっぽう》の理念《りねん》・精神《せいしん》を根本《こんぽん》にして、積極的《せっきょくてき》に社会《しゃかい》の課題《かだい》に関《かか》わっていくべきことを、身《み》をもって示《しめ》されたものと拝察《はいさつ》できます。

「立正安国論《りっしょうあんこくろん》」では「汝《なんじ》、すべからく一身《いっしん》の安堵《あんど》を思《おも》わば、まず四表《しひょう》の静謐《せいひつ》を禱《いの》らん者《もの》か」（31ページ、通解——あなたは、一身《いっしん》の安堵《あんど》を願《ねが》うなら、まず四表《しひょう》の静謐《せいひつ》〈周囲《しゅうい》の平穏《へいおん》、世界《せかい》の平和《へいわ》〉を祈《いの》ることが必要《ひつよう》ではないのか）と仰《おお》せです。

社会《しゃかい》の問題《もんだい》から目《め》を背《そむ》けて、宗教《しゅうきょう》・信仰《しんこう》の世界《せかい》だけに閉《と》じこもる利己的《りこてき》な姿勢《しせい》は、むしろ大乗仏教《だいじょうぶっきょう》において厳《きび》しく戒《いまし》められています。

創価学会《そうかがっかい》が、今日《こんにち》、仏法《ぶっぽう》の理念《りねん》を根本《こんぽん》に、平和《へいわ》・文化《ぶんか》・教育《きょういく》・人権《じんけん》などの分野《ぶんや》で、地《ち》球的課題《きゅうてきかだい》の解決《かいけつ》に取《と》り組《く》んでいるのも、「立正安国《りっしょうあんこく》」の法理《ほうり》と精神《せいしん》に基《もと》づく実践《じっせん》にほかなりません。

広宣流布《こうせんるふ》

仏《ほとけ》の覚《さと》りである正法《しょうほう》を人々《ひとびと》に流布《るふ》し、万人《ばんにん》を仏《ほとけ》の境涯《きょうがい》に導《みちび》くことこそが、仏法《ぶっぽう》の目標《もくひょう》です。

それゆえ、法華経《ほけきょう》でも「我《わ》が滅度《めつど》の後《のち》、後《のち》の五百歳《ごひゃくさい》の中《うち》、閻浮提《えんぶだい》に広宣流布《こうせんるふ》して、断《だん》絶《ぜつ》して悪魔《あくま》・魔民《まみん》・諸天《しょてん》・竜《りゅう》・夜叉《やしゃ》・鳩槃荼等《くはんだとう》に其《そ》の便《たより》を得《え》しむること無《な》かれ」（法華経601ジペー、通解――私〈釈尊《しゃくそん》〉が入滅《にゅうめつ》した後《あと》、末法《まっぽう》において、全世界《ぜんせかい》に正法《しょうほう》を広宣流布《こうせんるふ》して断絶《だんぜつ》させず、決《けっ》して悪魔《あくま》・魔民《まみん》・諸天《しょてん》・竜《りゅう》・夜叉《やしゃ》・鳩槃荼《くはんだ》などの魔物《まもの》につけ入《い》らせてはならない）と説《と》かれています。

この経文《きょうもん》は、「後《のち》の五百歳《ごひゃくさい》」、すなわち末法《まっぽう》において、妙法《みょうほう》を全世界《ぜんせかい》（一閻浮提《いちえんぶだい》）に広宣《こうせん》流布《るふ》していくべきことを述《の》べたものです。

また、法華経《ほけきょう》では、末法《まっぽう》の広宣流布《こうせんるふ》が「地涌《じゆ》の菩薩《ぼさつ》」に託《たく》されます。地涌《じゆ》の菩薩《ぼさつ》は、久遠《くおん》（計《はか》り知《し》れないほどのはるか昔《むかし》）からの釈尊《しゃくそん》の弟子《でし》として、鍛《きた》えぬかれた菩薩《ぼさつ》とされています。

法華経《ほけきょう》の説法《せっぽう》の場《ば》では、大地《だいち》の底《そこ》から無数《むすう》の地涌《じゆ》の菩薩《ぼさつ》が涌現《ゆげん》します。そして、上行《じょうぎょう》菩薩《ぼさつ》を中心《ちゅうしん》として、釈尊滅後《しゃくそんめつご》の妙法蓮華経《みょうほうれんげきょう》の弘通《ぐつう》を誓《ちか》います。

釈尊《しゃくそん》は、自分《じぶん》の滅後《めつご》に、この地涌《じゆ》の菩薩《ぼさつ》が娑婆世界《しゃばせかい》に出現《しゅつげん》して、太陽《たいよう》や月《つき》のように衆《しゅ》生《じょう》の闇《やみ》を照《て》らして、人々《ひとびと》を救《すく》うであろうと予言《よげん》します。

広宣流布《こうせんるふ》こそ大聖人《だいしょうにん》の根本精神《こんぽんせいしん》

大聖人《だいしょうにん》は、この法華経《ほけきょう》の経文通《きょうもんどお》り、末法《まっぽう》の悪世《あくせ》で、命《いのち》に及《およ》ぶ幾多《いくた》の大難《だいなん》を忍《しの》ばれて、南無妙法蓮華経《なんみょうほうれんげきょう》の大法《だいほう》を弘通《ぐつう》されました。

御書《ごしょ》には広宣流布《こうせんるふ》について、次《つぎ》のように仰《おお》せられています。

「大願《だいがん》とは法華弘通《ほっけぐつう》なり」（736㌻）

「日蓮《にちれん》が慈悲曠大《じひこうだい》ならば、南無妙法蓮華経《なんみょうほうれんげきょう》は万年《まんねん》の外《ほか》、未来《みらい》までもながる《流布》べし。日本《にほん》国《こく》の一切衆生《いっさいしゅじょう》の盲目《もうもく》をひらける功徳《くどく》あり。無間地獄《むけんじごく》の道《みち》をふさぎぬ」（329㌻）

「日蓮《にちれん》が法華経《ほけきょう》を信《しん》じ始《はじ》めしは、日本国《にほんこく》には一渧《いったい》・一微塵《いちみじん》のごとし。法華経《ほけきょう》を二人《ににん》・三人《さんにん》・十人《じゅうにん》・百千万億人《ひゃくせんまんおくにん》、唱《とな》え伝《つた》うるほどならば、妙覚《みょうかく》の須弥山《しゅみせん》ともなり、大涅槃《だいねはん》の大《たい》海《かい》ともなるべし。仏《ほとけ》になる道《みち》は、これよりほかに、またもとむることなかれ」（288㌻）

まさに、広宣流布《こうせんるふ》こそ、日蓮大聖人《にちれんだいしょうにん》の根本精神《こんぽんせいしん》です。

大聖人《だいしょうにん》は、弟子《でし》にも、広宣流布《こうせんるふ》に生《い》き抜《ぬ》き、成仏《じょうぶつ》を実現《じつげん》し、立正安国《りっしょうあんこく》を実現《じつげん》していくよう、繰《く》り返《かえ》し促《うなが》されています。

創価学会《そうかがっかい》こそ広布《こうふ》の唯一《ゆいいつ》の団体《だんたい》

この大聖人《だいしょうにん》の御精神《ごせいしん》を受《う》け継《つ》いで、御書《ごしょ》に仰《おお》せの通《とお》りに妙法《みょうほう》を弘通《ぐつう》し、広宣流布《こうせんるふ》を進《すす》めてきた和合僧《わごうそう》（仏法実践者《ぶっぽうじっせんしゃ》の集《つど》い）が創価学会《そうかがっかい》です。

「日蓮《にちれん》と同意《どうい》ならば地涌《じゆ》の菩薩《ぼさつ》たらんか」（1360ジペー）と仰《おお》せのように、大聖人《だいしょうにん》の御心《おこころ》のままに妙法《みょうほう》を広《ひろ》めてきた創価学会《そうかがっかい》こそ、広宣流布《こうせんるふ》の使命《しめい》を担《にな》う地涌《じゆ》の菩薩《ぼさつ》の団体《だんたい》にほかなりません。

大聖人滅後《だいしょうにんめつご》七百年、創価学会《そうかがっかい》が出現《しゅつげん》するまで、誰《だれ》も妙法《みょうほう》を広《ひろ》めることはできませんでした。創価学会《そうかがっかい》が釈尊《しゃくそん》と大聖人《だいしょうにん》の未来記《みらいき》（予言《よげん》）を実現《じつげん》したのです。そこに創価学会《そうかがっかい》が広宣流布《こうせんるふ》の使命《しめい》を担《にな》って出現《しゅつげん》した、仏意仏勅《ぶついぶっちょく》の教団《きょうだん》である根拠《こんきょ》があります。

そして、「閻浮提《えんぶだい》に広宣流布《こうせんるふ》」と経文《きょうもん》に示《しめ》されたように、事実《じじつ》の上《うえ》で、日本《にほん》はもとより、世界中《せかいじゅう》に妙法《みょうほう》を広《ひろ》めてきたのです。

第2章　生命論《せいめいろん》（1）

――十界論《じっかいろん》――

ここでは、十界論《じっかいろん》の法理《ほうり》を通《とお》して、私たち自身《じしん》が今《いま》の人生《じんせい》において、自身《じしん》の生命《せいめい》に具《そな》わる仏《ほとけ》の境涯《きょうがい》を開《ひら》きあらわすことに信心《しんじん》の根本目的《こんぽんもくてき》があることを学《まな》んでいきます。

十《じっ》界《かい》

「十界《じっかい》」とは、生命《せいめい》の状態《じょうたい》、境涯《きょうがい》を10種《しゅ》に分類《ぶんるい》したもので、仏法《ぶっぽう》の生命観《せいめいかん》の基本《きほん》となるものです。十界《じっかい》の法理《ほうり》を学《まな》ぶことによって、境涯《きょうがい》を的確《てきかく》にとらえ、各人《かくじん》がそれぞれの境涯《きょうがい》を変革《へんかく》していく指針《ししん》を得《え》ることができます。

「十界《じっかい》」それぞれの名《な》を挙《あ》げれば、地獄界《じごくかい》・餓鬼界《がきかい》・畜生界《ちくしょうかい》・修羅界《しゅらかい》・人界《にんかい》・天界《てんかい》・声聞界《しょうもんかい》・縁覚界《えんがくかい》・菩薩界《ぼさつかい》・仏界《ぶっかい》です。

このうち地獄《じごく》・餓鬼《がき》・畜生《ちくしょう》・修羅《しゅら》・人《にん》・天《てん》をまとめて「六道《ろくどう》」といい、声聞《しょうもん》・縁覚《えんがく》・菩薩《ぼさつ》・仏《ほとけ》をまとめて「四聖《ししょう》」といいます。「六道《ろくどう》」は、インド古来《こらい》の世界観《せかいかん》を仏教《ぶっきょう》が用《もち》いたもので、もともとは生命《せいめい》が生死《しょうじ》を繰《く》り返《かえ》す世界《せかい》を六つに大別《たいべつ》したものです。また「四聖《ししょう》」は仏道修行《ぶつどうしゅぎょう》によって得《え》られる境涯《きょうがい》です。

法華経以外《ほけきょういがい》の経典《きょうてん》では、十界《じっかい》は、それぞれ固定化《こていか》された生命《せいめい》の境涯《きょうがい》としてとらえられていました。

しかし法華経《ほけきょう》では、その考《かんが》え方《かた》を根本的《こんぽんてき》に破《やぶ》り、十界《じっかい》のうち仏界《ぶっかい》を除《のぞ》く地獄界《じごくかい》から菩薩界《ぼさつかい》までの九界《きゅうかい》の衆生《しゅじょう》に仏界《ぶっかい》が具《そな》わっていることを明《あ》かし、成仏《じょうぶつ》した仏《ほとけ》にも九界《きゅうかい》の境涯《きょうがい》が具《そな》わることを説《と》いて、十界《じっかい》は固定的《こていてき》な別々《べつべつ》の世界《せかい》としてあるのではなく、一個《いっこ》の生命《せいめい》に具《そな》わる10種《しゅ》の境涯《きょうがい》であることを示《しめ》したのです。したがって、今《いま》、十界《じっかい》のいずれか一界《いっかい》の姿《すがた》を現《あらわ》している生命《せいめい》にも、十界《じっかい》がすべて具《そな》わっており、縁《えん》によって次《つぎ》に他《た》の界《かい》の境涯《きょうがい》をも現《あらわ》せることが明《あき》らかになります。このように十界《じっかい》の各界《かっかい》が互《たが》いに十界《じっかい》を具《そな》えていることを十界互具《じっかいごぐ》といいます（本書182ページ参照）。

日蓮大聖人《にちれんだいしょうにん》は、「浄土《じょうど》というも、地獄《じごく》というも、外《ほか》には候《そうら》わず。ただ我《われ》らがむね《胸》の間《あいだ》にあり。これをさとる《悟》を仏《ほとけ》という。これにまよう《迷》を凡夫《ぼんぷ》という」（１５０４ページ、通解——仏《ほとけ》の浄《きよ》らかな国土《こくど》といっても、地獄《じごく》といっても、外《そと》にあるのではありません。ただ我々《われわれ》の胸《むね》の間《あいだ》にあるのです。このことを悟《さと》るのを仏《ほとけ》といい、このことに迷《まよ》うのを凡夫《ぼんぷ》というのです）と述《の》べられています。

生命《せいめい》に十界《じっかい》がすべて具《そな》わっているということは、たとえ今《いま》の自分《じぶん》が地獄《じごく》の苦《くる》しみの境《きょう》涯《がい》であっても、仏界《ぶっかい》の大歓喜《だいかんき》の境涯《きょうがい》へと変革《へんかく》できるということです。このように、法華《ほけ》経《きょう》に基《もと》づく十界論《じっかいろん》は、自身《じしん》の生命《せいめい》の境涯《きょうがい》をダイナミックに変革《へんかく》できることを示《しめ》す原理《げんり》となります。

それでは、十界《じっかい》のそれぞれの境涯《きょうがい》について述《の》べます。まず、私たちの生命《せいめい》に具《そな》わる六《ろく》道《どう》について、大聖人《だいしょうにん》は「観心本尊抄《かんじんのほんぞんしょう》」で次《つぎ》のように述《の》べられています。

「しばしば他面《ためん》を見《み》るにある時《とき》は喜《よろこ》び、ある時《とき》は瞋《いか》り、ある時《とき》は平《たい》らかに、ある時《とき》は貪《むさぼ》り現《げん》じ、ある時《とき》は癡《おろ》か現《げん》じ、ある時《とき》は諂曲《てんごく》なり。瞋《いか》るは地獄《じごく》、貪《むさぼ》るは餓鬼《がき》、癡《おろ》かは畜生《ちくしょう》、諂曲《てんごく》なるは修羅《しゅら》、喜《よろこ》ぶは天《てん》、平《たい》らかなるは人《にん》なり」（241ジペー）

この御文《ごもん》に基《もと》づき、六道《ろくどう》の一つ一つについて述《の》べていきます。

①地獄界《じごくかい》

地獄《じごく》は、もともとは「地下《ちか》の牢獄《ろうごく》」という意味《いみ》で、経典《きょうてん》には八熱地獄《はちねつじごく》、八寒地獄《はっかんじごく》など数多《かずおお》くの地獄《じごく》が説《と》かれています。

地獄界《じごくかい》は、苦《くる》しみに縛《しば》られた最低《さいてい》の境涯《きょうがい》です。「地《ち》」は最《もっと》も底《そこ》を意味《いみ》し、「獄《ごく》」は拘束《こうそく》され、縛《しば》られた不自由《ふじゆう》さを表《あらわ》します。

「地獄《じごく》おそるべし。炎《ほのお》をもって家《いえ》とす」（1439ジペー）といわれるように、地獄界《じごくかい》とは、自身《じしん》を取《と》り巻《ま》く世界全体《せかいぜんたい》を、炎《ほのお》のように自身《じしん》に苦《くる》しみを与《あた》える世界《せかい》と感《かん》じる境涯《きょうがい》といえます。

また、大聖人《だいしょうにん》は、「観心本尊抄《かんじんのほんぞんしょう》」で「瞋《いか》るは地獄《じごく》」と仰《おお》せです。「瞋《いか》り」とは、思《おも》い通《どお》りにいかない自分自身《じぶんじしん》や、苦《くる》しみを感《かん》じさせる周《まわ》りの世界《せかい》に対《たい》して抱《いだ》く、やり場《ば》のない恨《うら》みの心《こころ》です。苦《く》の世界《せかい》に囚《とら》われ、どうすることもできない生命《せいめい》のうめきが瞋《いか》りです。

いわば「生《い》きていること自体《じたい》が苦《くる》しい」、「何《なに》を見《み》ても不幸《ふこう》に感《かん》じる」境涯《きょうがい》が地獄界《じごくかい》です。

②餓鬼界《がきかい》

餓鬼界《がきかい》とは、欲望《よくぼう》が満《み》たされずに苦《くる》しむ境涯《きょうがい》です。

古代《こだい》インドにおける餓鬼《がき》のもともとの意味《いみ》は「死者《ししゃ》」のことです。死者《ししゃ》が常《つね》に飢《う》えて食物《しょくもつ》を欲《ほっ》していると されていたことから、とどまるところを知《し》らぬ激《はげ》しい欲望《よくぼう》の火《ひ》に、身《み》も心《こころ》も焼《や》かれている生命状態《せいめいじょうたい》を餓鬼界《がきかい》と表現《ひょうげん》します。

大聖人《だいしょうにん》は「貪《むさぼ》るは餓鬼《がき》」、また「餓鬼悲《がきかな》しむべし。飢渇《けかち》にうえて子《こ》を食《く》らう」（1439ジベー）と仰《おお》せです。飢《う》えて子《こ》まで食《た》べるというような貪《むさぼ》り、すなわち際限《さいげん》のない欲望《よくぼう》にふりまわされ、そのために心《こころ》が自由《じゆう》にならず、苦《くる》しみを生《しょう》じる境涯《きょうがい》のことです。

もちろん、欲望《よくぼう》そのものには善悪《ぜんあく》の両面《りょうめん》があります。人間《にんげん》は、食欲《しょくよく》などの欲望《よくぼう》がないと生きていけないことも事実《じじつ》です。また、欲望《よくぼう》が人間《にんげん》を進歩《しんぽ》、向上《こうじょう》させるエネルギーとなる場合《ばあい》もあります。しかし、欲望《よくぼう》を創造的《そうぞうてき》な方向《ほうこう》に使《つか》えず、欲望《よくぼう》の奴隷《どれい》となって苦《くる》しむのが餓鬼界《がきかい》です。

③ 畜生界《ちくしょうかい》

畜生《ちくしょう》という言葉《ことば》は、もともとは獣《けもの》や鳥《とり》などの動物《どうぶつ》を指《さ》します。畜生界《ちくしょうかい》の特徴《とくちょう》は、目先《めさき》の利害《りがい》にとらわれ、理性《りせい》が働《はたら》かない「愚《おろ》かさ」です。

大聖人《だいしょうにん》は「癡《おろ》かは畜生《ちくしょう》」と説《と》かれています。因果《いんが》の道理《どうり》が分《わ》からず、正邪《せいじゃ》・善悪《ぜんあく》の判《はん》断《だん》に迷《まよ》い、目先《めさき》の利害《りがい》に従《したが》って行動《こうどう》してしまう境涯《きょうがい》です。

また「畜生《ちくしょう》の心《こころ》は、弱《よわ》きをおどし、強《つよ》きをおそる」（９５７ジ゙ー）、「畜生《ちくしょう》は、残害《ざんがい》（＝傷《きず》つけ殺《ころ》すこと）とて、互《たが》いに殺《ころ》しあう」（１４３９ジ゙ー）と仰《おお》せのように、畜生界《ちくしょうかい》の生命《せいめい》は、理《り》性《せい》や良心《りょうしん》を忘《わす》れ、自分《じぶん》が生きるためには他者《たしゃ》をも害《がい》する弱肉強食《じゃくにくきょうしょく》の生存競争《せいぞんきょうそう》に終始《しゅうし》していく境涯《きょうがい》です。目先《めさき》のことしか見《み》えず、未来《みらい》を思考《しこう》できない愚《おろ》かさの故《ゆえ》に、結局《けっきょく》は、自《じ》己《こ》を破滅《はめつ》させ、苦《くる》しむのです。

＊畜生《ちくしょう》という表現《ひょうげん》は、古代《こだい》インドの表現《ひょうげん》を踏襲《とうしゅう》したものです。動物《どうぶつ》であっても例《たと》えば盲導犬《もうどうけん》のように人《ひと》を助《たす》けることを使命《しめい》として生《い》きる例《れい》もあります。また逆《ぎゃく》に人間《にんげん》であっても、戦争《せんそう》のように他《た》の動物《どうぶつ》よりも残酷《ざんこく》な行為《こうい》をする場合《ばあい》もあります。

地獄界《じごくかい》・餓鬼界《がきかい》・畜生界《ちくしょうかい》の三つは、いずれも苦悩《くのう》の境涯《きょうがい》なので「三悪道《さんあくどう》」といいます。

④修羅界《しゅらかい》

修羅《しゅら》とは、もともとは阿修羅《あしゅら》といい、争《あらそ》いを好《この》む古代《こだい》インドの神《かみ》の名《な》です。自分《じぶん》と他者《たしゃ》を比較《ひかく》し、常《つね》に他者《たしゃ》に勝《まさ》ろうとする「勝他《しょうた》の念《ねん》」を強《つよ》くもっているのが修《しゅ》羅界《らかい》の特徴《とくちょう》です。

他人《たにん》と自分《じぶん》を比《くら》べて、自分《じぶん》が優《すぐ》れて他人《たにん》が劣《おと》っていると思《おも》う場合《ばあい》は、慢心《まんしん》を起《お》こして他《た》を軽《かろ》んじます。そして、他者《たしゃ》の方《ほう》が優《すぐ》れていると思《おも》う場合《ばあい》でも、他者《たしゃ》を尊敬《そんけい》する心《こころ》を起《お》こすことができません。また、本当《ほんとう》に自分《じぶん》よりも強《つよ》いものと出会《であ》ったときには、卑屈《ひくつ》になって諂《へつら》うものです。

自分《じぶん》をいかにも優《すぐ》れたものに見せようと虚像《きょぞう》をつくるために、表面上《ひょうめんじょう》は人格者《じんかくしゃ》や善人《ぜんにん》をよそおい、謙虚《けんきょ》なそぶりすら見《み》せることもありますが、内面《ないめん》では自分《じぶん》より優《すぐ》れたものに対《たい》する妬《ねた》みと悔《くや》しさに満《み》ちています。このように内面《ないめん》と外面《がいめん》が異《こと》なり、心《こころ》に裏表《うらおもて》があるのも修羅界《しゅらかい》の特徴《とくちょう》です。

ゆえに、大聖人《だいしょうにん》は「諂曲《てんごく》なるは修羅《しゅら》」と説《と》かれています。「諂曲《てんごく》」とは自身《じしん》の本音《ほんね》を隠《かく》して相手《あいて》に迎合《げいごう》していくことです。「諂《てん》」は「へつらう、あざむく」という意味《いみ》で、「曲《ごく》」は「道理《どうり》を曲《ま》げて従《したが》う」ということです。

修羅界《しゅらかい》は、貪瞋癡《とんじんち》の三毒《さんどく》（貪《むさぼ》り、瞋《いか》り、癡《おろ》かという三つの根本的《こんぽんてき》な煩悩《ぼんのう》）にふりまわされる地獄《じごく》・餓鬼《がき》・畜生《ちくしょう》の三悪道《さんあくどう》と異《こと》なり、自分《じぶん》の意思《いし》で行動《こうどう》を決《き》めている分《ぶん》だけ、三悪道《さんあくどう》を超《こ》えているといえます。

しかし、根本《こんぽん》は苦《くる》しみを伴《ともな》う不幸《ふこう》な境涯《きょうがい》なので、三悪道《さんあくどう》に修羅界《しゅらかい》を加《くわ》えて「四悪趣《しあくしゅ》」ともいいます。

⑤人界《にんかい》

人界《にんかい》は、穏《おだ》やかで平静《へいせい》な生命状態《せいめいじょうたい》にあり、人間《にんげん》らしさを保《たも》っている境涯《きょうがい》をいいます。大聖人《だいしょうにん》は「平《たい》らかなるは人《にん》」と仰《おお》せです。

この人界《にんかい》の特質《とくしつ》は、因果《いんが》の道理《どうり》を知《し》り、物事《ものごと》の善悪《ぜんあく》を判断《はんだん》する理性《りせい》の力《ちから》が明確《めいかく》に働《はたら》いていることです。

大聖人《だいしょうにん》は「賢《かしこ》きを人《にん》といい、はかなきを畜《ちく》という」（1174ジペー）と言《い》われています。善悪《ぜんあく》を判別《はんべつ》する力《ちから》を持《も》ち、自己《じこ》のコントロールが可能《かのう》になった境涯《きょうがい》です。

この人間《にんげん》らしい境涯《きょうがい》も、決《けっ》して努力《どりょく》なしに持続《じぞく》できるものではありません。実際《じっさい》に、悪縁《あくえん》が多《おお》い世間《せけん》にあって、人間《にんげん》が「人間《にんげん》らしく生《い》きる」ことは難《むずか》しいものです。それは、絶《た》え間《ま》なく向上《こうじょう》しようとする自分《じぶん》の努力《どりょく》がなければ不可能《ふかのう》です。いわば人界《にんかい》は「自《じ》分《ぶん》に勝《か》つ」境涯《きょうがい》の第一歩《だいいっぽ》といえます。

また人界《にんかい》の生命《せいめい》は「聖道正器《しょうどうしょうき》」といわれ、仏道《ぶつどう》（聖道《しょうどう》）を成《じょう》ずることができる器《うつわ》であるとされています。

人界《にんかい》は悪縁《あくえん》にふれて悪道《あくどう》に堕《お》ちる危険性《きけんせい》もある半面《はんめん》、修行《しゅぎょう》に励《はげ》むことによって仏法《ぶっぽう》の覚《さと》りの境涯《きょうがい》である四聖《ししょう》への道《みち》を進《すす》むことができる可能性《かのうせい》を持《も》っているのです。

⑥天《てん》界《かい》

天界《てんかい》の天《てん》とは、もともと古代《こだい》インドにおいては、地上《ちじょう》の人間《にんげん》を超《こ》えた力《ちから》を持《も》つ神々《かみがみ》のこと、また、それらが住《す》む世界《せかい》という意味《いみ》です。古代《こだい》インドでは、今世《こんぜ》で善《よ》い行《おこな》いをした者《もの》は来世《らいせ》に天《てん》に生《う》まれると考《かんが》えられていました。

仏法《ぶっぽう》では、天界《てんかい》を生命《せいめい》の境涯《きょうがい》の一つとして位置《いち》づけています。努力《どりょく》の結果《けっか》、欲望《よくぼう》が満《み》たされた時《とき》に感《かん》じる喜《よろこ》びの境涯《きょうがい》です。大聖人《だいしょうにん》は「喜《よろこ》ぶは天《てん》」と仰《おお》せです。

欲望《よくぼう》といっても、睡眠欲《すいみんよく》や食欲《しょくよく》などの本能的欲望《ほんのうてきよくぼう》、新《あたら》しい車《くるま》や家《いえ》が欲《ほ》しいというような物質的欲望《ぶっしつてきよくぼう》、社会《しゃかい》で地位《ちい》や名誉《めいよ》を得《え》たいという社会的欲望《しゃかいてきよくぼう》、未知《みち》の世界《せかい》を知《し》ったり、新《あら》たな芸術《げいじゅつ》を創造《そうぞう》したいというような精神的欲望《せいしんてきよくぼう》などがあります。それらの欲望《よくぼう》が満《み》たされ、喜《よろこ》びに浸《ひた》っている境地《きょうち》が天界《てんかい》です。

しかし、天界《てんかい》の喜《よろこ》びは永続的《えいぞくてき》なものではありません。時《とき》の経過《けいか》とともに薄《うす》らぎ、消《き》えてしまいます。ですから天界《てんかい》は、目指《めざ》すべき真実《しんじつ》の幸福境涯《こうふくきょうがい》とはいえないのです。

六道《ろくどう》から四聖《ししょう》へ

以上《いじょう》の地獄界《じごくかい》から天界《てんかい》までの六道《ろくどう》は、結局《けっきょく》、自身《じしん》の外《そと》の条件《じょうけん》に左右《さゆう》されています。欲望《よくぼう》が満《み》たされた時《とき》は天界《てんかい》の喜《よろこ》びを味《あじ》わったり、環境《かんきょう》が平穏《へいおん》である場合《ばあい》は人界《にんかい》の安《やす》らぎを味《あじ》わえますが、ひとたびそれらの条件《じょうけん》が失《うしな》われた場合《ばあい》には、たちまち地獄界《じごくかい》や餓鬼《がき》界《かい》の苦《くる》しみの境涯《きょうがい》に転落《てんらく》してしまいます。

環境《かんきょう》に左右《さゆう》されているという意味《いみ》で、六道《ろくどう》の境涯《きょうがい》は、本当《ほんとう》に自由《じゆう》で主体的《しゅたいてき》な境涯《きょうがい》とはいえないのです。

これに対《たい》して、その六道《ろくどう》の境涯《きょうがい》を超《こ》え、環境《かんきょう》に支配《しはい》されない主体的《しゅたいてき》な幸福境涯《こうふくきょうがい》を築《きず》いていこうとするのが仏道修行《ぶつどうしゅぎょう》です。そして仏道修行《ぶつどうしゅぎょう》によって得《え》られる覚《さと》りの境涯《きょうがい》が声《しょう》聞《もん》、縁覚《えんがく》、菩薩《ぼさつ》、仏《ほとけ》の四聖《ししょう》の境涯《きょうがい》です。

⑦声聞界《しょうもんかい》
⑧縁覚界《えんがくかい》

声聞界《しょうもんかい》と縁覚界《えんがくかい》の二つは、仏教《ぶっきょう》のなかでも小乗教《しょうじょうきょう》の修行《しゅぎょう》で得《え》られる境涯《きょうがい》とされ、この声聞界《しょうもんかい》と縁覚界《えんがくかい》をまとめて「二乗《にじょう》」と呼《よ》びます。

声聞界《しょうもんかい》とは、仏《ほとけ》の教《おし》えを聞《き》いて部分的《ぶぶんてき》な覚《さと》りを獲得《かくとく》した境涯《きょうがい》をいいます。

これに対《たい》して、縁覚界《えんがくかい》は、さまざまなものごとを縁《えん》として、独力《どくりょく》で仏法《ぶっぽう》の部分的《ぶぶんてき》な覚《さと》りを得《え》た境涯《きょうがい》です。独覚《どっかく》ともいいます。

二乗《にじょう》の部分的《ぶぶんてき》な覚《さと》りとは「無常《むじょう》」を覚《さと》ることです。無常《むじょう》とは万物《ばんぶつ》が時間《じかん》とともに変《へん》化《か》・生滅《しょうめつ》することをいいます。自分《じぶん》と世界《せかい》を客観視《きゃっかんし》し、世間《せけん》すなわち現実世界《げんじつせかい》にあるものは、すべて縁《えん》によって生《しょう》じ時《とき》とともに変化《へんか》・消滅《しょうめつ》するという真理《しんり》を自覚《じかく》し、無常《むじょう》のものに執着《しゅうちゃく》する心《こころ》を乗《の》り越《こ》えていくのが、二乗《にじょう》の境涯《きょうがい》です。

私たちも日々《ひび》の生活《せいかつ》の中《なか》で、自分自身《じぶんじしん》を含《ふく》めて万物《ばんぶつ》が無常《むじょう》の存在《そんざい》であることを強《つよ》く感《かん》ずることがあります。

ゆえに大聖人《だいしょうにん》は「世間《せけん》の無常《むじょう》は眼前《がんぜん》に有《あ》り。あに、人界《にんかい》に二乗界《にじょうかい》無《な》からんや」（241㌻）と言《い》われ、人界《にんかい》に二乗界《にじょうかい》が具《そな》わっているとされたのです。

二乗《にじょう》の境涯《きょうがい》を目指《めざ》す人々は、無常《むじょう》のものに執着《しゅうちゃく》する煩悩《ぼんのう》こそ苦《くる》しみの原因《げんいん》であるとして、煩悩《ぼんのう》を滅《めっ》しようとしました。しかし、そのために自分自身《じぶんじしん》の心身《しんしん》のすべてを消滅《しょうめつ》させるという誤《あやま》った道《みち》（灰身滅智《けしんめっち》といわれる）に入《はい》ってしまいます。

二乗《にじょう》が得《え》た覚《さと》りは、仏《ほとけ》の覚《さと》りから見《み》れば、あくまでも部分的《ぶぶんてき》なものであり、完全《かんぜん》なものではありません。しかし、二乗《にじょう》はその低《ひく》い覚《さと》りに安住《あんじゅう》し、仏《ほとけ》の真実《しんじつ》の覚《さと》りを求《もと》めようとしません。師匠《ししょう》である仏《ほとけ》の境涯《きょうがい》の偉大《いだい》さは認《みと》めていても、自分《じぶん》たちはそこまで到達《とうたつ》できるとは考《かんが》えず、自《みずか》らの低《ひく》い覚《さと》りにとどまってしまうのです。

また、二乗《にじょう》は自《みずか》らの覚《さと》りのみにとらわれ、他人《たにん》を救《すく》おうとしないエゴイズムに陥《おちい》っています。このように、「自分中心《じぶんちゅうしん》」の心《こころ》があるところに二乗《にじょう》の限界《げんかい》があります。

⑨菩薩界《ぼさつかい》

菩薩《ぼさつ》とは、仏《ほとけ》の覚《さと》りを得《え》ようとして不断《ふだん》の努力《どりょく》をする衆生《しゅじょう》という意味《いみ》です。二乗《にじょう》が仏《ほとけ》を師匠《ししょう》としていても、自分《じぶん》たちは仏《ほとけ》の境涯《きょうがい》には至《いた》れないとしていたのに対《たい》し、菩薩《ぼさつ》は、師匠《ししょう》である仏《ほとけ》の境涯《きょうがい》に到達《とうたつ》しようと目指《めざ》していきます。

また、仏《ほとけ》の教《おし》えを人々《ひとびと》に伝《つた》え広《ひろ》めて人々《ひとびと》を救済《きゅうさい》しようとします。

すなわち、菩薩《ぼさつ》の境涯《きょうがい》の特徴《とくちょう》は、仏界《ぶっかい》という最高《さいこう》の境涯《きょうがい》を求《もと》めていく「求道《きゅうどう》」とともに、自《みずか》らが仏道修行《ぶつどうしゅぎょう》の途上《とじょう》で得《え》た利益《りやく》を、他者《たしゃ》に対《たい》しても分《わ》かち与《あた》えていく「利他《りた》」の実践《じっせん》があることです。

現実《げんじつ》の世間《せけん》のなかで、人々《ひとびと》の苦《くる》しみと悲《かな》しみに同苦《どうく》し、抜苦与楽《ばっくよらく》（苦《く》を抜《ぬ》き、楽《らく》を与《あた》える）の実践《じっせん》をして、自他共《じたとも》の幸福《こうふく》を願《ねが》うのが菩薩《ぼさつ》の心《こころ》です。

二乗《にじょう》が「自分中心《じぶんちゅうしん》」の心《こころ》にとらわれて低《ひく》い覚《さと》りに安住《あんじゅう》していたのに対《たい》して、菩薩界《ぼさつかい》は「人《ひと》のため」「法《ほう》のため」という使命感《しめいかん》をもち、行動《こうどう》していく境涯《きょうがい》です。

この菩薩界《ぼさつかい》の境涯《きょうがい》の根本《こんぽん》は「慈悲《じひ》」です。大聖人《だいしょうにん》は、「観心本尊抄《かんじんのほんぞんしょう》」で「無顧《むこ》の悪人《あくにん》もなお妻子《さいし》を慈愛《じあい》す。菩薩界《ぼさつかい》の一分《いちぶん》なり」（２４１ジペー）と仰《おお》せです。他人《たにん》を顧《かえり》みることのない悪人《あくにん》ですら自分《じぶん》の妻子《さいし》を慈愛《じあい》するように、生命《せいめい》には本来《ほんらい》、他者《たしゃ》を慈《いつく》しむ心《こころ》が具《そな》わっています。この慈悲《じひ》の心《こころ》を万人《ばんにん》に向《む》け、生《い》き方《かた》の根本《こんぽん》にすえるのが菩薩界《ぼさつかい》です。

⑩仏界《ぶっかい》

仏界《ぶっかい》は、仏《ほとけ》が体現《たいげん》した尊極《そんごく》の境涯《きょうがい》です。

仏《ほとけ》（仏陀《ぶっだ》）とは覚者《かくしゃ》の意《い》で、宇宙《うちゅう》と生命《せいめい》を貫《つらぬ》く根源《こんげん》の法《ほう》である妙法《みょうほう》に目覚《めざ》めた人《ひと》のことです。具体的《ぐたいてき》にはインドで生まれた釈尊《しゃくそん》（釈迦仏《しゃかぶつ》）などです。また、さまざまな経典《きょうてん》に阿弥陀仏《あみだぶつ》などの種々《しゅじゅ》の仏《ほとけ》が説《と》かれていますが、これは仏《ほとけ》の境涯《きょうがい》の素晴《すば》らしさを一面《いちめん》から譬喩的《ひゆてき》に示《しめ》した架空《かくう》の仏《ほとけ》です。

日蓮大聖人《にちれんだいしょうにん》は、末法《まっぽう》の一切衆生《いっさいしゅじょう》を救《すく》うために、一個《いっこ》の人間《にんげん》として御自身《ごじしん》の生命《せいめい》に仏界《ぶっかい》という尊極《そんごく》な境涯《きょうがい》を現《あらわ》し、一切衆生《いっさいしゅじょう》の成仏《じょうぶつ》の道《みち》を確立《かくりつ》された末法《まっぽう》の御本仏《ごほんぶつ》です。

仏界《ぶっかい》とは、自身《じしん》の生命《せいめい》の根源《こんげん》が妙法《みょうほう》であると覚知《かくち》することによって開《ひら》かれる、広大《こうだい》で福徳豊《ふくとくゆた》かな境涯《きょうがい》です。この境涯《きょうがい》を開《ひら》いた仏《ほとけ》は、無上《むじょう》の慈悲《じひ》と智慧《ちえ》を体現《たいげん》し、その力《ちから》で一切衆生《いっさいしゅじょう》に自分《じぶん》と等《ひと》しい仏界《ぶっかい》の境涯《きょうがい》を得《え》させるために戦《たたか》い続《つづ》けます。

仏界《ぶっかい》は、私たちの生命《せいめい》に本来《ほんらい》、具《そな》わっています。ただ、それを悩《なや》み多《おお》き現実生活《げんじつせいかつ》の中《なか》で現《あらわ》すことは難《むずか》しいので、大聖人《だいしょうにん》は人々《ひとびと》が仏界《ぶっかい》の生命《せいめい》を現《あらわ》していくための方途《ほうと》として御《ご》本尊《ほんぞん》を顕《あらわ》されました。

御本尊《ごほんぞん》に末法《まっぽう》の御本仏《ごほんぶつ》・日蓮大聖人《にちれんだいしょうにん》の仏界《ぶっかい》の御生命《ごせいめい》が顕《あらわ》されているのです。その真髄《しんずい》が南無妙法蓮華経《なんみょうほうれんげきょう》です。

私たちは御本尊《ごほんぞん》を信《しん》じて自行化他《じぎょうけた》にわたる唱題《しょうだい》に励《はげ》む時《とき》に、自身《じしん》の生命《せいめい》の仏界《ぶっかい》を現《あらわ》すことができるのです。

仏界《ぶっかい》の生命《せいめい》と信心《しんじん》との深《ふか》い関係《かんけい》について大聖人《だいしょうにん》は、「観心本尊抄《かんじんのほんぞんしょう》」で「末代《まつだい》の凡夫《ぼんぷ》、出生《しゅっしょう》して法華経《ほけきょう》を信《しん》ずるは、人界《にんかい》に仏界《ぶっかい》を具足《ぐそく》する故《ゆえ》なり」（241㌻）と言《い》われています。法華経《ほけきょう》は万人《ばんにん》が成仏《じょうぶつ》できることを説《と》く教《おし》えですが、その法華経《ほけきょう》を信《しん》ずることができるのは、人間《にんげん》としての自分《じぶん》の生命《せいめい》の中《なか》に本来《ほんらい》、仏界《ぶっかい》が具《そな》わっているからです。

また、この大聖人《だいしょうにん》の仰《おお》せを受《う》けて日寛上人《にちかんしょうにん》は「法華経《ほけきょう》を信《しん》ずる心強《こころつよ》きを名《な》づけて仏界《ぶっかい》と為《な》す」と述《の》べています。

この法華経《ほけきょう》とは末法《まっぽう》の法華経《ほけきょう》である南無妙法蓮華経《なんみょうほうれんげきょう》の御本尊《ごほんぞん》のことで、御本尊《ごほんぞん》を信《しん》じて生《い》き抜《ぬ》く「強《つよ》い信心《しんじん》」そのものが仏界《ぶっかい》にほかならないということです。

この仏界《ぶっかい》の境涯《きょうがい》を現代的《げんだいてき》に言《い》うならば、何《なに》ものにも侵《おか》されることのない「絶対的《ぜったいてき》な幸《こう》福境涯《ふくきょうがい》」といえるでしょう。戸田《とだ》第2代会長《だいかいちょう》は、信心《しんじん》によって得《え》られるこの境涯《きょうがい》について「生《い》きていること自体《じたい》が幸福《こうふく》であるという境涯《きょうがい》」と述《の》べています。

また仏界《ぶっかい》の境涯《きょうがい》は、しばしば師子王《ししおう》に譬《たと》えられます。どのような状況下《じょうきょうか》でも師子王《ししおう》のように恐《おそ》れることのない、安穏《あんのん》の境涯《きょうがい》であるといえます。

第3章　信《しん》仰《こう》と実《じっ》践《せん》

1　三《さん》証《しょう》

ここでは、人々《ひとびと》を絶対的《ぜったいてき》な幸福《こうふく》に導《みちび》く正法《しょうほう》を判定《はんてい》する「基準《きじゅん》」として、「三証《さんしょう》」を取《と》り上《あ》げ、日蓮大聖人《にちれんだいしょうにん》の仏法《ぶっぽう》こそが、末法《まっぽう》の一切衆生《いっさいしゅじょう》の一生成仏《いっしょうじょうぶつ》を可能《かのう》にする宗教《しゅうきょう》であることを学《まな》びます。

三《さん》証《しょう》

三証《さんしょう》とは、「文証《もんしょう》」「理証《りしょう》」「現証《げんしょう》」の三つをいいます。

「文証《もんしょう》」とは、その宗教《しゅうきょう》の教義《きょうぎ》がよりどころとする経文《きょうもん》、聖典《せいてん》のうえで裏《うら》づけをもっているかどうか、ということです。日蓮大聖人《にちれんだいしょうにん》は、「経文《きょうもん》に明《あき》らかならんを用《もち》いよ、文《もん》証無《しょうな》からんをば捨《す》てよとなり」（482ジペー）と、経文上《きょうもんじょう》に明確《めいかく》な根拠《こんきょ》のある教義《きょうぎ》を用《もち》いるべきであり、経典《きょうてん》によらない教《おし》えを用《もち》いてはならないと戒《いまし》められています。文証《もんしょう》に基《もと》づかない教義《きょうぎ》は、所詮《しょせん》、自分勝手《じぶんかって》な主張《しゅちょう》になるからです。仏教《ぶっきょう》であるなら、釈尊《しゃくそん》の教《おし》え、すなわち経文《きょうもん》に基《もと》づくものでなければなりません。私たちの場合《ばあい》で言《い》えば、文証《もんしょう》とは、大聖人《だいしょうにん》の「御書《ごしょ》」に基《もと》づいているかどうかです。

次《つぎ》に「理証《りしょう》」とは、その宗教《しゅうきょう》の教義《きょうぎ》や主張《しゅちょう》が道理《どうり》にかなっているかどうか、ということです。「仏法《ぶっぽう》と申《もう》すは道理《どうり》なり」（1169ジペー）と仰《おお》せのように、仏法《ぶっぽう》はあくまで道理《どうり》を重《おも》んじます。道理《どうり》に外《はず》れた主張《しゅちょう》は用《もち》いてはならないのです。

「現証《げんしょう》」とは、その宗教《しゅうきょう》の教義《きょうぎ》に基《もと》づいて信仰《しんこう》を実践《じっせん》した結果《けっか》が、生命《せいめい》や生活《せいかつ》、そして、社会《しゃかい》にどのように現《あらわ》れたか、ということです。宗教《しゅうきょう》とは、観念的《かんねんてき》なものではなく、人々《ひとびと》の生活《せいかつ》や人生《じんせい》に必《かなら》ず大《おお》きな影響《えいきょう》を与《あた》えるものです。そして、その信仰《しんこう》の実践《じっせん》が現実《げんじつ》の上《うえ》で、どう生活《せいかつ》や人生《じんせい》に影響《えいきょう》を与《あた》えたかで、宗教《しゅうきょう》の勝劣浅深《しょうれつせんじん》を判断《はんだん》していくべきです。

大聖人《だいしょうにん》は「日蓮《にちれん》、仏法《ぶっぽう》をこころみるに道理《どうり》と証文《しょうもん》とにはすぎず。また、道理《どうり》・証文《しょうもん》よりも現証《げんしょう》にはすぎず」（1468ジペー）と仰《おお》せです。この御文《ごもん》で、道理《どうり》とは理証《りしょう》のことであり、証文《しょうもん》とは文証《もんしょう》のことです。この御文《ごもん》に明《あき》らかなように、大聖人《だいしょうにん》が、一番重視《いちばんじゅうし》されたのが現証《げんしょう》です。それは、本来《ほんらい》、現実《げんじつ》の人間《にんげん》を救《すく》うために仏法《ぶっぽう》があるからです。

また、この三証《さんしょう》のどれか一つが欠《か》けても正《ただ》しい宗教《しゅうきょう》とはいえません。薬《くすり》で譬《たと》えれば、成分表《せいぶんひょう》や効能書《こうのうが》きがあり（文証《もんしょう》）、効《き》き目《め》がある確《たし》かな理由《りゆう》があり（理証《りしょう》）、実際《じっさい》に服用《ふくよう》して、体《からだ》が回復《かいふく》するという明確《めいかく》な結果《けっか》が出《で》てこそ（現証《げんしょう》）、有効《ゆうこう》な薬《くすり》といえます。

日蓮大聖人《にちれんだいしょうにん》の仏法《ぶっぽう》は、理論《りろん》のうえでも、現実《げんじつ》のうえでも、万人《ばんにん》が納得《なっとく》できる客観的《きゃっかんてき》、普遍的《ふへんてき》な根拠《こんきょ》を持《も》つ宗教《しゅうきょう》なのです。

2 信《しん》行《ぎょう》学《がく》

ここでは、私たちが日蓮大聖人《にちれんだいしょうにん》の仏法《ぶっぽう》を実践《じっせん》していくうえでの三つの基本《きほん》——信《しん》・行《ぎょう》・学《がく》について学《まな》びます。

自身《じしん》の生命《せいめい》の変革《へんかく》を目指《めざ》す、日蓮大聖人《にちれんだいしょうにん》の仏法《ぶっぽう》における修行《しゅぎょう》の基本《きほん》は、「信《しん》・行《ぎょう》・学《がく》」です。このうち、「信《しん》」は、末法《まっぽう》の正法《しょうほう》である大聖人《だいしょうにん》の仏法《ぶっぽう》、なかんずくその究極《きゅうきょく》である御本尊《ごほんぞん》を信《しん》ずることです。この「信《しん》」こそ、仏道修行《ぶつどうしゅぎょう》の出発点《しゅっぱつてん》であり、帰着点《きちゃくてん》です。「行《ぎょう》」は、生命《せいめい》を変革《へんかく》し、開拓《かいたく》していく具体的実践《ぐたいてきじっせん》です。「学《がく》」は、教《おし》えを学《まな》び求《もと》める研鑚《けんさん》であり、正《ただ》しい信心《しんじん》と実践《じっせん》への指針《ししん》を与《あた》え、「行《ぎょう》」を助《たす》け、「信《しん》」をより深《ふか》いものにさせる力《ちから》となります。

この三つのどれが欠《か》けても、正《ただ》しい仏道修行《ぶつどうしゅぎょう》にはなりません。

第3章

「諸法実相抄《しょほうじっそうしょう》」には「信《しん》・行《ぎょう》・学《がく》」の在《あ》り方《かた》を次《つぎ》のように示《しめ》されています。

「一閻浮提第一《いちえんぶだいいち》の御本尊《ごほんぞん》を信《しん》じさせ給《たま》え。あいかまえて、あいかまえて、信心《しんじん》つよく候《そうろ》うて、三仏《さんぶつ》の守護《しゅご》をこうむらせ給《たも》うべし。行学《ぎょうがく》の二道《にどう》をはげみ候《そうろう》べし。行学《ぎょうがく》た《絶》えなば仏法《ぶっぽう》はあるべからず。我《われ》もいたし、人《ひと》をも教化《きょうけ》候《そうら》え。行学《ぎょうがく》は信心《しんじん》よりおこるべく候《そうろう》。力《ちから》あらば、一文一句《いちもんいっく》なりともかた《談》らせ給《たも》うべし」（1361ページ、通解――世界第一《せかいだいいち》の御本《ごほん》尊《ぞん》を信《しん》じなさい。よくよく心《こころ》して、信心《しんじん》を強《つよ》く持《たも》って、釈迦仏《しゃかぶつ》・多宝仏《たほうぶつ》・十方《じっぽう》の諸仏《しょぶつ》の守護《しゅご》を得《え》ていきなさい。行学《ぎょうがく》の両面《りょうめん》の修行《しゅぎょう》を励《はげ》んでいきなさい。行学《ぎょうがく》が絶《た》えたところに仏法《ぶっぽう》はありません。自分《じぶん》も実践《じっせん》し、人《ひと》にも教《おし》え、導《みちび》いていきなさい。行学《ぎょうがく》は信心《しんじん》から起《お》こるのです。力《ちから》があるなら、一文一句《いちもんいっく》でも語《かた》っていきなさい）

①信《しん》

「信《しん》」は信受《しんじゅ》ともいいます。仏《ほとけ》の教《おし》えを信《しん》じて受《う》け入《い》れることです。この「信《しん》」こそ、私たちが仏《ほとけ》の境涯《きょうがい》に入《はい》るための根本《こんぽん》なのです。

法華経《ほけきょう》には、釈尊《しゃくそん》の弟子《でし》のなかで智慧第一《ちえだいいち》といわれた舎利弗《しゃりほつ》も、ただ信受《しんじゅ》することによってのみ、法華経《ほけきょう》に説《と》かれた法理《ほうり》を体得《たいとく》できたと説《と》かれています。すなわち譬喩品《ひゆほん》には「汝舎利弗《なんじしゃりほつ》すら　尚《な》お此《こ》の経《きょう》に於《お》いては　信《しん》を以《もっ》て入《い》ることを得《え》たり」（法華経197ページ）とあります。これを「以信得入《いしんとくにゅう》」といいます。

仏《ほとけ》が覚《さと》った偉大《いだい》な智慧《ちえ》・境涯《きょうがい》を自身《じしん》のものとしていく道《みち》は、ただこの「信《しん》」による以《い》外《がい》にありません。仏《ほとけ》の教《おし》えを信《しん》じて受《う》け入《い》れていった時《とき》に、初《はじ》めて仏法《ぶっぽう》で説《と》く生命《せいめい》の法《ほう》理《り》の正《ただ》しさを理解《りかい》していくことができるのです。

末法《まっぽう》の御本仏《ごほんぶつ》・日蓮大聖人《にちれんだいしょうにん》は、御自身《ごじしん》が覚《さと》られた宇宙根源《うちゅうこんげん》の法《ほう》である南無妙法蓮華経《なんみょうほうれんげきょう》を、御本尊《ごほんぞん》として図顕《ずけん》されました。すなわち大聖人《だいしょうにん》が、末法《まっぽう》の一切衆生《いっさいしゅじょう》のために、御自《ごじ》身《しん》の仏《ほとけ》の生命《せいめい》を、そのまま顕《あらわ》されたのが、御本尊《ごほんぞん》なのです。

ゆえに、この御本尊《ごほんぞん》を、私たちが成仏《じょうぶつ》の境涯《きょうがい》を開《ひら》くための唯一《ゆいいつ》の縁《えん》（信仰《しんこう》の対象《たいしょう》）として深《ふか》く信《しん》ずることが、大聖人《だいしょうにん》の仏法《ぶっぽう》を修行《しゅぎょう》する根本《こんぽん》となります。御本尊《ごほんぞん》を信受《しんじゅ》して唱題《しょうだい》に励《はげ》むとき、妙法《みょうほう》の功力《くりき》を自身《じしん》の生命《せいめい》に開《ひら》き顕《あらわ》し、成仏《じょうぶつ》の境涯《きょうがい》を確立《かくりつ》していくことができるのです。

② 行《ぎょう》

「行《ぎょう》」とは、御本尊《ごほんぞん》を信受《しんじゅ》したうえでの具体的《ぐたいてき》な実践《じっせん》のことです。

仏法《ぶっぽう》では、私たち自身《じしん》の生命《せいめい》の内《うち》に、慈悲《じひ》と智慧《ちえ》にあふれる仏《ほとけ》の生命境涯《せいめいきょうがい》、すなわち仏界《ぶっかい》が、本来《ほんらい》、厳然《げんぜん》と具《そな》わっていると説《と》かれます。

そして仏道修行《ぶつどうしゅぎょう》の目的《もくてき》は、まさしくこの自分自身《じぶんじしん》の生命《せいめい》の内《うち》に秘《ひ》められた仏《ほとけ》の生命境《せいめいきょう》涯《がい》を顕現《けんげん》して、絶対的幸福境涯《ぜったいてきこうふくきょうがい》を得《え》ていくことにあります。

しかし、私たち自身《じしん》の生命《せいめい》の内《うち》に具《そな》わった力《ちから》も、それを現実《げんじつ》の人生《じんせい》にあって、現《あらわ》し働《はたら》かせていくためには、具体的《ぐたいてき》な変革《へんかく》・開拓《かいたく》の作業《さぎょう》が必要《ひつよう》です。

仏《ほとけ》の境涯《きょうがい》を自身《じしん》の生命《せいめい》に顕現《けんげん》するためには、道理《どうり》に適《かな》った実践《じっせん》の持続《じぞく》が必要《ひつよう》であり、これが「行《ぎょう》」なのです。

この「行《ぎょう》」には「自行《じぎょう》」「化他《けた》」の両面《りょうめん》があります。車《くるま》の両輪《りょうりん》のように、どちらが欠《か》けても修行《しゅぎょう》は成《な》り立《た》ちません。

「自行《じぎょう》」とは自分《じぶん》が法《ほう》の功徳《くどく》を得《え》るために修行《しゅぎょう》することです。「化他《けた》」とは他人《たにん》に功徳《くどく》を受《う》けさせるために仏法《ぶっぽう》を教《おし》える実践《じっせん》をいいます。

また、「末法《まっぽう》に入《い》りて今日蓮《いまにちれん》が唱《とな》うる所《ところ》の題目《だいもく》は、前代《ぜんだい》に異《こと》なり、自行化他《じぎょうけた》に亘《わた》りて南無妙法蓮華経《なんみょうほうれんげきょう》なり」（１０２２ジペー）と仰《おお》せです。末法《まっぽう》においては、自身《じしん》の成仏《じょうぶつ》を目指《めざ》す自行《じぎょう》においても、人々《ひとびと》を教《おし》え導《みちび》く化他《けた》においても、成仏《じょうぶつ》の根本法《こんぽんほう》である南無妙法蓮華経《なんみょうほうれんげきょう》を実践《じっせん》します。

すなわち、自分《じぶん》が御本尊《ごほんぞん》を信《しん》じて題目《だいもく》を唱《とな》えるとともに、人々《ひとびと》にも御本尊《ごほんぞん》の功徳《くどく》を教《おし》え、信心《しんじん》を勧《すす》めていく、自行化他《じぎょうけた》にわたる実践《じっせん》が、大聖人《だいしょうにん》の仏法《ぶっぽう》における正《ただ》しい仏道修行《ぶつどうしゅぎょう》になるのです。

具体的《ぐたいてき》には、自行《じぎょう》とは勤行《ごんぎょう》（読経《どきょう》・唱題《しょうだい》）であり、化他《けた》とは折伏《しゃくぶく》・弘教《ぐきょう》です。また広宣《こうせん》流布《るふ》のための、さまざまな実践活動《じっせんかつどう》も、化他《けた》の修行《しゅぎょう》となります。

生命変革《せいめいへんかく》の実践《じっせん》――勤行《ごんぎょう》と弘教《ぐきょう》

「勤行《ごんぎょう》」とは、御本尊《ごほんぞん》に向《む》かって読経《どきょう》・唱題《しょうだい》することをいいます。これが生命変革《せいめいへんかく》の具体的《ぐたいてき》な実践《じっせん》の一つです。

大聖人《だいしょうにん》は、勤行《ごんぎょう》を、曇《くも》った鏡《かがみ》を磨《みが》くことに譬《たと》えて次《つぎ》のように仰《おお》せです。

「譬《たと》えば、闇鏡《あんきょう》も磨《みが》きぬれば、玉《たま》と見《み》ゆるがごとし。ただ今《いま》も一念無明《いちねんむみょう》の迷心《めいしん》は、磨《みが》かざる鏡《かがみ》なり。これを磨《みが》かば、必《かなら》ず法性真如《ほっしょうしんにょ》の明鏡《みょうきょう》と成《な》るべし。深《ふか》く信心《しんじん》を発《おこ》して日夜《にちや》朝暮《ちょうぼ》にまた懈《おこた》らず磨《みが》くべし。いかようにしてか磨《みが》くべき。ただ南無妙法蓮華経《なんみょうほうれんげきょう》と唱《とな》えたてまつるを、これをみがくとはいうなり」

（384ページ、通解——たとえば、曇《くも》っていてものを映《うつ》さない鏡《かがみ》も、磨《みが》けば玉《たま》のように見《み》えるようなものである。今《いま》の〈私たち凡夫《ぼんぷ》の〉無明《むみょう》という根本《こんぽん》の迷《まよ》いに覆《おお》われた命《いのち》は、磨《みが》かない鏡《かがみ》のようなものである。これを磨《みが》くなら、必《かなら》ず真実《しんじつ》の覚《さと》りの智慧《ちえ》の明鏡《めいきょう》となるのである。深《ふか》く信心《しんじん》を奮《ふる》い起《お》こして日夜《にちや》、朝夕《あさゆう》に、また怠《おこた》ることなく自身《じしん》の命《いのち》を磨《みが》くべきである。では、どのようにして磨《みが》いたらよいのであろうか。ただ南無妙法蓮華経《なんみょうほうれんげきょう》と唱《とな》えること、これが磨《みが》くということなのである）

この譬《たと》えで示《しめ》されているように、鏡自体《かがみじたい》は磨《みが》く前《まえ》も磨《みが》いた後《あと》も同《おな》じ鏡《かがみ》であり、別《べつ》のものに変《か》わるわけではありませんが、はたらきは全《まった》く違《ちが》ってきます。同《おな》じように、私たち自身《じしん》も、日々《ひび》の勤行《ごんぎょう》を持続《じぞく》することによって自身《じしん》の生命《せいめい》が鍛《きた》え磨《みが》かれ、そのはたらきが大《おお》きく変革《へんかく》されてくるのです。

また、「弘教《ぐきょう》」について、「諸法実相抄《しょほうじっそうしょう》」で「我《われ》もいたし人《ひと》をも教化候《きょうけそうら》え（中略）力《ちから》あらば一文一句《いちもんいっく》なりともかたら《談》せ給《たも》うべし」（１３６１㌻）と仰《おお》せです。また「寂日房御《じゃくにちぼうご》書《しょ》」では「かかる者《もの》の弟子《でし》・檀那《だんな》とならん人人《ひとびと》は、宿縁《しゅくえん》ふかしと思《おも》うて、日蓮《にちれん》と同《おな》じく法華経《ほけきょう》を弘《ひろ》むべきなり」（９０３㌻）と言《い》われています。

勤行《ごんぎょう》をして自分自身《じぶんじしん》だけが境涯《きょうがい》を変革《へんかく》するのではなく、自他共《じたとも》の幸福《こうふく》を目指《めざ》して、一《いち》文一句《もんいっく》でも仏法《ぶっぽう》のことを人々《ひとびと》に語《かた》っていくことが大切《たいせつ》です。

それによって、自《みずか》らの信心《しんじん》をさらに深《ふか》めることができるとともに、人々《ひとびと》の幸福《こうふく》のために戦《たたか》う仏《ほとけ》や菩薩《ぼさつ》の境涯《きょうがい》を自身《じしん》の命《いのち》に呼《よ》び起《お》こし、大聖人《だいしょうにん》の真《しん》の弟子《でし》となっていくことができます。勤行《ごんぎょう》とともに、弘教《ぐきょう》の実践《じっせん》が、自身《じしん》の生命変革《せいめいへんかく》への大《おお》きな力《ちから》となっていくのです。

また、法華経《ほけきょう》には「能《よ》く竊《ひそ》かに一人《いちにん》の為《た》めにも、法華経《ほけきょう》の乃至一句《ないしいっく》を説《と》かば、当《まさ》に知《し》るべし、是《こ》の人《ひと》は則《すなわ》ち如来《にょらい》の使《つかい》にして、如来《にょらい》に遣《つか》わされて、如来《にょらい》の事《じ》を行《ぎょう》ず」（法華経357ページ）とあります（如来《にょらい》とは仏《ほとけ》のこと）。

この文《もん》を踏《ふ》まえて、大聖人《だいしょうにん》は「法華経《ほけきょう》を一字一句《いちじいっく》も唱《とな》え、また人《ひと》にも語《かた》り申《もう》さんものは、教主釈尊《きょうしゅしゃくそん》の御使《おんつかい》なり」（1121ページ）と仰《おお》せです。

すなわち、私たちの化他行《けたぎょう》は、仏《ほとけ》の使《つか》い（如来《にょらい》の使《つかい》）として、仏《ほとけ》の振《ふ》る舞《ま》い・行動《こうどう》（如来《にょらい》の事《じ》）を実践《じっせん》する最《もっと》も尊《とうと》い行為《こうい》なのです。

正行《しょうぎょう》と助行《じょぎょう》――唱題《しょうだい》が根本《こんぽん》、読経《どきょう》は補助《ほじょ》

生命変革《せいめいへんかく》の具体的《ぐたいてき》な実践《じっせん》の一つの柱《はしら》として、毎日《まいにち》、朝夕《あさゆう》の勤行《ごんぎょう》を行《おこな》います。

日々《ひび》の勤行《ごんぎょう》では、御本尊《ごほんぞん》を信《しん》じて題目《だいもく》を唱《とな》え、法華経《ほけきょう》の方便品第《ほうべんぽんだい》2（冒頭《ぼうとう》の散文《さんぶん》の部分《ぶぶん》）と如来寿量品第《にょらいじゅりょうほんだい》16の自我偈《じがげ》を読誦《どくじゅ》します。

勤行《ごんぎょう》は、御本尊《ごほんぞん》を信《しん》じて南無妙法蓮華経《なんみょうほうれんげきょう》と唱《とな》える唱題《しょうだい》が根本《こんぽん》なので、唱題《しょうだい》を「正行《しょうぎょう》」といいます。

また、方便品《ほうべんぽん》・自我偈《じがげ》の読誦《どくじゅ》は、「正行《しょうぎょう》」である題目《だいもく》の功徳《くどく》を助《たす》け顕《あらわ》すために行《おこな》うので、「助行《じょぎょう》」といいます。

法華経《ほけきょう》28品《ぽん》（章《しょう》）のなかでも、方便品《ほうべんぽん》・寿量品《じゅりょうほん》の自我偈《じがげ》を読誦《どくじゅ》するのは、この両品《りょうほん》が万人成仏《ばんにんじょうぶつ》を説《と》く法華経《ほけきょう》の最《もっと》も重要《じゅうよう》な品《ほん》だからです。方便品《ほうべんぽん》では法華経《ほけきょう》の前半《ぜんはん》である迹門《しゃくもん》の中心的《ちゅうしんてき》な法理《ほうり》である「諸法実相《しょほうじっそう》」が説《と》かれています。寿量品《じゅりょうほん》では法華経《ほけきょう》の後半《こうはん》である本門《ほんもん》の中心的《ちゅうしんてき》な法理《ほうり》である「久遠実成《くおんじつじょう》」が説《と》かれています（本書157ページ以下を参照）。大聖人《だいしょうにん》は「寿量品《じゅりょうほん》・方便品《ほうべんぽん》をよみ候《そうら》えば、自然《じねん》に余品《よほん》はよみ候《そうら》わねども、備《そな》わり候《そうろう》なり」（1202ページ）と仰《おお》せです。

正行《しょうぎょう》と助行《じょぎょう》の関係《かんけい》について、日寛上人《にちかんしょうにん》は「塩《しお》や酢《す》が米《こめ》や麺《めん》の味《あじ》をひきたたせるように、方便品《ほうべんぽん》・寿量品《じゅりょうほん》を読誦《どくじゅ》することは、『正行《しょうぎょう》』である題目《だいもく》の深遠《しんえん》な功徳《くどく》を助《たす》け顕《あらわ》すはたらきがあり、このために『助行《じょぎょう》』というのである」（趣意《しゅい》）と教《おし》えられています。

私たちが勤行《ごんぎょう》で方便品《ほうべんぽん》・自我偈《じがげ》を読誦《どくじゅ》するのは、御本尊《ごほんぞん》の功徳《くどく》をたたえるためなのです。

③ 学《がく》

「学《がく》」とは、教学《きょうがく》の研鑽《けんさん》であり、日蓮大聖人《にちれんだいしょうにん》が教《おし》え遺《のこ》された「御書《ごしょ》」を拝読《はいどく》することを根本《こんぽん》にして、正《ただ》しい仏法《ぶっぽう》の法理《ほうり》を学《まな》ぶことです。

正《ただ》しい仏法《ぶっぽう》の法理《ほうり》を学《まな》ぶことによって、より深《ふか》く完全《かんぜん》な信《しん》に立《た》つことができ、また正《ただ》しい行《ぎょう》をすることができるのです。

この教学《きょうがく》の研鑽《けんさん》がないと、ともすれば、自分勝手《じぶんかって》な理解《りかい》に陥《おちい》ってしまう危険性《きけんせい》があり、また誤《あやま》った教《おし》えを説《と》く者《もの》に、だまされてしまう恐《おそ》れがあります。

「行学《ぎょうがく》は信心《しんじん》よりおこる」と大聖人《だいしょうにん》が仰《おお》せのように、教学《きょうがく》の根本《こんぽん》は信心《しんじん》であることは言《い》うまでもありません。

また戸田第《とだだい》2代会長《だいかいちょう》が「信《しん》は理《り》を求《もと》め、求《もと》めたる理《り》は信《しん》を深《ふか》からしむ」と述《の》べているように、仏法《ぶっぽう》を学《まな》び理解《りかい》していくのは信心《しんじん》を深《ふか》めていくためです。

大聖人《だいしょうにん》は、さらに、「返《かえ》す返《がえ》すこの書《しょ》をつねによませて御聴聞《ごちょうもん》あるべし」（1444ページ）等《とう》と、御自身《ごじしん》が認《したた》められた御書《ごしょ》を繰《く》り返《かえ》し学《まな》んでいくよう呼《よ》びかけられています。また、大聖人《だいしょうにん》に仏法《ぶっぽう》の法理《ほうり》についてお尋《たず》ねした門下《もんか》に対《たい》しては、その求道心《きゅうどうしん》をたたえられています。

日興上人《にっこうしょうにん》も、「御書《ごしょ》を心肝《しんかん》に染《そ》め」（1618ページ）と述《の》べられ、また「学問未練《がくもんみれん》にして名《みょう》聞名利《もんみょうり》の大衆《だいしゅ》は予《よ》が末流《まつりゅう》に叶《かな》うべからざること」（同）と、教学《きょうがく》の研鑽《けんさん》を強《つよ》く勧《すす》められています。

◇教学探検◇

回向《えこう》・追善《ついぜん》（自身《じしん》の功徳《くどく》を他《た》の人々《ひとびと》に）

回向《えこう》とは〝回《めぐ》らし向《む》ける〟ことです。諸《しょ》経典《きょうてん》ではさまざまな回向《えこう》が説《と》かれますが、その意義《いぎ》は、一つには、低《ひく》い目的観《もくてきかん》から高《たか》い目的観《もくてきかん》へ転換《てんかん》すること、また一つには、自身《じしん》が仏法《ぶっぽう》を実践《じっせん》・修行《しゅぎょう》した功徳《くどく》を、他《た》の人々《ひとびと》へ手向《たむ》けることが挙《あ》げられます。また追善《ついぜん》とは、故人《こじん》に対《たい》して、生前《せいぜん》に積《つ》んだ功《く》徳《どく》に追加《ついか》して、遺族《いぞく》などが功徳《くどく》を回向《えこう》することです。

仏法《ぶっぽう》の根本《こんぽん》は、万人成仏《ばんにんじょうぶつ》を願《ねが》う師匠《ししょう》である仏《ほとけ》の心《こころ》を、弟子《でし》である私たちがわが心《こころ》として、自身《じしん》が成仏《じょうぶつ》し他《た》の人々《ひとびと》をも成仏《じょうぶつ》へと導《みちび》く師弟不二《していふに》の実践《じっせん》です。

法華経《ほけきょう》の化城喩品《けじょうゆほん》には、「願《ねが》わくは此《こ》の功《く》徳《どく》を以《もっ》て　普《あまね》く一切《いっさい》に及《およ》ぼし　我《わ》れ等《ら》と衆《しゅ》生《じょう》とは　皆《み》な共《とも》に仏道《ぶつどう》を成《じょう》ぜん」（法華経298㌻）とあります。

これは、三千塵点劫《さんぜんじんてんごう》という遠《とお》い過去《かこ》の大《だい》通智勝仏《つうちしょうぶつ》の時代《じだい》に、梵天王《ぼんてんのう》たちが仏《ほとけ》に供養《くよう》をし、その功徳《くどく》をすべての衆生《しゅじょう》に及《およ》ぼし、自身《じしん》と衆生《しゅじょう》が仏道《ぶつどう》を成就《じょうじゅ》できるよう、願《ねが》っている言葉《ことば》です。

大通智勝仏《だいつうちしょうぶつ》はこの願《ねが》いを受《う》けて、人々《ひとびと》を導《みちび》くさまざまな教《おし》えを説《と》いています。そして、それによって仏法理解《ぶっぽうりかい》の能力《のうりょく》が高《たか》まった16人《にん》の王子《おうじ》たちは、仏《ほとけ》の最高《さいこう》の覚《さと》りである阿耨多羅三藐三菩提《あのくたらさんみゃくさんぼだい》（無上正等覚《むじょうしょうとうがく》）が得《え》られる教《おし》えを説《と》いてほしいと要請《ようせい》します。仏《ほとけ》はそれに応《おう》じて、法華経《ほけきょう》を最後《さいご》に説《と》いたのです。

すなわち、回向《えこう》の究極的《きゅうきょくてき》な目的《もくてき》は、あらゆる人々《ひとびと》の目的観《もくてきかん》を高《たか》め、万人成仏《ばんにんじょうぶつ》の教《おし》えである法華経《ほけきょう》を説《と》き聞《き》かせてすべての人々《ひとびと》を成仏《じょうぶつ》させることなのです。

それゆえ、法華経《ほけきょう》を読誦《どくじゅ》し、法華経《ほけきょう》の真《しん》髄《ずい》である南無妙法蓮華経《なんみょうほうれんげきょう》の題目《だいもく》を唱《とな》えることは、自身《じしん》の成仏《じょうぶつ》のための実践《じっせん》であるとともに、人々《ひとびと》に万人成仏《ばんにんじょうぶつ》の教《おし》えを説《と》き聞《き》かせ、成仏《じょうぶつ》へと導《みちび》くことになります。

創価学会《そうかがっかい》では、葬儀《そうぎ》や法要《ほうよう》などはもちろ

ん、日々《ひび》の勤行《ごんぎょう》において法華経《ほけきょう》を読誦《どくじゅ》し法華経《ほけきょう》の肝要《かんよう》である南無妙法蓮華経《なんみょうほうれんげきょう》の題目《だいもく》を唱《とな》えて、回向《えこう》を行《おこな》っています。亡《な》くなった方《かた》の冥福《めいふく》・成仏《じょうぶつ》を祈《いの》るとともに、世界中《せかいじゅう》のすべての人《ひと》が妙法《みょうほう》を信受《しんじゅ》し成仏《じょうぶつ》への道《みち》を歩《あゆ》むことを願《ねが》っているのです。

日蓮大聖人《にちれんだいしょうにん》は、法華経《ほけきょう》を信受《しんじゅ》した功徳《くどく》が多《おお》くの人々《ひとびと》に回向《えこう》されていくことについて、次《つぎ》のように述《の》べられています。

「目連尊者《もくれんそんじゃ》が法華経《ほけきょう》を信《しん》じまいらせし大善《だいぜん》は、我《わ》が身仏《みほとけ》になるのみならず、父母仏《ぶもほとけ》になり給《たも》う。上七代《かみしちだい》・下七代《しもしちだい》、上無量生《かみむりょうしょう》・下《しも》無量生《むりょうしょう》の父母等《ぶもたち》、存外《ぞんがい》に仏《ほとけ》となり給《たも》う。乃《ない》至子息《しそく》・夫妻《ふさい》・所従《しょじゅう》・檀那《だんな》・無量《むりょう》の衆生《しゅじょう》、三悪道《さんあくどう》をはな《離》るるのみならず、皆《みな》、初住《しょじゅう》・妙覚《みょうかく》の仏《ほとけ》となりぬ。故《ゆえ》に、法華経《ほけきょう》の第《だい》三にいわく『願《ねが》わくは此《こ》の功徳《くどく》を以《もっ》て普《あまね》く一切《いっさい》に及《およ》ぼし我等《われら》と衆生《しゅじょう》と皆共《みなとも》に仏道《ぶつどう》を成《じょう》ぜん』云云《うんぬん》」（１４３０㌻）。

釈尊《しゃくそん》の十大弟子《じゅうだいでし》の一人《ひとり》で神通第一《じんずうだいいち》と称《たた》えられた目連《もくれん》も、自身《じしん》の神通力《じんずうりき》では死後《しご》に餓《が》鬼道《きどう》に堕《お》ちてしまった母《はは》を救《すく》えませんでした。それを救《すく》えたのは、目連《もくれん》が万人成仏《ばんにんじょうぶつ》の法華経《ほけきょう》を信受《しんじゅ》して成仏《じょうぶつ》できるようになったからであると教《おし》えられています。そして法華経信受《ほけきょうしんじゅ》の功徳《くどく》は三世《さんぜ》にわたって関《かか》わるあらゆる人《ひと》の成仏《じょうぶつ》を可能《かのう》にするものであると仰《おお》せです。

また、日蓮大聖人《にちれんだいしょうにん》は、「種種御振舞御書《しゅじゅおんふるまいごしょ》」で、次《つぎ》のように述《の》べられています。これは竜《たつ》の口《くち》の法難《ほうなん》の折《おり》、四条金吾《しじょうきんご》に語《かた》った言葉《ことば》として記《しる》されています。

「今度《こんど》、頸《くび》を法華経《ほけきょう》に奉《たてま》りて、その功徳《くどく》を父母《ぶも》に回向《えこう》せん。そのあまりは、弟子《でし》・檀那《だんな》等《とう》にはぶくべし〈配当〉」（913ページ）。

大聖人御自身《だいしょうにんごじしん》が死身弘法《ししんぐほう》の実践《じっせん》をされたその功徳《くどく》を、一方《いっぽう》では自身《じしん》を生《う》み育《そだ》ててくれた亡《な》き父母《ふぼ》に回向《えこう》し、また一方《いっぽう》では自身《じしん》とともに大難《だいなん》の中《なか》で妙法《みょうほう》への信《しん》を貫《つらぬ》いている弟子《でし》たちに分《わ》け与《あた》えようという仰《おお》せです。

これらの御文《ごもん》に照《て》らせば、回向《えこう》とは、①法《ほ》華経《けきょう》（その真髄《しんずい》である南無妙法蓮華経《なんみょうほうれんげきょう》）を信《しん》じ実践《じっせん》する功徳《くどく》によって可能《かのう》であること、②その功徳《くどく》は自身《じしん》が関《かか》わるすべての人《ひと》をも包《つつ》み込《こ》み成仏《じょうぶつ》させるものであることが明《あき》らかです。

どこまでも、正《ただ》しい信心《しんじん》が根本《こんぽん》です。祈《いの》る人《ひと》が僧侶《そうりょ》であるかなど地位《ちい》や立場《たちば》などはまったく関係《かんけい》なく、万人《ばんにん》を平等《びょうどう》に成仏《じょうぶつ》させたいとの仏《ほとけ》の心《こころ》をわが心《こころ》とする真心《まごころ》に基《もと》づく祈《いの》りが重要《じゅうよう》なのです。

3 難《なん》を乗《の》り越《こ》える信心《しんじん》

人生《じんせい》には、必《かなら》ず苦難《くなん》が伴《ともな》います。また、広宣流布《こうせんるふ》の戦《たたか》いには、必《かなら》ず困難《こんなん》があります。ここでは、私たちが仏法《ぶっぽう》を実践《じっせん》していく過程《かてい》に必《かなら》ず生《しょう》ずるさまざまな「難《なん》」について学《まな》び、「難《なん》を乗《の》り越《こ》える信心《しんじん》」を確認《かくにん》します。

一生成仏《いっしょうじょうぶつ》を目指《めざ》す私たちは、生涯《しょうがい》にわたって信心《しんじん》を貫《つらぬ》いていくことが大事《だいじ》です。しかし、信心《しんじん》を持続《じぞく》するなかには、難《なん》が必《かなら》ず現《あらわ》れてきます。このことを知《し》って、いかなる難《なん》にも崩《くず》されない自身《じしん》の信心《しんじん》を確立《かくりつ》していくことが肝要《かんよう》です。

では、正《ただ》しい法《ほう》（正法《しょうほう》）を持《たも》った人《ひと》が、なぜ難《なん》にあうのでしょうか。

まず、正法《しょうほう》を信《しん》じ行《ぎょう》じて成仏《じょうぶつ》の境涯《きょうがい》を目指《めざ》すということは、自身《じしん》の生命《せいめい》を根底《こんてい》から変《へん》革《かく》させていくことです。どんな変革《へんかく》にあってもそうですが、仏道修行《ぶつどうしゅぎょう》においても、その変革《へんかく》を起《お》こさせまいとするはたらきが、自身《じしん》の生命自体《せいめいじたい》や、あるいは周囲《しゅうい》の人間関係《にんげんかんけい》の中《なか》に生《しょう》ずるのです。ちょうど、船《ふね》が進《すす》むときに抵抗《ていこう》で波《なみ》が起《お》こるようなものです。成仏《じょうぶつ》を目指《めざ》す仏道修行《ぶつどうしゅぎょう》の途上《とじょう》に起《お》こる、このような障害《しょうがい》に「三障四魔《さんしょうしま》」があります。また、法華経《ほけきょう》には、末法濁悪《まっぽうじょくあく》の世《よ》に法華経《ほけきょう》を広《ひろ》める「法華経《ほけきょう》の行者《ぎょうじゃ》」に対《たい》して「三類《さんるい》の強敵《ごうてき》」が現《あらわ》れ、迫害《はくがい》することが説《と》かれています。

これは釈尊入滅後《しゃくそんにゅうめつご》の悪世《あくせ》において、一切衆生《いっさいしゅじょう》の成仏《じょうぶつ》を願《ねが》って、法華経《ほけきょう》を広宣流布《こうせんるふ》しようとする実践《じっせん》のあるところに起《お》こってくる迫害《はくがい》です。また、この三類《さんるい》の強敵《ごうてき》の出現《しゅつげん》は、真実《しんじつ》の法華経《ほけきょう》の行者《ぎょうじゃ》であることの証《あかし》となるのです。

(1) 三障四魔《さんしょうしま》

「兄弟抄《きょうだいしょう》」には、次《つぎ》のように述《の》べられています。

「第五《だいご》の巻《まき》にいわく『行解既《ぎょうげすで》に勤《つと》めぬれば、三障四魔《さんしょうしま》、紛然《ふんぜん》として競《きそ》い起《お》こる。乃至《ないし》随《したが》うべからず、畏《おそ》るべからず。これに随《したが》えば、まさに人《ひと》をして悪道《あくどう》に向《む》かわしむ。これを畏《おそ》れば、正法《しょうほう》を修《しゅ》することを妨《さまた》ぐ』等云云《とううんぬん》。この釈《しゃく》は、日蓮《にちれん》が身《み》に当《あ》たるのみならず、門家《もんけ》の明鏡《みょうきょう》なり。謹《つつし》んで習《なら》い伝《つた》えて、未来《みらい》の資糧《しりょう》とせよ」（1087ページ、通解――天台《てんだい》の『摩《ま》訶止観《かしかん》』の第《だい》5巻《かん》には、次《つぎ》のように述《の》べられている。「修行《しゅぎょう》が進《すす》み、仏法《ぶっぽう》の理解《りかい》が深《ふか》まってくると、三障《さんしょう》四魔《しま》が入《い》り乱《みだ》れて競《きそ》い起《お》こってくる。……これに随《したが》ってはならない。恐《おそ》れてもならない。これに随《したが》ったなら三障四魔《さんしょうしま》は人《ひと》を悪道《あくどう》に向《む》かわせる。これを恐《おそ》れたなら仏道修行《ぶつどうしゅぎょう》を妨《さまた》げられる」。この釈《しゃく》の文《もん》は、日蓮《にちれん》の身《み》に当《あ》てはまるだけではなく、わが門流《もんりゅう》の明鏡《めいきょう》である。謹《つつし》んで習《なら》い伝《つた》え、未来《みらい》にわたって信心《しんじん》の糧《かて》とすべきである）

このように、正法《しょうほう》を信《しん》じ行《ぎょう》ずるときに、信心《しんじん》が深《ふか》まり実践《じっせん》が進《すす》んでいくと、これを阻《はば》もうとして起《お》こるはたらきに、「三障四魔《さんしょうしま》」、すなわち、三つの障《さわ》りや四つの魔《ま》があります。

三障四魔《さんしょうしま》の具体的《ぐたいてき》な内容《ないよう》について、日蓮大聖人《にちれんだいしょうにん》は、「兄弟抄《きょうだいしょう》」で次《つぎ》のように説《と》かれています。

「三障《さんしょう》と申《もう》すは煩悩障《ぼんのうしょう》・業障《ごうしょう》・報障《ほうしょう》なり。煩悩障《ぼんのうしょう》と申《もう》すは、貪《どん》・瞋《じん》・癡等《ちとう》によりて障《しょう》礙出来《げしゅったい》すべし。業障《ごうしょう》と申《もう》すは、妻子等《さいしとう》によりて障礙出来《しょうげしゅったい》すべし。報障《ほうしょう》と申《もう》すは、国主《こくしゅ》・父母等《ぶもとう》によりて障礙出来《しょうげしゅったい》すべし。また四魔《しま》の中《なか》に天子魔《てんしま》と申《もう》すもかくのごとし」(1088ページ)と。

三障《さんしょう》

まず、三障《さんしょう》の「障《しょう》」とは、障《さわ》り、妨《さまた》げということで、信心修行《しんじんしゅぎょう》の実践《じっせん》を、その途上《とじょう》に立《た》ちはだかって妨《さまた》げるはたらきをいいます。

これに、煩悩障《ぼんのうしょう》、業障《ごうしょう》、報障《ほうしょう》の三つがあります。

煩悩障《ぼんのうしょう》とは、貪《むさぼ》り、瞋《いか》り、癡《おろ》かなどの自身《じしん》の煩悩《ぼんのう》が信心修行《しんじんしゅぎょう》の妨《さまた》げとなることをいいます。

業障《ごうしょう》とは、悪業《あくごう》(悪《わる》い行《おこな》いの集積《しゅうせき》)によって生《しょう》ずる信仰《しんこう》や仏道修行《ぶつどうしゅぎょう》への妨《さまた》げです。「兄《きょう》弟抄《だいしょう》」の御文《ごもん》では、具体的《ぐたいてき》に妻子《さいし》などの身近《みぢか》な存在《そんざい》によって起《お》こる妨《さまた》げが挙《あ》げられています。

報障《ほうしょう》とは、過去世《かこせ》の悪業《あくごう》の報《むく》いとして、現世《げんぜ》に受《う》けた境涯《きょうがい》が、仏道修行《ぶつどうしゅぎょう》の障《さわ》りとなることをいいます。「兄弟抄《きょうだいしょう》」の御文《ごもん》では、国主《こくしゅ》や父母《ふぼ》など、自分《じぶん》が従《したが》わなければならない存在《そんざい》によって起《お》こる妨《さまた》げが挙《あ》げられています。

四魔《しま》

次《つぎ》に、四魔《しま》の「魔《ま》」とは、信心修行者《しんじんしゅぎょうしゃ》の生命《せいめい》から、妙法《みょうほう》の当体《とうたい》としての生命《せいめい》の輝《かがや》きを奪《うば》うはたらきをいいます。

四魔《しま》とは、陰魔《おんま》、煩悩魔《ぼんのうま》、死魔《しま》、天子魔《てんしま》の四つをいいます。

陰魔《おんま》とは、信心修行者《しんじんしゅぎょうしゃ》の五陰《ごおん》（肉体《にくたい》や心《こころ》のはたらき）の活動《かつどう》の不調和《ふちょうわ》が信心修行《しんじんしゅぎょう》の妨《さまた》げとなることです。

煩悩魔《ぼんのうま》とは貪《むさぼ》り、瞋《いか》り、癡《おろ》かなどの煩悩《ぼんのう》が起《お》こって信心《しんじん》を破壊《はかい》することです。

死魔《しま》とは、修行者《しゅぎょうしゃ》の生命《せいめい》を絶《た》つことによって、修行《しゅぎょう》を妨《さまた》げようとする魔《ま》です。また、他《た》の修行者《しゅぎょうしゃ》などの死《し》によって、信心《しんじん》に疑《うたが》いを生《しょう》ずることも、死魔《しま》に負《ま》けた姿《すがた》といえます。

最後《さいご》に、天子魔《てんしま》とは、他化自在天子魔《たけじざいてんしま》の略《りゃく》で、他化自在天王《たけじざいてんのう》（第六天《だいろくてん》の魔王《まおう》）による妨《さまた》げであり、最《もっと》も本源的《ほんげんてき》な魔《ま》です。

大聖人《だいしょうにん》は「元品《がんぽん》の無明《むみょう》は第六天《だいろくてん》の魔王《まおう》と顕《あらわ》れたり」（９９７ジペー）と仰《おお》せです。

すなわち、この魔《ま》は、生命《せいめい》の根本的《こんぽんてき》な迷《まよ》いから起《お》こるものであり、権力者《けんりょくしゃ》などの生命《せいめい》にあらわれるなど、いろいろな形《かたち》をとり、あらゆる力《ちから》をもって、正《ただ》しい修行者《しゅぎょうしゃ》に迫害《はくがい》を加《くわ》えていきます。

賢者《けんじゃ》はよろこび 愚者《ぐしゃ》は退《しりぞ》く

以上《いじょう》のように、私たちの仏道修行《ぶつどうしゅぎょう》の途上《とじょう》においては、障害《しょうがい》や苦難《くなん》が競《きそ》い起《お》こってきます。

ここで注意《ちゅうい》しなければならないことは、貪《とん》・瞋《じん》・癡《ち》などの煩悩《ぼんのう》や、妻《つま》や夫《おっと》、子《こ》、父母《ふぼ》、五陰《ごおん》、死《し》といっても、それら自体《じたい》が障魔《しょうま》であるというのではなく、これに引《ひ》きずられる信心修行者《しんじんしゅぎょうしゃ》の弱《よわ》い生命《せいめい》にとって、三障四魔《さんしょうしま》のはたらきとなってしまう、ということです。

釈尊《しゃくそん》も、さまざまに起《お》こる心《こころ》の迷《まよ》いを魔《ま》のはたらきであると見抜《みぬ》いて覚《さと》りました。私たちにとって、魔《ま》を打《う》ち破《やぶ》るものは、何事《なにごと》にも紛動《ふんどう》されない強《つよ》い信心《しんじん》です。

大聖人《だいしょうにん》は「しお《潮》のひるとみつと、月《つき》の出《い》ずるといると、夏《なつ》と秋《あき》と冬《ふゆ》と春《はる》とのさかい《境》には、必《かなら》ず相違《そうい》する事《こと》あり。凡夫《ぼんぷ》の仏《ほとけ》になる、またかくのごとし。必《かなら》ず三障四魔《さんしょうしま》と申《もう》す障《さわ》りいできたれば、賢者《けんじゃ》はよろこび愚者《ぐしゃ》は退《しりぞ》く、これなり」（1091㌻）と仰《おお》せです。

三障四魔《さんしょうしま》が出現《しゅつげん》した時《とき》こそ、成仏《じょうぶつ》への大《おお》きな前進《ぜんしん》の時《とき》と確信《かくしん》して、むしろこれを喜《よろこ》ぶ賢者《けんじゃ》の信心《しんじん》で、乗《の》り越《こ》えていくことが大切《たいせつ》なのです。

（2）三類《さんるい》の強敵《ごうてき》

法華経勧持品第《ほけきょうかんじほんだい》13の二十行《にじゅうぎょう》の偈《げ》（詩《し》の形《かたち》の経文《きょうもん》）のなかには、末法《まっぽう》に法華経《ほけきょう》を弘通《ぐつう》する者《もの》に3種類《しゅるい》の強《つよ》い迫害者《はくがいしゃ》、すなわち「三類《さんるい》の強敵《ごうてき》」が出現《しゅつげん》することが示《しめ》されています。

その強敵《ごうてき》のそれぞれは、第1に俗衆増上慢《ぞくしゅぞうじょうまん》、第2に道門増上慢《どうもんぞうじょうまん》、第3に僭聖増上慢《せんしょうぞうじょうまん》と名《な》づけられています。増上慢《ぞうじょうまん》とは、種々《しゅじゅ》の慢心《まんしん》を起《お》こし、自分《じぶん》は他《た》の人《ひと》よりも優《すぐ》れていると思《おも》う人《ひと》をいいます。

第1の俗衆増上慢《ぞくしゅぞうじょうまん》は、法華経《ほけきょう》の行者《ぎょうじゃ》を迫害《はくがい》する、仏法《ぶっぽう》に無智《むち》な人々《ひとびと》をいいます。法華《ほけ》経《きょう》の行者《ぎょうじゃ》に対《たい》して、悪口罵詈《あっくめり》（悪口《わるくち》や罵《ののし》ること）などを浴《あ》びせ、刀《かたな》や杖《つえ》で危害《きがい》を加《くわ》えることもあると説《と》かれています。

第2の道門増上慢《どうもんぞうじょうまん》は、法華経《ほけきょう》の行者《ぎょうじゃ》を迫害《はくがい》する比丘《びく》（僧侶《そうりょ》）を指《さ》します。邪智《じゃち》で心《こころ》が曲《ま》がっているために、真実《しんじつ》の仏法《ぶっぽう》を究《きわ》めていないのに、自分《じぶん》の考《かんが》えに執着《しゅうちゃく》し、自身《じしん》が優《すぐ》れていると思《おも》い、正法《しょうほう》を持《たも》った人《ひと》を迫害《はくがい》してくるのです。

第3の僭聖増上慢《せんしょうぞうじょうまん》は、人々《ひとびと》から聖者《せいじゃ》のように仰《あお》がれている高僧《こうそう》で、ふだんは世間《せけん》から離《はな》れたところに住《す》み、自分《じぶん》の利益《りえき》のみを貪《むさぼ》り、悪心《あくしん》を抱《いだ》いて、法華経《ほけきょう》の行者《ぎょうじゃ》を陥《おとしい》れようとします。

その手口《てぐち》は、国王《こくおう》や大臣《だいじん》に向《む》かって、法華経《ほけきょう》の行者《ぎょうじゃ》を邪見《じゃけん》の者《もの》であるなどと讒言《ざんげん》（ウソの告《つ》げ口《ぐち》）し、権力者《けんりょくしゃ》を動《うご》かして、弾圧《だんあつ》を加《くわ》えるように仕向《しむ》けるのです。

心《こころ》の中《なか》が悪《あく》に支配《しはい》された様《さま》を、経文《きょうもん》に「悪鬼入其身《あっきにゅうごしん》（悪鬼《あっき》は其《そ》の身《み》に入《い》って）」（法華経419㌻）と説《と》かれています。〝悪鬼《あっき》が身《み》に入《はい》った〟これらの迫害者《はくがいしゃ》たちによって、末法《まっぽう》に法華経《ほけきょう》を持《たも》つ人《ひと》は、何回《なんかい》も所《ところ》を追《お》われたりすると説《と》かれています。

このうち、第1と第2は耐《た》え忍《しの》ぶことができても、第3の僭聖増上慢《せんしょうぞうじょうまん》は、最《もっと》も悪質《あくしつ》であるといわれています。なぜなら、僭聖増上慢《せんしょうぞうじょうまん》の正体《しょうたい》は、なかなか見破《みやぶ》り難《がた》いからです。

この三類《さんるい》の強敵《ごうてき》は、末法《まっぽう》に法華経《ほけきょう》を弘通《ぐつう》する時《とき》、それを妨《さまた》げようとして、必《かなら》ず現《あらわ》れてくるものです。日蓮大聖人《にちれんだいしょうにん》は、現実《げんじつ》に、この三類《さんるい》の強敵《ごうてき》を呼《よ》び起《お》こしたことをもって、御自身《ごじしん》が末法《まっぽう》の法華経《ほけきょう》の行者《ぎょうじゃ》であることの証明《しょうめい》とされたのです。

◇教学探検◇

難即悟達《なんそくごだつ》（難《なん》は成仏《じょうぶつ》のための諸天《しょてん》の試練《しれん》）

法華経《ほけきょう》には、釈尊《しゃくそん》の滅後《めつご》の悪世《あくせ》で法華経《ほけきょう》を弘通《ぐつう》する人《ひと》は、さまざまな苦難《くなん》にあうことが記《しる》されています。また、法華経《ほけきょう》には、その人《ひと》こそが成仏《じょうぶつ》できると説《と》いています。法華経《ほけきょう》の故《ゆえ》に難《なん》にあうことは法華経《ほけきょう》の正《ただ》しさの証明《しょうめい》であり、それはそのまま、法華経《ほけきょう》が説《と》くもう一つの教《おし》え、万人成仏《ばんにんじょうぶつ》の保証《ほしょう》でもあるのです。

したがって、難《なん》が襲来《しゅうらい》してきたとき、恐《おそ》れることもなく退転《たいてん》することもなく、むしろ、成仏《じょうぶつ》の好機《こうき》が到来《とうらい》したと、喜《よろこ》び勇《いさ》んで前進《ぜんしん》することが大切《たいせつ》です。

しかし、いざ実際《じっさい》に、自分《じぶん》が苦難《くなん》に直面《ちょくめん》したとき、こうした実践《じっせん》を貫《つらぬ》くことは容易《ようい》ではありません。それゆえ、何《なに》ものをも、恐《おそ》れひるむことのない師子王《ししおう》の心《こころ》を出《だ》して、勇猛果敢《ゆうもうかかん》に挑《いど》んでいくとき、必《かなら》ず成仏《じょうぶつ》できるのです。

池田名誉会長《いけだめいよかいちょう》の指導《しどう》から

「難来《なんきた》るをもって安楽《あんらく》と意得《こころう》べきな

り」（750ページ）です。

心《こころ》に広宣流布《こうせんるふ》の大願《だいがん》が屹立《きつりつ》していれば、いかなる大難《だいなん》も風《かぜ》の前《まえ》の塵《ちり》のようなものである。むしろ「難即悟達《なんそくごだつ》」です。

忍難弘通《にんなんぐつう》の戦《たたか》いによって、仏界《ぶっかい》の生命《せいめい》は輝《かがや》きわたっていく。そこに最極《さいごく》の人間《にんげん》性《せい》の錬磨《れんま》がある。それこそが、即身成仏《そくしんじょうぶつ》の直道《じきどう》であり、一生成仏《いっしょうじょうぶつ》の無上道《むじょうどう》です。

その極理《ごくり》を、末法《まっぽう》のはじめに先駆《せんく》を切《き》って、身《み》をもって実証《じっしょう》された方《かた》が、日蓮《にちれん》大聖人《だいしょうにん》です。


（『御書の世界』第1巻）

4 宿命転換《しゅくめいてんかん》

人生《じんせい》には、さまざまな苦難《くなん》があります。日蓮大聖人《にちれんだいしょうにん》の仏法《ぶっぽう》は、生命《せいめい》を根源《こんげん》から変革《へんかく》して、自身《じしん》の運命《うんめい》を切《き》り開《ひら》き、現在《げんざい》と未来《みらい》にわたって、幸福境涯《こうふくきょうがい》を確立《かくりつ》する宿命転換《しゅくめいてんかん》の仏《ぶっ》法《ぽう》です。ここでは、宿命転換《しゅくめいてんかん》の原理《げんり》と、宿命《しゅくめい》を使命《しめい》に変《か》えていく真《しん》の仏法《ぶっぽう》の実践《じっせん》を学《まな》びます。

(1) 宿命転換《しゅくめいてんかん》

人生《じんせい》の悩《なや》みや苦難《くなん》は、さまざまです。そのなかには、今世《こんぜ》の自分自身《じぶんじしん》の行動《こうどう》や判断《はんだん》が原因《げんいん》になって現《あらわ》れるものもありますが、なかには、今世《こんぜ》に原因《げんいん》を見《み》いだすことができないものもあります。〝自分《じぶん》は何《なに》も悪《わる》いことをしていないのに、なぜ、このような苦《くる》しみを受《う》けなければならないのか〟と思《おも》うような苦難《くなん》に直面《ちょくめん》する場合《ばあい》もあります。

仏法《ぶっぽう》では、このような苦難《くなん》は、過去世《かこせ》において自分《じぶん》が行《おこな》った行為《こうい》（宿業《しゅくごう》）の結果《けっか》が今《こん》世《ぜ》に現《あらわ》れたものであるととらえます。

「業《ごう》」とは、もともとは「行為《こうい》」を意味《いみ》する言葉《ことば》です。今世《こんぜ》の幸《こう》・不幸《ふこう》に影響力《えいきょうりょく》をもつ過去世《かこせ》の行為《こうい》を「宿業《しゅくごう》」といいます。宿業《しゅくごう》には、善《ぜん》と悪《あく》の両方《りょうほう》がありますが、今世《こんぜ》の苦悩《くのう》をもたらす過去世《かこせ》の悪業《あくごう》を宿業《しゅくごう》という場合《ばあい》が多《おお》いといえます。

仏法《ぶっぽう》では、〝三世《さんぜ》の生命《せいめい》〟、あるいは〝三世《さんぜ》の因果《いんが》〟を説《と》きます。すなわち、生命《せいめい》は今《こん》世《ぜ》だけのものではなく、過去世《かこせ》・現在世《げんざいせ》・未来世《みらいせ》の三世《さんぜ》にわたるものであり、過去世《かこせ》の行為《こうい》が因《いん》となって、現在世《げんざいせ》（今世《こんぜ》）の結果《けっか》として現《あらわ》れ、また、現在世《げんざいせ》の行為《こうい》が因《いん》となって、未来世《みらいせ》の果《か》をもたらすと見《み》るのです。

過去世《かこせ》に悪因《あくいん》があれば、今世《こんぜ》に苦果《くか》（苦悩《くのう》に満《み》ちた結果《けっか》）があり、善因《ぜんいん》があれば、楽果《らっか》（福徳《ふくとく》あふれる安楽《あんらく》の結果《けっか》）があるとするのが、仏教一般《ぶっきょういっぱん》で言《い》われる因果《いんが》です。

しかし、これでは、現在《げんざい》の苦《くる》しみの原因《げんいん》はわかっても、それを今世《こんぜ》において、ただちに変革《へんかく》することはできず、未来世《みらいせ》にわたって、生死《しょうじ》を繰《く》り返《かえ》しながら、一つ一つの悪業《あくごう》の罪《つみ》を清算《せいさん》していく以外《いがい》に、道《みち》はないことになります。このように、宿業《しゅくごう》の考え方《かんがかた》は、往々《おうおう》にして、希望《きぼう》のない宿命論《しゅくめいろん》に陥《おちい》りやすいのです。

これに対《たい》して、「宿命《しゅくめい》の転換《てんかん》」を説《と》くのが、日蓮大聖人《にちれんだいしょうにん》の仏法《ぶっぽう》です。

大聖人《だいしょうにん》は、「佐渡御書《さどごしょ》」の中《なか》で、御自身《ごじしん》が大難《だいなん》を受《う》けているのは、仏教《ぶっきょう》で一般《いっぱん》に言《い》われる通常《つうじょう》の因果《いんが》によるものではなく、過去《かこ》において法華経《ほけきょう》を誹謗《ひぼう》した故《ゆえ》であると述《の》べられています（960ﾍﾟｰｼﾞ）。

これは、万人成仏《ばんにんじょうぶつ》、人間尊敬《にんげんそんけい》、自他共《じたとも》の幸福《こうふく》を説《と》ききった正法《しょうほう》である法華経《ほけきょう》を誹謗《ひぼう》すること、すなわち謗法《ほうぼう》（正法《しょうほう》を謗《そし》ること）こそが根本的《こんぽんてき》な罪業《ざいごう》であり、あらゆる悪業《あくごう》を生《う》む根源的《こんげんてき》な悪《あく》であるということを教《おし》えられているのです。

この正法《しょうほう》に対《たい》する不信《ふしん》・謗法《ほうぼう》という根本的《こんぽんてき》な悪業《あくごう》を、正法《しょうほう》を信《しん》じ、守《まも》り、広《ひろ》めていくという実践《じっせん》によって、今世《こんぜ》のうちに転換《てんかん》していくのが、大聖人《だいしょうにん》の仏法《ぶっぽう》における宿命転換《しゅくめいてんかん》です。そして、その実践《じっせん》の核心《かくしん》が、南無妙法蓮華経《なんみょうほうれんげきょう》の題目《だいもく》です。

大聖人《だいしょうにん》は、「衆罪《しゅざい》は霜露《そうろ》の如《ごと》く　慧日《えにち》は能《よ》く消除《しょうじょ》す」（法華経724ジペー）という普賢経《ふげんぎょう》（法華経の結経《けっきょう》である観普賢菩薩行法経《かんふげんぼさつぎょうぼうぎょう》）の文《もん》を引《ひ》いて、自身《じしん》の生命《せいめい》に霜《しも》や露《つゆ》のように降《ふ》り積《つ》もった罪障《ざいしょう》も、南無妙法蓮華経《なんみょうほうれんげきょう》の題目《だいもく》の慧日《えにち》（智慧《ちえ》の太陽《たいよう》）にあえば、たちまちのうちに消《け》し去《さ》ることができると言《い》われています（786ジペー）。

御本尊《ごほんぞん》を信受《しんじゅ》して、自行化他《じぎょうけた》にわたる唱題《しょうだい》に励《はげ》み、自身《じしん》の胸中《きょうちゅう》に太陽《たいよう》のような仏界《ぶっかい》の生命《せいめい》が現《あらわ》れれば、さまざまな罪業《ざいごう》も霜露《そうろ》のように消《き》えていくのです。

（2）転重軽受《てんじゅうきょうじゅ》

私たちは、信心《しんじん》に励《はげ》んでいても、人生《じんせい》の苦難《くなん》に直面《ちょくめん》することがあります。また、広宣《こうせん》流布《るふ》のために戦《たたか》うと、それを妨《さまた》げようとする障魔《しょうま》が起《お》こり、難《なん》にあいます。

大聖人《だいしょうにん》は、このような苦難《くなん》に出《で》あって宿命転換《しゅくめいてんかん》できるのは、むしろ「転重軽受《てんじゅうきょうじゅ》」の功《く》徳《どく》であると教《おし》えられています。

転重軽受《てんじゅうきょうじゅ》とは、「重《おも》きを転《てん》じて軽《かる》く受《う》く」と読《よ》みます。

過去世《かこせ》の重《おも》い罪業《ざいごう》によって、今世《こんぜ》だけでなく、未来世《みらいせ》にわたって、重《おも》い苦《くる》しみの報《むく》いを受《う》けていかなくてはならないところを、現世《げんぜ》に正法《しょうほう》を信《しん》じ、広《ひろ》めると、その実践《じっせん》の功《く》徳力《どくりき》によって、重罪《じゅうざい》の報《むく》いを一時《いちじ》に軽《かる》く受《う》けて、罪業《ざいごう》をすべて消滅《しょうめつ》させることができるのです。

ゆえに、大聖人《だいしょうにん》は転重軽受《てんじゅうきょうじゅ》の功徳《くどく》について「地獄《じごく》の苦《くる》しみぱっときえて」（1000ページ）と仰《おお》せです。

苦難《くなん》は、宿業《しゅくごう》を消《け》して、生命《せいめい》を鍛錬《たんれん》する重要《じゅうよう》な機会《きかい》となります。

そのことを大聖人《だいしょうにん》は、「鉄《てつ》は鍛《きた》え打《う》てば剣《つるぎ》となる。賢人《けんじん》・聖人《しょうにん》は罵《ののし》られて試《ため》されるものである。私がこのたび受《う》けた佐渡流罪《さどるざい》という処罰《しょばつ》は、世間《せけん》の罪《つみ》によるものではまったくない。もっぱら過去世《かこせ》の重罪《じゅうざい》を今世《こんぜ》で消《け》し、未来世《みらいせ》の地獄《じごく》・餓鬼《がき》・畜生《ちくしょう》の三悪道《さんあくどう》の苦《くる》しみを免《まぬか》れるためのものなのである」（958ページ、通解）と仰《おお》せです。

（3）願兼於業《がんけんおごう》

苦難《くなん》に直面《ちょくめん》しても、信心《しんじん》を貫《つらぬ》いて宿命転換《しゅくめいてんかん》する人《ひと》にとっては、人生《じんせい》の意味《いみ》が大《おお》きく変《か》わります。

法華経《ほけきょう》には、「願兼於業《がんけんおごう》」の法理《ほうり》が説《と》かれています。願《がん》とは願生《がんしょう》、業《ごう》とは業生《ごうしょう》です。菩薩《ぼさつ》は願《ねが》いの力《ちから》で生《う》まれ（願生《がんしょう》）、普通《ふつう》の人々《ひとびと》は業《ごう》によって生《う》まれます（業生《ごうしょう》）。

願兼於業《がんけんおごう》とは、修行《しゅぎょう》によって偉大《いだい》な福徳《ふくとく》を積《つ》んだ菩薩《ぼさつ》が、悪世《あくせ》で苦《くる》しむ人々《ひとびと》を救《すく》うために、わざわざ願《ねが》って、自《みずか》らの清浄《せいじょう》な業《ごう》の報《むく》いを捨《す》てて、悪世《あくせ》に生《う》まれることです。

その結果《けっか》、菩薩《ぼさつ》は、悪業《あくごう》の人《ひと》と同《おな》じように、悪世《あくせ》の苦《くる》しみを受《う》けます。ここから難《なん》の意義《いぎ》をとらえ返《かえ》すと、信心《しんじん》で難《なん》を乗《の》り越《こ》える人《ひと》にとっては、悪世《あくせ》に生《い》きて苦難《くなん》を受《う》けるのは、決《けっ》して宿命《しゅくめい》ではなく、実《じつ》は人《ひと》を救《すく》う菩薩《ぼさつ》の誓願《せいがん》のゆえであり、苦難《くなん》を共有《きょうゆう》し、それを乗《の》り越《こ》える範《はん》を示《しめ》すものであることになります。

この願兼於業《がんけんおごう》の法理《ほうり》をふまえた生《い》き方《かた》を、池田名誉会長《いけだめいよかいちょう》は「宿命《しゅくめい》を使命《しめい》に変《か》える」とわかりやすく示《しめ》しています。

「誰《だれ》しも宿命《しゅくめい》はある。しかし、宿命《しゅくめい》を真《ま》っ正面《しょうめん》から見据《みす》えて、その本質《ほんしつ》の意味《いみ》に立《た》ち返《かえ》れば、いかなる宿命《しゅくめい》も自身《じしん》の人生《じんせい》を深《ふか》めるためのものである。そして、宿命《しゅくめい》と戦《たたか》う自《じ》分《ぶん》の姿《すがた》が、万人《ばんにん》の人生《じんせい》の鏡《かがみ》となっていく。

すなわち、宿命《しゅくめい》を使命《しめい》に変《か》えた場合《ばあい》、その宿命《しゅくめい》は、悪《あく》から善《ぜん》へと役割《やくわり》を大《おお》きく変《か》えていくことになる。

『宿命《しゅくめい》を使命《しめい》に変《か》える』人《ひと》は、誰人《たれびと》も『願兼於業《がんけんおごう》』の人《ひと》であるといえるでしょう。

だから、全《すべ》てが、自分《じぶん》の使命《しめい》であると受《う》け止《と》めて、前進《ぜんしん》し抜《ぬ》く人《ひと》が、宿命転換《しゅくめいてんかん》のゴールへと向《む》かっていくことができるのです」（『御書の世界』第２巻）

◇教学探検◇

変毒為薬《へんどくいやく》

「毒《どく》を変《へん》じて薬《くすり》と為《な》す」と読《よ》みます。

インドの大乗《だいじょう》の論師《ろんじ》である竜樹《りゅうじゅ》の著《ちょ》とされる『大智度論《だいちどろん》』巻百《まきひゃく》の「大薬師《だいやくし》の能《よ》く毒《どく》を以《もっ》て薬《くすり》と為《な》すが如《ごと》し」（偉大《いだい》な医師《いし》が、毒《どく》を薬《くすり》と変《か》えるようなものである）の文《もん》に由来《ゆらい》します。これは、般若経《はんにゃきょう》などの諸経《しょきょう》では成《じょう》仏《ぶつ》できないとされていた二乗《にじょう》（声聞《しょうもん》・縁覚《えんがく》の弟子《でし》たち）さえも成仏《じょうぶつ》できると、法華経《ほけきょう》に明《あ》かされたことを譬《たと》えていった言葉《ことば》です。天《てん》台大師《だいだいし》はこの文《もん》を承《う》けて、『法華玄義《ほっけげんぎ》』巻六《まきろく》下《げ》に「譬《たと》えば良医《ろうい》の能《よ》く毒《どく》を変《へん》じて薬《くすり》と為《な》すが如《ごと》し（譬如良医能変毒為薬《ひにょろういのうへんどくいやく》）」と述《の》べています。

「変毒為薬《へんどくいやく》」とは、毒《どく》を薬《くすり》に変《か》えることができるように、成仏《じょうぶつ》しないと思《おも》われるような人《ひと》をも、すべて成仏《じょうぶつ》させる法華経《ほけきょう》の偉大《いだい》な功力《くりき》を述《の》べた言葉《ことば》なのです。

日蓮大聖人《にちれんだいしょうにん》は、これらの文《もん》をふまえて、「毒《どく》」とは、凡夫《ぼんぶ》の「煩悩《ぼんのう》・業《ごう》・苦《く》」の三道《さんどう》であるとされます。

「煩悩《ぼんのう》」とは、貪《むさぼ》り、瞋《いか》り、癡《おろ》か、慢心《まんしん》などの心《こころ》の次元《じげん》の迷《まよ》い。「業《ごう》」とは、煩悩《ぼんのう》にもとづく身《しん》・口《く》・意《い》の行《おこな》いであり、行《おこな》ったことによって自分《じぶん》の生命《せいめい》に影響《えいきょう》が残《のこ》ります。

「苦《く》」とは、煩悩《ぼんのう》と業《ごう》の結果《けっか》としてもたらされる苦《くる》しみの報《むく》いです。

この煩悩《ぼんのう》・業《ごう》・苦《く》を繰《く》り返《かえ》して、不幸《ふこう》から不幸《ふこう》へ、悪《あく》から悪《あく》へと流転《るてん》する凡夫《ぼんぷ》の生命《めい》が「毒《どく》」に譬《たと》えられているのです。

「薬《くすり》」とは、仏《ほとけ》の生命《せいめい》に具《そな》わる「法身《ほっしん》・般若《はんにゃ》・解脱《げだつ》」という三徳《さんとく》であるとされます。

「法身《ほっしん》」とは、永遠《えいえん》の真理《しんり》と一体《いったい》の永遠《えいえん》の生命《せいめい》です。「般若《はんにゃ》」とは、仏《ほとけ》の覚《さと》りの智慧《ちえ》のことで、いわば全体観《ぜんたいかん》の上《うえ》から自分《じぶん》を捉《とら》えて、正《ただ》しく生《い》きていく智慧《ちえ》です。「解脱《げだつ》」とは、エゴや執着《しゅうちゃく》や束縛《そくばく》から解放《かいほう》された自在《じざい》にして広々《ひろびろ》とした仏《ほとけ》の境涯《きょうがい》です。

「変毒為薬《へんどくいやく》」とは、妙法《みょうほう》の力《ちから》によって、煩《ぼん》悩《のう》・業《ごう》・苦《く》の三道《さんどう》に流転《るてん》する凡夫《ぼんぷ》の生命《せいめい》が法身《ほっしん》・般若《はんにゃ》・解脱《げだつ》の三徳《さんとく》のはたらきを具《そな》えた絶対的《ぜったいてき》な幸福境涯《こうふくきょうがい》へと転《てん》ずることです。

大聖人《だいしょうにん》は、妙法《みょうほう》を広《ひろ》める故《ゆえ》に、わが身《み》に襲《おそ》いかかってくる三障四魔《さんしょうしま》、とくに天子魔《てんしま》（第六天《だいろくてん》の魔王）が顕現《けんげん》した三類《さんるい》の強敵《ごうてき》による迫害《はくがい》を、すべて乗《の》り越《こ》えることによって、変毒為薬《へんどくいやく》を身《み》をもって実証《じっしょう》されました。そして、その大難《だいなん》を勝《か》ち越《こ》えた御自身《ごじしん》の生命《せいめい》を御本尊《ごほんぞん》としてあらわされたのです。

御本尊《ごほんぞん》を信《しん》ずることは、三道《さんどう》を転《てん》じて三《さん》徳《とく》となす妙法《みょうほう》の力《ちから》を信《しん》ずることであり、どのような煩悩《ぼんのう》・業《ごう》・苦《く》の流転《るてん》の渦中《かちゅう》にあっても、心《こころ》においては妙法《みょうほう》の力《ちから》を信《しん》ずる強《つよ》い信《しん》を起《お》こすことです。

妙法《みょうほう》の変毒為薬《へんどくいやく》の功徳《くどく》とは、仏《ほとけ》の智慧《ちえ》を

もって、凡夫《ぼんぷ》の現実世界《げんじつせかい》の生死《しょうじ》の苦《くる》しみも、菩薩《ぼさつ》が衆生救済《しゅじょうきゅうさい》のためにあう種々《しゅじゅ》の苦《くる》しみなども、悠々《ゆうゆう》と越《こ》えていけること、すなわち「人間革命《にんげんかくめい》」の境涯《きょうがい》の確立《かくりつ》を意味《いみ》します。

それゆえ、このように自身《じしん》の境涯《きょうがい》を大《おお》きく転換《てんかん》する変毒為薬《へんどくいやく》の妙法《みょうほう》であるからこそ、「災《わざわ》い来《きた》るとも変《へん》じて幸《さいわ》いと為《な》らん」（979ページ）と仰《おお》せのように、どのような苦難《くなん》が襲《おそ》って来《こ》ようとも、すべて転換《てんかん》して、幸福《こうふく》を、開《ひら》き築《きず》く因《いん》としていくことができるのです。

池田名誉会長《いけだめいよかいちょう》は〝いかなる悩《なや》みも、苦《くる》しみも、変毒為薬《へんどくいやく》していける。どんな苦境《くきょう》にあっても、心《こころ》一つで必《かなら》ず状況《じょうきょう》を変《か》えていくことができる〟と指導《しどう》しています。

5 信心即生活《しんじんそくせいかつ》

日蓮大聖人《にちれんだいしょうにん》の仏法《ぶっぽう》は、現実《げんじつ》の人生《じんせい》の中《なか》で「崩《くず》れざる幸福境涯《こうふくきょうがい》」を築《きず》いていくための信仰《しんこう》です。そのためには日々《ひび》の生活《せいかつ》の中《なか》で信心《しんじん》の実践《じっせん》を積《つ》み重《かさ》ねていくことが重要《じゅうよう》な意味《いみ》をもってきます。信心《しんじん》は自《みずか》らの生命《せいめい》の鍛錬《たんれん》にほかならないからです。また、大聖人《だいしょうにん》の仏法《ぶっぽう》は「人間《にんげん》としての勝利《しょうり》」を教《おし》えた宗教《しゅうきょう》です。そのために、仏法《ぶっぽう》で開《ひら》いた智慧《ちえ》と生命力《せいめいりょく》で人々《ひとびと》の信頼《しんらい》を勝《か》ちとっていく振《ふ》る舞《ま》いが重要《じゅうよう》になってきます。ここでは、日蓮大聖人《にちれんだいしょうにん》の仏法《ぶっぽう》の実践《じっせん》において大切《たいせつ》な柱《はしら》となる「功徳《くどく》と罰《ばち》」「諸天善神《しょてんぜんじん》」「異体同心《いたいどうしん》」「信心即生活《しんじんそくせいかつ》」「人《ひと》の振《ふ》る舞《ま》い」について学《まな》びます。

功徳《くどく》と罰《ばち》

私たちは、南無妙法蓮華経《なんみょうほうれんげきょう》という最高《さいこう》の法《ほう》を正《ただ》しく信《しん》じ持《たも》てば、妙法《みょうほう》にそなわる限《かぎ》りない功徳《くどく》を受《う》け切《き》っていくことができます。

妙法《みょうほう》の根本《こんぽん》であり究極《きゅうきょく》の功徳《くどく》は、成仏《じょうぶつ》、すなわち、揺《ゆ》るぎない幸福境涯《こうふくきょうがい》を確立《かくりつ》することです。

妙法《みょうほう》を信《しん》じて実践《じっせん》を始《はじ》めることは、成仏《じょうぶつ》という絶対的《ぜったいてき》な幸福境涯《こうふくきょうがい》への軌道《きどう》に入《はい》るということです。妙法《みょうほう》を根本《こんぽん》に生《い》きることで、おのずと正《ただ》しい生《い》き方《かた》となり、幸福《こうふく》を築《きず》いていけます。

御書《ごしょ》には、「悪《あく》を滅《めっ》するを功《く》といい、善《ぜん》を生《しょう》ずるを徳《とく》というなり」（762㌻）とあります。信心《しんじん》の実践《じっせん》に励《はげ》み、私たちの生命《せいめい》を覆《おお》う煩悩《ぼんのう》や苦悩《くのう》などの悪《あく》を消滅《しょうめつ》させ、智慧《ちえ》や安楽《あんらく》などの善《ぜん》を生《う》み出《だ》すことが功徳《くどく》です。

また、「功徳《くどく》とは六根清浄《ろっこんしょうじょう》の果報《かほう》なり。所詮《しょせん》、今《いま》、日蓮《にちれん》らの類《たぐ》い南無妙法蓮華経《なんみょうほうれんげきょう》と唱《とな》え奉《たてまつ》る者《もの》は六根清浄《ろっこんしょうじょう》なり」（同）とあります。

六根清浄《ろっこんしょうじょう》とは、私たちの六根《ろっこん》（眼《げん》・耳《に》・鼻《び》・舌《ぜつ》・身《しん》・意《い》。六つの知覚器官《ちかくきかん》）、すなわち生命《せいめい》の全体《ぜんたい》が浄化《じょうか》され、本来《ほんらい》もっているはたらきを十分《じゅうぶん》に発揮《はっき》することです。これによって、私たちは、さまざまな困難《こんなん》に直面《ちょくめん》しても動揺《どうよう》しない、力強《ちからづよ》い仏界《ぶっかい》の大境涯《だいきょうがい》をわが身《み》に開《ひら》き顕《あらわ》していくことができます。

このように、私たちが自身《じしん》の仏性《ぶっしょう》を顕現《けんげん》する実践《じっせん》によって、現実《げんじつ》の人生《じんせい》と生活《せいかつ》のうえに厳然《げんぜん》たる功徳《くどく》の実証《じっしょう》が現《あらわ》れ、必《かなら》ず福徳《ふくとく》に満《み》ちた生活《せいかつ》を送《おく》れるようになります。大聖人《だいしょうにん》は、次《つぎ》のように仰《おお》せです。

「この曼荼羅《まんだら》、よくよく信《しん》ぜさせ給《たも》うべし。南無妙法蓮華経《なんみょうほうれんげきょう》は師子吼《ししく》のごとし。いかなる病《やまい》、さわり《障》をなすべきや。鬼子母神《きしもじん》・十羅刹女《じゅうらせつにょ》、法華経《ほけきょう》の題目《だいもく》を持《たも》つものを守護《しゅご》すべしと見《み》えたり。さいわい《幸》は愛染《あいぜん》のごとく、福《ふく》は毘沙門《びしゃもん》のごとくなるべし。いかなる処《ところ》にて遊《あそ》びたわぶるとも、つつが《恙》あるべからず。遊行《ゆぎょう》して畏《おそ》れ無《な》きこと、師子王《ししおう》のごとくなるべし」（1124ジペー）

すなわち、私たちは題目《だいもく》の力《ちから》によって、諸天善神《しょてんぜんじん》のはたらきにも守《まも》られ、人生《じんせい》のさまざまな困難《こんなん》を乗《の》り越《こ》えて、福徳《ふくとく》に包《つつ》まれ、どのような場所《ばしょ》にあっても師子王《ししおう》のような恐《おそ》れを知《し》らない境涯《きょうがい》でいられるのです。

また「法華経《ほけきょう》を信《しん》ずる人《ひと》は、さいわいを万里《ばんり》の外《そと》よりあつむべし」（１４９２ジペー）と仰《おお》せのように、妙法《みょうほう》を受持《じゅじ》する人は、幸福《こうふく》をあらゆるところから招《まね》きよせるのです。

さらに、「さいわい《福》は心《こころ》よりいでて我《われ》をかざる」「せんだんに、こうばしさのそなえたるがごとし」（同）と教《おし》えられています。

栴檀《せんだん》という香木《こうぼく》に芳香《ほうこう》がそなわっているように、妙法《みょうほう》を受持《じゅじ》する人《ひと》は、福徳《ふくとく》が内《うち》から薫《かお》り出《で》て、人々《ひとびと》から愛《あい》され信頼《しんらい》され、生活《せいかつ》も人生《じんせい》も守《まも》られていくのです。

反対《はんたい》に、仏法《ぶっぽう》を誹謗《ひぼう》し、因果《いんが》の理法《りほう》に反《はん》すれば、生命《せいめい》に悪因《あくいん》を刻《きざ》むとともに、生活《せいかつ》のうえに罰《ばち》の現証《げんしょう》があらわれます。

罰《ばち》の現証《げんしょう》は、不幸《ふこう》の道《みち》へと陥《おちい》ることを知《し》らせる兆《きざ》しであり、警鐘《けいしょう》ともいえます。自身《じしん》の誤《あやま》りに気付《きづ》き、信仰《しんこう》の姿勢《しせい》や生《い》き方《かた》を見《み》つめ直《なお》すことで、あらためて妙法《みょうほう》を深《ふか》く実践《じっせん》する決意《けつい》が生《う》まれるのです。

見方《みかた》を変《か》えれば、罰《ばち》もまた、人々《ひとびと》を正《ただ》しく導《みちび》く妙法《みょうほう》のすぐれた性質《せいしつ》の一つなのであって、功徳《くどく》と捉《とら》え返《かえ》すことができるのです。

このように、妙法《みょうほう》を信受《しんじゅ》する功徳《くどく》と、妙法《みょうほう》を誹謗《ひぼう》する罰《ばち》が厳然《げんぜん》とあると説《と》くのが日蓮《にちれん》大聖人《だいしょうにん》の仏法《ぶっぽう》です。

◇教学探検◇

内薫外護《ないくんげご》（内《うち》なる仏性《ぶっしょう》の発現《はつげん》で環境《かんきょう》を変《か》える）

「内薫外護《ないくんげご》」とは、生命《せいめい》に内在《ないざい》する仏性《ぶっしょう》（仏《ほとけ》の性質《せいしつ》、本性《ほんしょう》としての仏《ほとけ》の境涯《きょうがい》）が発現《はつげん》して、外《そと》から自己《じこ》を守《まも》り助《たす》けるはたらきが起《お》こることです。これは、香水《こうすい》を器《うつわ》に入《い》れていると香《かお》りが内側《うちがわ》から器《うつわ》に染《し》み込《こ》み、器全《うつわぜん》体《たい》が香《かお》りを発《はっ》するように変《か》わっていく様子《ようす》に譬《たと》えたものです。

凡夫《ぼんぷ》の生命《せいめい》は煩悩《ぼんのう》に覆《おお》われた迷《まよ》いと苦悩《くのう》の境涯《きょうがい》ですが、妙法《みょうほう》を信《しん》じ実践《じっせん》することによって内《うち》なる仏性《ぶっしょう》が発現《はつげん》し、迷《まよ》いと苦悩《くのう》を消《け》し去《さ》り、覚《さと》りの智慧《ちえ》とゆるぎない幸福境《こうふくきょう》涯《がい》が開《ひら》かれていきます（内薫《ないくん》）。そして、外《そと》からその人《ひと》を守《まも》り助《たす》けるはたらきが起《お》こります（外護《げご》）。

池田名誉会長《いけだめいよかいちょう》の指導《しどう》から

内薫外護《ないくんげご》とは、一切衆生《いっさいしゅじょう》の生命《せいめい》に内在《ないざい》する仏性《ぶっしょう》が内《うち》から薫発《くんぱつ》し、外《そと》から自己《じこ》を守《まも》り助《たす》ける働《はたら》きが起《お》こることをいいます。

仏性《ぶっしょう》といっても、それを具《そな》えているのも、呼《よ》び覚《さ》ますのも自分自身《じぶんじしん》にほかなりません。

妙法《みょうほう》を実践《じっせん》することで、薫習《くんじゅう》——香《こう》を焚《た》いたその薫《かお》りが衣《ころも》についてくるように仏性《ぶっしょう》が薫発《くんぱつ》します。香《かお》りがただよう如《ごと》く、自身《じしん》の仏性《ぶっしょう》が現《あらわ》れてくる。

諸天《しょてん》の守護《しゅご》といっても、自《みずか》らが生命《せいめい》を変革《へんかく》していくことが、その第一歩《だいいっぽ》なのです。（中略）

内薫《ないくん》とは、内発《ないはつ》の力《ちから》です。仏《ほとけ》の生命《せいめい》といっても、それを外《そと》に求《もと》めては内道《ないどう》の教《おし》えである仏法《ぶっぽう》にはなりません。煩悩《ぼんのう》に迷《まよ》い生死《しょうじ》の苦《くる》しみを味《あじ》わっている自身《じしん》の中《なか》にこそ、仏《ほとけ》の常楽我浄《じょうらくがじょう》の生命《せいめい》が厳然《げんぜん》と具《そな》わっている。その功徳《くどく》を現実《げんじつ》にわが生命《せいめい》に呼《よ》び現《あらわ》すのが日蓮仏法《にちれんぶっぽう》です。

すなわち、あらゆる人々《ひとびと》が仏《ほとけ》の性分《しょうぶん》を具《そな》えているがゆえに、一念《いちねん》を定《さだ》めて祈《いの》ることで仏《ほとけ》の生命《せいめい》が「よばれて」現《あらわ》れる。自身《じしん》が仏界《ぶっかい》を薫発《くんぱつ》しているからこそ、外《そと》に守護《しゅご》が現《あらわ》れるのであり、すべては自《じ》身《しん》の一念《いちねん》によって決《き》まるのです。

この「内薫外護《ないくんげご》」の法理《ほうり》に照《て》らせば、いかなる環境《かんきょう》も、一念《いちねん》を変革《へんかく》し、自《みずか》らの仏性《ぶっしょう》を薫発《くんぱつ》することで、必《かなら》ず変《か》えることができる。

〝自《みずか》らの人生《じんせい》のドラマの脚本《きゃくほん》を描《えが》くのは、ほかならぬ自分自身《じぶんじしん》である〟と確信《かくしん》した瞬間《しゅんかん》から、恐《おそ》れるものなど一切《いっさい》なくなります。

大聖人《だいしょうにん》は引《ひ》き続《つづ》き、「かくれ《隠》たる事《こと》のあらわ《顕》れたる徳《とく》となり候《そうろう》なり」（1171ページ）と仰《おお》せです。「目《め》に見《み》えない善《ぜん》が、はっきりと現《あらわ》れた徳《とく》となる」――妙法《みょうほう》を実践《じっせん》すること自体《じたい》が勝利《しょうり》の道程《どうてい》を歩《あゆ》むことであり、すべての徳《とく》が目《め》に見《み》える形《かたち》に必《かなら》ず現《あらわ》れてくることは間違《まちが》いない。そう深《ふか》く強《つよ》く確信《かくしん》し、進《すす》むときに、自身《じしん》の未来《みらい》は予想《よそう》だにもしない形《かたち》で大《おお》きく開《ひら》けます。

それが、御本仏《ごほんぶつ》の御確信《ごかくしん》であられ、御《ご》断言《だんげん》にほかならないのです。

事実《じじつ》、その大境涯《だいきょうがい》を、学会員《がっかいいん》の一人《ひとり》ひとりは確立《かくりつ》しているのです。

（『勝利の経典「御書」に学ぶ』4）

諸天善神《しょてんぜんじん》

「諸天善神《しょてんぜんじん》」とは、正法《しょうほう》を受持《じゅじ》する人《ひと》とその国土《こくど》を守護《しゅご》する一切《いっさい》の神々《かみがみ》をいいます。「諸天《しょてん》」とは天界《てんかい》の衆生《しゅじょう》をいい、「善神《ぜんじん》」は人々《ひとびと》を支《ささ》え守《まも》るものをいいます。

諸天善神《しょてんぜんじん》は、一定《いってい》の実体《じったい》を持《も》つ存在《そんざい》ではなく、正法《しょうほう》を実践《じっせん》する人《ひと》を守護《しゅご》する種々《しゅじゅ》のはたらきをいいます。

強《つよ》き信心《しんじん》の人《ひと》を諸天《しょてん》が守《まも》る

私たちが正法《しょうほう》を実践《じっせん》して、善《ぜん》の生《い》き方《かた》をしていけば、それに応《おう》じて、周囲《しゅうい》の人々《ひとびと》や環《かん》境《きょう》にそなわる善《ぜん》のはたらきが呼《よ》び起《お》こされ、諸天善神《しょてんぜんじん》として、私たちを支《ささ》え守《まも》ります。

正法《しょうほう》が、諸天善神《しょてんぜんじん》の力《ちから》を増《ま》す源泉《げんせん》です。正法《しょうほう》は、諸天善神《しょてんぜんじん》のいわば栄養《えいよう》とみなされ、法味《ほうみ》と呼《よ》ばれます。

「神《かみ》の護《まも》ると申《もう》すも、人《ひと》の心《こころ》つよきによるとみえて候《そうろう》」（1186ジペー）と仰《おお》せのように、私たちの正法《しょうほう》を護《まも》り持《たも》つ信心《しんじん》の強弱《きょうじゃく》によって、諸天《しょてん》の守護《しゅご》が、強《つよ》くも弱《よわ》くもなるのです。

◇教学探検◇

入其身《にゅうごしん》（生命《せいめい》の内《うち》なるはたらきの表《あらわ》れ）

日蓮大聖人《にちれんだいしょうにん》は、諸御抄《しょごしょう》で、法華経《ほけきょう》の行者《ぎょうじゃ》を迫害《はくがい》する者《もの》を悪鬼《あっき》のはたらきとして糾弾《きゅうだん》されています。その際《さい》、悪鬼《あっき》がその身《み》に入《はい》っていると述《の》べられています。逆《ぎゃく》に、妙法《みょうほう》の友《とも》を、諸天《しょてん》、諸仏《しょぶつ》、諸菩薩《しょぼさつ》のはたらきとして、たたえられています。こちらについては、釈尊《しゃくそん》の〝たましい〟や上行菩薩《じょうぎょうぼさつ》や諸《しょ》天善神《てんぜんじん》が身《み》に入《はい》っているのかと述《の》べられています。

これらの表現《ひょうげん》は、法華経《ほけきょう》の文《もん》の上《うえ》の表現《ひょうげん》に即《そく》して述《の》べられたものです。私たちの実践《じっせん》に即《そく》して生命論《せいめいろん》の観点《かんてん》からいえば、内《うち》なるさまざまなはたらきが現《あらわ》れ、現実《げんじつ》の生《せい》活《かつ》・社会《しゃかい》の中《なか》で、悪鬼《あっき》や仏《ほとけ》・菩薩《ぼさつ》や諸天善《しょてんぜん》神《じん》の役割《やくわり》を果《は》たしているということです。決《けっ》して、外《そと》の悪鬼《あっき》や仏《ほとけ》・菩薩《ぼさつ》などの霊魂《れいこん》などがとりついたり乗《の》り移《うつ》ったりするというような話《はなし》ではありません。

日蓮大聖人《にちれんだいしょうにん》は「元品《がんぽん》の法性《ほっしょう》は梵天《ぼんてん》・帝釈《たいしゃく》等《とう》と顕《あらわ》れ、元品《がんぽん》の無明《むみょう》は第六天《だいろくてん》の魔王《まおう》と顕《あらわ》れたり」（997ジ）と仰《おお》せです。

悪縁《あくえん》にふれて元品《がんぽん》の無明《むみょう》（生命《せいめい》の根源的《こんげんてき》な迷《まよ》い）が活発《かっぱつ》になれば、〝正法《しょうほう》から離《はな》れよう〟〝正法《しょうほう》を破壊《はかい》しよう〟とするはたらきが現《あらわ》れ、悪鬼《あっき》のような振《ふ》る舞《ま》いをするのです。善縁《ぜんえん》にふれて元品《がんぽん》の法性《ほっしょう》（生命《せいめい》に本来的《ほんらいてき》に具《そな》わる覚《さと》りの境地《きょうち》）が活発《かっぱつ》になれば正法《しょうほう》を求《もと》め正法《しょうほう》を護持《ごじ》しようとするはたらきが現《あらわ》れ、梵天《ぼんてん》・帝釈《たいしゃく》ら諸天善神《しょてんぜんじん》などの役割《やくわり》を果《は》たすのです。

また大聖人《だいしょうにん》は「第六天《だいろくてん》の魔王《まおう》、我《わ》が身《み》に入《い》らんとするに、かねての用心深《ようじんふか》ければ、身《み》によせつけず。故《ゆえ》に天魔《てんま》、力及《ちからおよ》ばずして、王臣《おうしん》を始《はじ》めとして良観等《りょうかんとう》の愚癡《ぐち》の法師原《ほっしばら》に取《と》り付《つ》いて、日蓮《にちれん》をあだむなり」（1340ジペー）と仰《おお》せになり、魔《ま》に付《つ》け入《い》られないよう「用心《ようじん》」するよう戒《いまし》められるとともに、魔《ま》に付け入《い》られた者《もの》の迫害《はくがい》に勝《か》ち越《こ》えていくよう促《うなが》されています。

また「経文《きょうもん》には、鬼神《きじん》の身《み》に入《い》る者《もの》はこの経《きょう》を信《しん》ぜず、釈迦仏《しゃかぶつ》の御魂《おんたましい》の入《い》りかわれる人《ひと》はこの経《きょう》を信《しん》ずと見《み》えて候《そうら》えば、水《みず》に月《つき》の影《かげ》の入《い》りぬれば水《みず》の清《す》むがごとく、御《み》心《こころ》の水《みず》に教主釈尊《きょうしゅしゃくそん》の月《つき》の影《かげ》の入《い》り給《たも》うかとたのもしく覚《おぼ》え候《そうろう》」（1379ジペー）と仰《おお》せです。

仏《ほとけ》の最高《さいこう》の経典《きょうてん》である法華経《ほけきょう》を信受《しんじゅ》することが、釈尊《しゃくそん》のたましいが身《み》に入《はい》るということです。

法華経《ほけきょう》の肝心《かんじん》である南無妙法蓮華経《なんみょうほうれんげきょう》の御《ご》本尊《ほんぞん》に対《たい》して強盛《ごうじょう》な信心《しんじん》を起《お》こすことが、魔《ま》に付《つ》け入《い》られない秘訣《ひけつ》であり、御本尊根《ごほんぞんこん》本《ぽん》に信心《しんじん》に励《はげ》むところに、仏《ほとけ》のはたらきをはじめ菩薩《ぼさつ》・諸天善神《しょてんぜんじん》などあらゆる善《ぜん》のはたらきを引《ひ》き出《だ》すことができるのです。

池田名誉会長《いけだめいよかいちょう》の指導《しどう》から

一、大聖人《だいしょうにん》は、数々《かずかず》の御書《ごしょ》で、妙法《みょうほう》の友《とも》を、諸天《しょてん》、諸仏《しょぶつ》、諸菩薩《しょぼさつ》の働《はたら》きとして、たたえられている。その一部分《いちぶぶん》を拝読《はいどく》したい。

（1）妙法比丘尼《みょうほうびくに》へのお手紙《てがみ》では、このように仰《おお》せである。「十羅刹《じゅうらせつ》の人《ひと》の身《み》に入《い》りかわりて思《おも》いよらせ給《たも》うか」（1414㌻）

――（長年来《ながねんらい》の出家《しゅっけ》の弟子《でし》たちなども逃《に》げてしまったのに、親《した》しく会《あ》ったこともない婦人《ふじん》から身延《みのぶ》にまで志《こころざし》を届《とど》けられるのは）十羅刹女《じゅうらせつにょ》が人《ひと》の身《み》に入《い》りかわって（大聖人《だいしょうにん》に）思《おも》いを寄《よ》せられるのでしょうか――

十羅刹女《じゅうらせつにょ》は、法華経《ほけきょう》にきて善神《ぜんじん》となった諸天善神《しょてんぜんじん》である。

（2）同《おな》じ手紙《てがみ》で、「法華経《ほけきょう》の方《かた》へ御心《みこころ》をよせさせ給《たも》うは女人《にょにん》の御身《おんみ》なれども竜女《りゅうにょ》が御身《おんみ》に入《い》らせ給《たも》うか」（1417㌻）

――法華経《ほけきょう》のほうに心《こころ》を寄《よ》せられ（大聖人《だいしょうにん》を支《ささ》えようと思《おも》う心《こころ》が出《で》てきたのは）女性《じょせい》の身《み》であるけれども、竜女《りゅうにょ》が、身《み》に入《はい》られたのだろうか――と。

竜女《りゅうにょ》は「女人成仏《にょにんじょうぶつ》」の手本《てほん》である。

（3）また、佐渡《さど》で大聖人《だいしょうにん》をお守《まも》りした阿仏房《あぶつぼう》には、このように仰《おお》せである。

「浄行菩薩《じょうぎょうぼさつ》うまれ《生》かわり給《たま》いてや、日《にち》

蓮《れん》を御《おん》とぶらい給《たも》うか。不思議《ふしぎ》なり不思《ふし》議《ぎ》なり」（1304ページ）

——（地涌《じゆ》の菩薩《ぼさつ》の「四菩薩《しぼさつ》」の中《なか》の）浄《じょう》行菩薩《ぎょうぼさつ》が、（あなたに）生《う》まれかわられて、日蓮《にちれん》をお訪《たず》ねなさるのか。不思議《ふしぎ》である。不思議《ふしぎ》である——

大聖人《だいしょうにん》は篤信《とくしん》の一老人《いちろうじん》であった阿仏房《あぶつぼう》に対《たい》して、地涌《じゆ》の菩薩《ぼさつ》の四人《よにん》のリーダーのうちの一人《ひとり》、浄行菩薩《じょうぎょうぼさつ》の生《う》まれかわりであろうかとまで、たたえられたのである。

（4）大聖人《だいしょうにん》の病気《びょうき》を治《なお》した四条金吾《しじょうきんご》には、次《つぎ》のように感謝《かんしゃ》をされている。

「教主釈尊《きょうしゅしゃくそん》の入《い》りかわりまいらせて、日蓮《にちれん》をたすけ給《たも》うか。地涌《じゆ》の菩薩《ぼさつ》の妙法《みょうほう》蓮華経《れんげきょう》の良薬《ろうやく》をさずけ給《たま》えるか」（1179ページ）

——釈尊《しゃくそん》があなたの身《み》に入《い》りかわって、日蓮《にちれん》を助《たす》けてくださったのだろうか。地涌《じゆ》の菩薩《ぼさつ》が妙法蓮華経《みょうほうれんげきょう》の良薬《りょうやく》をさずけてくださったのだろうか——と。

諸天《しょてん》が「肩《かた》にかけ背中《せなか》に負《お》って」

（5）妙一女《みょういちにょ》が「即身成仏《そくしんじょうぶつ》」について質《しつ》問《もん》した求道心《きゅうどうしん》をたたえられ、「教主釈《きょうしゅしゃく》尊《そん》、御身《おんみ》に入《い》り替《か》わらせ給《たも》うにや」（1262ページ）——教主釈尊《きょうしゅしゃくそん》が、あなたの身《み》に入《い》りかわられたのでしょうか——と仰《おお》せである。

教学《きょうがく》を、すすんで〝学《まな》ぼう〟という

求道心《きゅうどうしん》は、すでに仏界《ぶっかい》の働《はたら》きにほかならない。

（6）松野殿《まつのどの》を亡《な》くした夫人《ふじん》に「法華経《ほけきょう》の第四《だいし》の巻《まき》には釈迦仏《しゃかぶつ》・凡夫《ぼんぷ》の身《み》にいりかわらせ給《たま》いて法華経《ほけきょう》の行者《ぎょうじゃ》をば供養《くよう》すべきよしを説《と》かれて候《そうろう》。釈迦仏《しゃかぶつ》の御身《おんみ》に入《い》らせ給《たま》い候《そうろう》か」（1393ページ）。

――法華経《ほけきょう》の第四巻《だいよんかん》（法師品《ほっしほん》）には、釈尊《しゃくそん》が凡夫《ぼんぷ》の身《み》に入《い》りかわられて法華経《ほけきょう》の行者《ぎょうじゃ》を必《かなら》ず供養《くよう》するということを説《と》かれている。（この経文《きょうもん》から見《み》れば）釈尊《しゃくそん》があなたの身《み》に入《はい》られたのであろうか――と。

こうした御文《ごもん》は、ほかにも数多《かずおお》い。

一、大聖人《だいしょうにん》は「諸法実相抄《しょほうじっそうしょう》」において、末法《まっぽう》にあって「三類《さんるい》の敵人《てきじん》」に迫害《はくがい》され、追放《ついほう》や死《し》の苦難《くなん》を乗《の》り越《こ》えながら、なおも広宣流布《こうせんるふ》をする行者《ぎょうじゃ》を、「諸天《しょてん》」は「供養《くよう》をいたすべきぞ、かたにかけ《肩》せなか《背》におう《負》べきぞ」（1360ページ）――（この人《ひと》を）供養《くよう》し肩《かた》にかけ背中《せなか》に負《お》ってくれる――と懸命《けんめい》に働《はたら》くと仰《おお》せである。

また、「釈迦仏《しゃかぶつ》・多宝仏《たほうぶつ》・十方《じっぽう》の諸《しょ》仏《ぶつ》・菩薩《ぼさつ》・天神七代《てんじんしちだい》・地神五代《じじんごだい》の神神《かみがみ》・鬼子母神《きしもじん》・十羅刹女《じゅうらせつにょ》・四大天王《しだいてんのう》・梵天《ぼんてん》・帝釈《たいしゃく》・閻魔法王《えんまほうおう》・水神《すいじん》・風神《ふうじん》・山神《さんじん》・海《かい》神《じん》・大日如来《だいにちにょらい》・普賢《ふげん》・文殊《もんじゅ》・日月等《にちがっとう》の諸《しょ》尊《そん》たち」（同）が、こよなく称賛《しょうさん》すると仰《おお》せである。

法華経《ほけきょう》の実践《じっせん》は、何《なん》とすごい境涯《きょうがい》をもたらすことか――。

諸天善神《しょてんぜんじん》が〝肩《かた》にかけ〟〝背中《せなか》に負《お》う〟というのは、総《そう》じて私どもの立場《たちば》でいえば、現実《げんじつ》の問題《もんだい》に関《かん》して、必《かなら》ず「守《まも》ってくれる人《ひと》が現《あらわ》れる」ということであろう。

仏法《ぶっぽう》は決《けっ》して抽象論《ちゅうしょうろん》ではない。生活《せいかつ》の現実《げんじつ》を離《はな》れて仏法《ぶっぽう》の生命《せいめい》はない。病気《びょうき》・事故《じこ》・死亡《しぼう》、その他《た》、何《なに》かあった時《とき》、私どもを親身《しんみ》に守《まも》ってくれる人々《ひとびと》は、その時《とき》その時《とき》に、諸天《しょてん》・諸尊《しょそん》の働《はたら》きをしているといえよう。

葬儀《そうぎ》の時《とき》、故人《こじん》を心《こころ》からしのび、追善《ついぜん》する、同志《どうし》の真心《まごころ》の唱題《しょうだい》は、まさに、諸《しょ》仏《ぶつ》・諸尊《しょそん》の声《こえ》とも思《おも》えてならない。

ともあれ学会《がっかい》の世界《せかい》ほど、私心《ししん》のない、うるわしい励《はげ》まし合《あ》いの世界《せかい》はない。他《ほか》のどこの世界《せかい》に、これほどまでに一人一人《ひとりひとり》を抱《だ》きかかえて守《まも》っているところがあるだろうか。

御書《ごしょ》に照《て》らして、学会《がっかい》の同志《どうし》こそ、諸《しょ》天《てん》、諸仏《しょぶつ》、諸菩薩《しょぼさつ》の働《はたら》きをしている、最《もっと》も大切《たいせつ》な、最《もっと》も尊《とうと》き方々《かたがた》である。尊敬《そんけい》する者《もの》は福徳《ふくとく》を、蔑視《べっし》する者《もの》は罪業《ざいごう》を積《つ》むであろう。

「其《そ》の身《み》に入《い》る」とは

一、ところで、「其《そ》の身《み》に入《い》る」と大《だい》聖人《しょうにん》が仰《おお》せのように、「入其身《にゅうごしん》」は仏法《ぶっぽう》の大切《たいせつ》な生命観《せいめいかん》である。

「悪鬼入其身《あっきにゅうごしん》」の場合《ばあい》に触《ふ》れると、大《だい》聖人《しょうにん》は、第六天《だいろくてん》の魔王《まおう》が法華経《ほけきょう》の行者《ぎょうじゃ》を迫害《はくがい》するために、智者《ちしゃ》や権力者《けんりょくしゃ》の身《み》に入《はい》ると仰《おお》せである。

その時《とき》、「形《かたち》は人《ひと》なれども、力《ちから》は第六《だいろく》天《てん》の力《ちから》なり」（1537ページ）。

――姿《すがた》、形《かたち》は人間《にんげん》だが、（動《うご》かしている）力《ちから》は第六天《だいろくてん》の魔王《まおう》の力《ちから》である――と本質《ほんしつ》を教《おし》えてくださっている。

「形《かたち》は人《ひと》なれども」――姿《すがた》は、たとえどのように見《み》えようと、その本質《ほんしつ》は魔王《まおう》である。この一点《いってん》を見誤《みあやま》ってはならない。

一、第六天《だいろくてん》の魔王《まおう》とは、生命《せいめい》の「元品《がんぽん》の無明《むみょう》」のあらわれであり、それを切《き》るには「信心《しんじん》の利剣《りけん》」しかない、と説《と》かれる。ならば、剣《つるぎ》を抜《ぬ》かねばならない。

「つるぎ《剣》なんども、すすまざる《不進》人《ひと》のためには用《もち》いることなし。法華経《ほけきょう》の剣《つるぎ》は、信心《しんじん》のけなげ《勇》なる人《ひと》こそ用《もち》いることなれ」（1124ページ）

――剣《つるぎ》なども、勇気《ゆうき》のない人《ひと》には無価《むか》値《ち》である。法華経《ほけきょう》の剣《つるぎ》は、勇気《ゆうき》ある信心《しんじん》の人《ひと》こそ用《もち》いることができる――と大聖《だいしょう》人《にん》は教《おし》えられている。

また、「法華経《ほけきょう》はよきつるぎ《剣》なれども、つかう人《ひと》によりて物《もの》をきり候《そうろう》か」（186ページ）――法華経《ほけきょう》はよい剣《つるぎ》だが、使《つか》う人《ひと》によって、切《き》れるかどうかが決《き》まる――と仰《おお》せである。

大切《たいせつ》なのは「勇気《ゆうき》」である。何《なに》ものも恐《おそ》れないのが「信心《しんじん》」の心《こころ》である。「勇《ゆう》猛《みょう》」の人《ひと》には、諸天《しょてん》も威光《いこう》・勢力《せいりょく》を増《ま》し

て守《まも》りに守《まも》っていく。（中略）

一、これは悪《あく》の「入其身《にゅうごしん》」であるが、釈尊《しゃくそん》・諸天等《しょてんとう》の善《ぜん》の「入其身《にゅうごしん》」も、「形《かたち》」は人《ひと》であっても「力《ちから》」は釈尊《しゃくそん》・諸菩薩《しょぼさつ》・諸天《しょてん》の力《ちから》である。

表面《ひょうめん》の姿《すがた》にとらわれて、その尊貴《そんき》なる本質《ほんしつ》を忘《わす》れては、大変《たいへん》な過《あやま》ちとなろう。

御書《ごしょ》には、このほか修羅《しゅら》が「入其身《にゅうごしん》」した、「他《た》に勝《か》ちたい一念《いちねん》」の邪宗《じゃしゅう》の僧《そう》、梵天《ぼんてん》・帝釈《たいしゃく》が「入其身《にゅうごしん》」した、蒙古《もうこ》の王《おう》、その他《た》が説《と》かれている。

「己心《こしん》の諸天《しょてん》が仲間《なかま》を呼《よ》ぶ」

一、「入其身《にゅうごしん》」といっても、十界互具《じっかいごぐ》である以上《いじょう》、本来《ほんらい》は、すべて、我《わ》が生命《せいめい》にもそなわる働《はたら》きである。

戸田先生《とだせんせい》は、教《おし》えられた。

「その神々《かみがみ》（＝諸天善神《しょてんぜんじん》）は、どこにいるかということになります。神社《じんじゃ》にいるかというと、神社《じんじゃ》にはおりません。われわれの体《からだ》のなかにいるのです」

「なにか困《こま》ると、梵天《ぼんてん》、帝釈《たいしゃく》が働《はたら》くのです。向《む》こうからきて助《たす》けるのではなく、こっち（＝己心《こしん》）にあるところの梵天、帝釈《たいしゃく》が働《はたら》きだすのです。南無妙法蓮華経《なんみょうほうれんげきょう》に照《て》らされて、御本尊様《ごほんぞんさま》のほうの梵《ぼん》天《てん》と帝釈《たいしゃく》がこっちに感応《かんのう》してくる。だから梵天《ぼんてん》、帝釈《たいしゃく》が働《はたら》かざるをえなくなるのです」

「諸天善神《しょてんぜんじん》というものが、梵天《ぼんてん》、帝釈《たいしゃく》

一人《ひとり》しかいないものだとするならば、みなこれだけの人《ひと》が東《ひがし》の方《ほう》を向《む》いてやっているのです。時間《じかん》が違《ちが》っているから忙《いそが》しくてしようがない。（＝梵天《ぼんてん》らが）ひとりで走《はし》り回《まわ》らなければならないことになる。

そうではないのです。こっち（＝己心《こしん》）にいる人《ひと》（＝諸天《しょてん》）が出《で》て行《い》って、そして仲間《なかま》を呼《よ》ぶのです。

梵天《ぼんてん》だって一人《ひとり》ではない。帝釈《たいしゃく》だって一人《ひとり》ではない。何千人何万人《なんぜんにんなんまんにん》といるのです。それだけいるのだから、みな集《あつ》まってきます。そして、その人《ひと》ひとりを守《まも》るのです。それが法華経《ほけきょう》の諸天善神《しょてんぜんじん》です」と。

「何千《なんぜん》、何万《なんまん》の梵天《ぼんてん》・帝釈《たいしゃく》が皆《みな》、集《あつ》まる」――皆《みな》さま一人《ひとり》ひとりのために、諸《しょ》天《てん》がこぞって来集《らいじゅう》するのである。

「信心《しんじん》」さえ確《たし》かであれば、諸天《しょてん》が動《うご》かないはずがない。働《はたら》かないはずがない。乗《の》り越《こ》えられない山《やま》などあるはずがない。

神内《しんない》・神外《しんげ》

一、「御義口伝《おんぎくでん》」等《とう》には、さまざまな角度《かくど》から、「神《かみ》」といっても、己心《こしん》の仏《ぶっ》界《かい》の働《はたら》きであると論《ろん》じられている。

また太田左衛門《おおたさえもん》に対《たい》しては、世界悉檀（世間一般《せけんいっぱん》の義《ぎ》に一応《いちおう》したがって法《ほう》を説《と》く）のうえから、〝神内《しんない》・神外《しんげ》〟とも教《おし》えられた。

「神内《しんない》と申《もう》す時《とき》は、諸《もろもろ》の神《かみ》、身《み》に在《あ》り万事《ばんじ》心《こころ》に叶《かな》う。神外《しんげ》と申《もう》す時《とき》は、諸《もろもろ》の神《かみ》、識《しき》の家《いえ》を出《い》でて万事《ばんじ》を見聞《けんもん》するなり」（1015ジペー）

――「神内《しんない》」という時《とき》は、諸神《しょじん》が身《み》の内《うち》にあって、何《なに》ごとも心《こころ》のままになる。「神外《しんげ》」という時《とき》は、諸神《しょじん》が「識《しき》の家《いえ》（六《ろく》識《しき》など人間《にんげん》の心《こころ》）」を家出《いえで》し、（他国《たこく》に遊《あそ》びに行《い》って）いろいろ見学《けんがく》したりしている（そこで厄年《やくどし》などという）――

妙法《みょうほう》を持《たも》った以上《いじょう》、私どもは、いつも「神内《しんない》」である。生命《せいめい》の〝内《うち》〟に諸天《しょてん》のエネルギーが充満《じゅうまん》している。広布《こうふ》の組織《そしき》もまた、そうでなければならない。

そして、互《たが》いに諸天善神《しょてんぜんじん》となって、守《まも》り合《あ》い、仏界《ぶっかい》の力《ちから》を増幅《ぞうふく》していく。そこに、広々《ひろびろ》とした、いわば成仏《じょうぶつ》へと人々《ひとびと》を導《みちび》く生命《せいめい》の〝磁場《じば》〟が、作《つく》られていく。それが広布《こうふ》の和合僧《わごうそう》である。

〝諸仏《しょぶつ》の入其身《にゅうごしん》〟

一、さて、戦《たたか》いに当《あ》たっては、我《わ》が身《み》に、諸仏《しょぶつ》・諸天《しょてん》を「入其身《にゅうごしん》」させる決意《けつい》で、強《つよ》く行動《こうどう》すべきであると大聖人《だいしょうにん》は仰《おお》せである。

「弥三郎殿御返事《やさぶろうどのごへんじ》」（船守弥三郎《ふなもりのやさぶろう》とは別《べつ》人《じん》）には権力者《けんりょくしゃ》の前《まえ》で堂々《どうどう》と正義《せいぎ》を主張《しゅちょう》する心構《こころがま》えについて〝不惜身命《ふしゃくしんみょう》〟を教《おし》えられ、「釈迦《しゃか》・多宝《たほう》・十方《じっぽう》の仏《ほとけ》、来集《らいじゅう》して我《わ》が身《み》に入《い》りかわり我《われ》を助《たす》け給《たま》えと観念《かんねん》せさせ給《たも》うべし」（1451ジペー）――〝釈迦《しゃか》・多宝《たほう》・十方《じっぽう》の仏《ほとけ》よ、集《つど》い来《きた》って、我《わ》が身《み》に入《い》りかわり、我《われ》を助《たす》けたまえ〟と一念《いちねん》を定《さだ》めなさい――と仰《おお》せである。

諸仏《しょぶつ》を〝動《うご》かす〟どころか、我《わ》が身《み》に諸仏《しょぶつ》を「入其身《にゅうごしん》」させ、満々《まんまん》たる〝仏界《ぶっかい》のエネルギー〟で勝負《しょうぶ》に勝《か》てと厳《きび》しく教《おし》えておられる。

諸仏《しょぶつ》が入其身《にゅうごしん》したならば、所従《しょじゅう》（家来《けらい》）の諸菩薩《しょぼさつ》・諸天等《しょてんとう》が従《したが》ってくることは当然《とうぜん》であろう。

（1991年9月、青年部・教学部代表協議会）

◇教学探検◇

神天上《かみてんじょう》の法門《ほうもん》（正直《しょうじき》の人《ひと》を諸天《しょてん》は守《まも》る）

日蓮大聖人《にちれんだいしょうにん》は主著《しゅちょ》「立正安国論《りっしょうあんこくろん》」で、諸《しょ》経典《きょうてん》に基《もと》づいて「神天上《かみてんじょう》の法門《ほうもん》」を説《と》き示《しめ》されています。

国土《こくど》を守護《しゅご》する善神《ぜんじん》は、正法《しょうほう》の功徳《くどく》を栄《えい》養《よう》（法味《ほうみ》、本書117ジペー参照）として、威光《いこう》・勢《せい》力《りょく》を持《も》ち国土《こくど》を守護《しゅご》します。国土《こくど》に誤《あやま》った思想《しそう》・宗教《しゅうきょう》を根本《こんぽん》とする風潮《ふうちょう》が広《ひろ》がって正《しょう》法《ほう》が失《うしな》われてしまうと、善神《ぜんじん》たちは法味《ほうみ》に飢《う》えて、守護《しゅご》すべき国土《こくど》を見捨《みす》てて天上《てんじょう》に去《さ》ってしまい、そのあとに悪鬼《あっき》・魔神《まじん》が侵《しん》入《にゅう》して種々《しゅじゅ》の災難《さいなん》が起《お》こるという考《かんが》えです。

善神《ぜんじん》とは人々《ひとびと》を守《まも》り支《ささ》え幸福《こうふく》へと導《みちび》くはたらきであり、悪鬼《あっき》・魔神《まじん》とは人々《ひとびと》を混乱《こんらん》させ不幸《ふこう》へと導《みちび》くはたらきです。人々《ひとびと》の思《し》想《そう》・信仰《しんこう》の是非《ぜひ》によって、その社会《しゃかい》で、善《ぜん》のはたらきが優勢《ゆうせい》になるか、それとも悪《あく》のはたらきが優勢《ゆうせい》になるかが決《き》まります。このことを「神天上《かみてんじょう》の法門《ほうもん》」は教《おし》えているのです。

人々《ひとびと》が法華経《ほけきょう》の根本精神《こんぽんせいしん》に基《もと》づいた正《ただ》しい生《い》き方《かた》をしていけば、社会全体《しゃかいぜんたい》が安定《あんてい》して人々《ひとびと》の幸福《こうふく》をもたらすようになります。しかし、人々《ひとびと》が正法《しょうほう》に反発《はんぱつ》・敵対《てきたい》して誤《あやま》った生《い》き方《かた》をしていけば、社会《しゃかい》は不安《ふあん》に覆《おお》われ人々《ひとびと》を不幸《ふこう》へと陥《おとしい》れるようになってしまうのです。

それゆえ、社会《しゃかい》に善《ぜん》のはたらきが機能《きのう》していくためには、正法《しょうほう》に反発《はんぱつ》・敵対《てきたい》するという謗法《ほうぼう》を断《だん》じて、正法《しょうほう》を教《おし》え広《ひろ》めて社会《しゃかい》の支柱《しちゅう》として確立《かくりつ》していくこと、すなわち「立正《りっしょう》」が大切《たいせつ》なのです。それによって平和《へいわ》で幸福《こうふく》な社会《しゃかい》の実現《じつげん》、すなわち「安国《あんこく》」が可能《かのう》なのです（＝立正安国《りっしょうあんこく》。本書47ページ参照）。

また、社会全体《しゃかいぜんたい》が正法《しょうほう》を見失《みうしな》い混乱《こんらん》している場合《ばあい》、その中《なか》にあって正法《しょうほう》を守《まも》り正《ただ》しい生《い》き方《かた》を実践《じっせん》している人《ひと》は、善《ぜん》のはたらきを自《みずか》ら果《は》たしているのであり、また人々《ひとびと》の善《ぜん》のはたらきを引《ひ》き出《だ》すことができます。

日蓮大聖人《にちれんだいしょうにん》は、善神《ぜんじん》の一つである八幡大菩薩《はちまんだいぼさつ》の「正直《しょうじき》の人《ひと》の頂《いただき》をもって栖《すみか》と為《な》し、諂曲《てんごく》の人《ひと》の心《こころ》をもって亭《やど》らず」（587ページ）との誓《ちか》いを引《ひ》いて、正法《しょうほう》である法華経《ほけきょう》を正直《しょうじき》に持《たも》つ「法華経《ほけきょう》の行者《ぎょうじゃ》」に善神《ぜんじん》のはたらきが現《あらわ》れることを教《おし》えられています。

また「内薫外護《ないくんげご》」（本書114ページ参照）という法理《ほうり》に基《もと》づいて、正法《しょうほう》を持《たも》つ人《ひと》は、内面《ないめん》の仏性《ぶっしょう》が開《ひら》き顕《あらわ》されて、外《そと》のさまざまな善《ぜん》のはたらきによって守《まも》られることを教《おし》えられています。

したがって、法華経《ほけきょう》を信《しん》じ実践《じっせん》する人《ひと》は、社会《しゃかい》で善《ぜん》のはたらきをするのであり、その人々《ひとびと》の善《ぜん》の連帯《れんたい》が拡大《かくだい》していくことによって精神的《せいしんてき》な支柱《しちゅう》が確立《かくりつ》し幸福《こうふく》で平和《へいわ》な社会《しゃかい》を実現《じつげん》していけるのです。

池田名誉会長《いけだめいよかいちょう》の指導《しどう》から

伸一《しんいち》は、仏法《ぶっぽう》の眼《まなこ》から見《み》た時《とき》、社会《しゃかい》の

混乱《こんらん》の奥《おく》にある根本原因《こんぽんげんいん》は何《なに》かについて語《かた》ろうと思《おも》った。

彼《かれ》はまず、「諫暁八幡抄《かんぎょうはちまんしょう》」の御文《ごもん》を拝《はい》した。

「八幡《はちまん》の御誓願《ごせいがん》にいわく『正直《しょうじき》の人《ひと》の頂《いただき》をもって栖《すみか》と為《な》し、諂曲《てんごく》の人《ひと》の心《こころ》をもって亭《やど》らず』等云云《とううんぬん》」（５８７ジペー）

「八幡《はちまん》」とは「八幡大菩薩《はちまんだいぼさつ》」のことで、農耕神《のうこうしん》や銅産《どうさん》の神《かみ》などとして崇《あが》められてきた、正法《しょうほう》を護持《ごじ》する者《もの》などを守護《しゅご》する諸天善神《しょてんぜんじん》である。

諸天善神《しょてんぜんじん》とは、国土《こくど》、民衆《みんしゅう》を守《まも》り、福《ふく》をもたらす宇宙《うちゅう》の働《はたら》きであり、衆生《しゅじょう》の一《いち》念《ねん》に対応《たいおう》する外界《がいかい》の働《はたら》きのあらわれといえよう。いわば、大自然《だいしぜん》や社会《しゃかい》のもたらす、さまざまな恩恵《おんけい》も、諸天善神《しょてんぜんじん》の働《はたら》きといえる。

そして、この「八幡《はちまん》」は、正直《しょうじき》の人《ひと》の頂《いただき》、つまり頭《こうべ》をすみかとし、心《こころ》が曲《ま》がった不正直者《ふしょうじきもの》のところには宿《やど》らないというのである。

ここでいう「正直《しょうじき》」とは、単《たん》に自分《じぶん》の心《こころ》に嘘《うそ》や偽《いつわ》りがないということではない。人間《にんげん》の心《こころ》は揺《ゆ》れるものだ。欲望《よくぼう》に支配《しはい》され、誤《あやま》りを犯《おか》すこともある。

したがって、真実《しんじつ》の教《おし》えや正《ただ》しい規範《きはん》に対《たい》して正直《しょうじき》であるということである。大聖人《だいしょうにん》は、正直《しょうじき》には、「世間《せけん》の正直《しょうじき》」と「出世《しゅっせ》の正直《しょうじき》」の二つがあることを述《の》べられている。

「世間《せけん》の正直《しょうじき》」とは、社会《しゃかい》での人《ひと》の道《みち》を違《たが》えぬことであり、「出世《しゅっせ》の正直《しょうじき》」とは、仏法《ぶっぽう》のうえで真実《しんじつ》の教《おし》え通《どお》りに、誤《あやま》りなく生《い》きることである。

日蓮大聖人《にちれんだいしょうにん》は、人《ひと》びとの「正直《しょうじき》な心《こころ》」が失《うしな》われ、人《ひと》の道《みち》にも、仏法《ぶっぽう》の道《みち》にも外《はず》れてしまったがゆえに、八幡大菩薩《はちまんだいぼさつ》は去《さ》り、社会《しゃかい》は不幸《ふこう》の様相《ようそう》を呈《てい》したと指摘《してき》されているのである。

山本伸一《やまもとしんいち》は、人《ひと》びとの生活《せいかつ》を脅《おびや》かしている、現在《げんざい》のモノ不足《ぶそく》、インフレは、資《し》源《げん》は無尽蔵《むじんぞう》であるかのように考《かんが》え、大量《たいりょう》消費《しょうひ》を煽《あお》ってきた結果《けっか》であると見《み》ていた。

そして、その背後《はいご》には、欲望《よくぼう》に翻弄《ほんろう》され、便利《べんり》さや快適《かいてき》さばかりを求《もと》める人間《にんげん》の生《い》き方《かた》がある。

また、一部《いちぶ》の商社《しょうしゃ》による買《か》い占《し》めなどに顕著《けんちょ》なように、モラルを失《うしな》った営利《えいり》追《つい》求《きゅう》がある。

伸一《しんいち》は訴《うった》えた。

「『世間《せけん》の正直《しょうじき》』という観点《かんてん》から見《み》た時《とき》、たとえば、今《いま》の政治《せいじ》が、国民《こくみん》への奉《ほう》仕《し》に徹《てっ》する『正直《しょうじき》さ』をもっているか。

では、経済《けいざい》はどうか。

東南《とうなん》アジアでは反日感情《はんにちかんじょう》が強《つよ》まり、日《に》本《ほん》は経済侵略《けいざいしんりゃく》を企《くわだ》てているとの批判《ひはん》も出《で》ています。

それは、相手国《あいてこく》のことを考《かんが》えず、利益《りえき》優先主義《ゆうせんしゅぎ》で進《すす》んできた、『不正直《ふしょうじき》さ』が露呈《ろてい》したものといえます。

また、『出世《しゅっせ》の正直《しょうじき》』という観点《かんてん》ではどうか。

現代《げんだい》は、現世主義《げんせしゅぎ》に陥《おちい》り、正《ただ》しい生命《せいめい》観《かん》、すなわち『三世《さんぜ》の生命《せいめい》』『永遠《えいえん》の生《せい》命《めい》』を説《と》く仏法《ぶっぽう》を、全《まった》く無視《むし》しようとする風潮《ふうちょう》が強《つよ》い。

現在《げんざい》は〝仏教書《ぶっきょうしょ》ブーム〟とはいわれていても、真実《しんじつ》の仏法《ぶっぽう》である日蓮大聖人《にちれんだいしょうにん》の仏法《ぶっぽう》には、反発《はんぱつ》こそすれ、なかなか耳《みみ》を傾《かたむ》けようとはしない。

したがって『出世間《しゅっせけん》』においても、『不正直《ふしょうじき》』といわざるをえない」

さらに、伸一《しんいち》は、この「不正直《ふしょうじき》さ」が、〝自分以外《じぶんいがい》に信用《しんよう》できるものは何《なに》もない〟といった疎外感《そがいかん》や、虚無的《きょむてき》な不信《ふしん》感《かん》をもたらしていることを指摘《してき》し、こう訴《うった》えた。

「しかし、大聖人《だいしょうにん》は、去《さ》っていった八《はち》幡大菩薩《まんだいぼさつ》も、『法華経《ほけきょう》の行者《ぎょうじゃ》、日本国《にほんこく》に有《あ》るならば、その所《ところ》に栖《す》み給《たも》うべし』（588ページ）と仰《おお》せです。

広宣流布《こうせんるふ》を使命《しめい》とし、人《ひと》びとに真実《しんじつ》の仏法《ぶっぽう》を、人間《にんげん》の道《みち》を教《おし》えようと、日夜《にちや》、活動《かつどう》に励《はげ》む私どもは、現代《げんだい》における法華《ほけ》経《きょう》の行者《ぎょうじゃ》であります。

その私たちの戦《たたか》いによって、人《ひと》びとが正法《しょうほう》に目覚《めざ》めていくならば、八幡大菩薩《はちまんだいぼさつ》をはじめ、諸天善神《しょてんぜんじん》は再《ふたた》び帰《かえ》り、その働《はたら》きを示《しめ》してくれるとの御断言《ごだんげん》であります」

（小説『新・人間革命』第18巻「前進」）

異体同心《いたいどうしん》

「異体同心《いたいどうしん》」とは、広宣流布《こうせんるふ》を進《すす》めるにあたって、私たちが信心《しんじん》で団結《だんけつ》をしていく時《とき》に、最重要《さいじゅうよう》とすべき指針《ししん》です。

「異体《いたい》」とは、それぞれの見《み》かけ、個性《こせい》、特質《とくしつ》、立場《たちば》などが異《こと》なることです。「同心《どうしん》」とは、志《こころざし》、目的《もくてき》を同《おな》じくすることです。各人《かくじん》が同《おな》じ心《こころ》に立《た》って、力《ちから》を合《あ》わせていくことをいいます。

仏法《ぶっぽう》の実践《じっせん》においては、万人成仏《ばんにんじょうぶつ》を実現《じつげん》するために妙法《みょうほう》を説《と》き広《ひろ》めていく「広宣流《こうせんる》布《ふ》」こそが、仏《ほとけ》の大願《だいがん》であり、根本《こんぽん》の目的《もくてき》です。「同心《どうしん》」の「心《しん》」とは、「信心《しんじん》」のことであり、「広宣流布《こうせんるふ》」という大願《だいがん》に心《こころ》を合《あ》わせていくことです。

すなわち、各人《かくじん》の個性《こせい》や特質《とくしつ》を生《い》かし、一人《ひと》ひとりの可能性《かのうせい》を最大限《さいだいげん》に発揮《はっき》しながら、広宣流布《こうせんるふ》を目指《めざ》していくことが、異体同心《いたいどうしん》です。

これに対《たい》して、見《み》かけは同《おな》じような姿《すがた》であっても、それぞれの志《こころざし》や目的《もくてき》が違《ちが》い、ばらばらになっている状態《じょうたい》を「同体異心《どうたいいしん》」といいます。

大聖人《だいしょうにん》は、こう仰《おお》せです。

「異体同心《いたいどうしん》なれば万事《ばんじ》を成《じょう》じ、同体異心《どうたいいしん》なれば諸事叶《しょじかな》うことなし」「日蓮《にちれん》が一類《いちるい》は異体《いたい》同心《どうしん》なれば、人人《ひとびと》すくなく候《そうら》えども大事《だいじ》を成《じょう》じて、一定法華経《いちじょうほけきょう》ひろまりなんと覚《おぼ》え候《そうろう》」（1463ページ）

信心《しんじん》の団結《だんけつ》によって、さまざまな難《なん》を乗《の》り越《こ》えながら前進《ぜんしん》すれば、仏法《ぶっぽう》が必《かなら》ず広《ひろ》まっていくことは間違《まちが》いないと、大聖人《だいしょうにん》は教《おし》えられています。

池田名誉会長《いけだめいよかいちょう》は、次《つぎ》のように指導《しどう》しています。

「異体同心《いたいどうしん》というのは、現代《げんだい》で言《い》えば『組織《そしき》』ということです。『異体《いたい》』というのは、人《ひと》それぞれ、姿《すがた》も立場《たちば》も、状況《じょうきょう》も使命《しめい》も違《ちが》う。しかし『心《こころ》』は――信心《しんじん》は『同心《どうしん》』でいきなさいというのです。

『異体異心《いたいいしん》』では、バラバラです。『同体同心《どうたいどうしん》』というのは無理《むり》やり、形《かたち》も姿《すがた》も心《こころ》まで統一《とういつ》しようというのです。ファシズムであり、自由《じゆう》はない。だれもついてこられず、格好《かっこう》だけ合《あ》わせている。結局《けっきょく》、『同体異心《どうたいいしん》』になってしまう」

「『異体《いたい》』とは個性《こせい》を生《い》かすということです。『同心《どうしん》』とは、信心《しんじん》を根本《こんぽん》に、心《こころ》を一つにしていくことです。本当《ほんとう》の団結《だんけつ》です」

私たちは、この異体同心《いたいどうしん》の指針《ししん》のままに、一人《ひとり》ひとりが存分《ぞんぶん》に力《ちから》を発揮《はっき》しながら、大聖人《だいしょうにん》の御遺命《ごゆいめい》である広宣流布《こうせんるふ》の実現《じつげん》に向《む》かって前進《ぜんしん》していきましょう。

信心即生活《しんじんそくせいかつ》

一般《いっぱん》に、信仰《しんこう》とは日常《にちじょう》の生活《せいかつ》から離《はな》れた特別《とくべつ》な世界《せかい》の事柄《ことがら》であると考《かんが》えたり、日常生《にちじょうせい》活《かつ》の中《なか》でも信仰《しんこう》の時間《じかん》と生活《せいかつ》の時間《じかん》とは別《べつ》なものであるとする見方《みかた》があります。

しかし、日蓮大聖人《にちれんだいしょうにん》の仏法《ぶっぽう》においては、信仰《しんこう》と生活《せいかつ》とは、そのように切《き》り離《はな》して捉《とら》えるものではありません。

御書《ごしょ》には、「御《おん》みやづかい《仕官》を法華経《ほけきょう》とおぼしめせ」（1295ページ）とあります。この「御《おん》みやづかい《仕官》」とは、主君《しゅくん》などに仕《つか》えることですが、今日《こんにち》の私たちの立場《たちば》にあてはめれば、なすべきこと、果《は》たすべき役割《やくわり》であり、職業《しょくぎょう》・仕事《しごと》・生活《せいかつ》にあたります。

したがって、この御文《ごもん》は、日々《ひび》の生活《せいかつ》が、そのまま仏道修行《ぶつどうしゅぎょう》の場《ば》であり、信心《しんじん》を根本《こんぽん》とした自身《じしん》の生《い》き方《かた》を示《しめ》す場《ば》であることを教《おし》えられているのです。

生活《せいかつ》は、私たちの生命活動《せいめいかつどう》そのものにほかなりません。そして、信心《しんじん》は、私たちの生《せい》命《めい》を変革《へんかく》し、充実《じゅうじつ》させていく力《ちから》となります。

生活《せいかつ》の場《ば》で直面《ちょくめん》するさまざまな課題《かだい》に対《たい》して、御本尊《ごほんぞん》への唱題《しょうだい》を根本《こんぽん》に真剣《しんけん》な努力《どりょく》を重《かさ》ねていった時《とき》に、その現実《げんじつ》との戦《たたか》いそのものが、私たちの仏界《ぶっかい》の生命《せいめい》を涌現《ゆげん》させる機《き》縁《えん》となり、自身《じしん》の生命変革《せいめいへんかく》の舞台《ぶたい》ともなるのです。

また、信心《しんじん》で開拓《かいたく》した生命力《せいめいりょく》、豊《ゆた》かな境涯《きょうがい》を土台《どだい》にして、生活《せいかつ》の場《ば》に勇《いさ》んで出《で》ていった時《とき》、生活《せいかつ》そのものも、おのずから変革《へんかく》されていくのです。

信心《しんじん》を草木《くさき》の根《ね》に譬《たと》えれば、生活《せいかつ》は、豊《ゆた》かな果実《かじつ》を実《みの》らせる幹《みき》や枝《えだ》に譬《たと》えることができます。信心《しんじん》を根本《こんぽん》に置《お》かない生活《せいかつ》は、環境《かんきょう》に流《なが》されてしまう根無《ねな》し草《ぐさ》になりがちです。信心《しんじん》の根《ね》が深《ふか》ければ深《ふか》いほど、盤石《ばんじゃく》な生活《せいかつ》を築《きず》いていけると説《と》くのが日蓮大聖人《にちれんだいしょうにん》の仏法《ぶっぽう》です。

以上《いじょう》のように、大聖人《だいしょうにん》の仏法《ぶっぽう》においては、信心《しんじん》と生活《せいかつ》は一体《いったい》です。ゆえに、創価学会《そうかがっかい》の指導《しどう》には、「信心即生活《しんじんそくせいかつ》」といって、生活《せいかつ》はその人《ひと》の信心《しんじん》の表《あらわ》れであるととらえて、信頼《しんらい》される社会人《しゃかいじん》として、生活《せいかつ》に勝利《しょうり》していくべきことを教《おし》えています。

人《ひと》の振《ふ》る舞《ま》い

仏法《ぶっぽう》は、「人間《にんげん》としての勝利《しょうり》」を教《おし》えた宗教《しゅうきょう》です。

日蓮大聖人《にちれんだいしょうにん》は、「教主釈尊《きょうしゅしゃくそん》の出世《しゅっせ》の本懐《ほんかい》は、人《ひと》の振《ふ》る舞《ま》いにて候《そうら》いけるぞ」（1174ジペー）と仰《おお》せです。

釈尊《しゃくそん》がこの世《よ》に生《う》まれて仏法《ぶっぽう》を説《と》いた、その根本《こんぽん》の目的《もくてき》（出世《しゅっせ》の本懐《ほんかい》）は、特別《とくべつ》なことではなく、人間《にんげん》として、どう生《い》きるべきかを示《しめ》すことにあったとの仰《おお》せです。

すなわち、人間社会《にんげんしゃかい》にあって良識《りょうしき》ある振《ふ》る舞《ま》いを貫《つらぬ》き、人格《じんかく》の輝《かがや》きをもって、職場《しょくば》・地域《ちいき》などの身近《みぢか》な人々《ひとびと》から信頼《しんらい》され、尊敬《そんけい》される存在《そんざい》となっていくことが、信心《しんじん》の証《あかし》です。

最高《さいこう》の「人《ひと》の振《ふ》る舞《ま》い」とは、「人《ひと》を敬《うやま》う」行動《こうどう》です。すなわち、万人《ばんにん》の生命《せいめい》の中《なか》に仏《ほとけ》の生命《せいめい》があると捉《とら》えて、その仏《ほとけ》の生命《せいめい》を尊重《そんちょう》し、万人《ばんにん》を敬《うやま》っていく行動《こうどう》です。根本《こんぽん》は、万人《ばんにん》を仏《ほとけ》にしていこうとする誓願《せいがん》の生《い》き方《かた》です。具体《ぐたい》的《てき》には、目《め》の前《まえ》の「一人《ひとり》」を大切《たいせつ》にしていく実践《じっせん》となって表《あらわ》れます。

法華経《ほけきょう》では、万人《ばんにん》の中《なか》に秘《ひ》められている仏《ほとけ》の生命《せいめい》を敬《うやま》い、あらゆる人《ひと》を礼拝《らいはい》していく不軽菩薩《ふきょうぼさつ》の実践《じっせん》が説《と》かれます。

自分《じぶん》の仏界《ぶっかい》をまだ自覚《じかく》していない人《ひと》でも仏《ほとけ》の生命《せいめい》を具《そな》えており、これを開《ひら》きあらわす可能性《かのうせい》をもっています。したがって、万人《ばんにん》を「仏子《ぶっし》（仏《ほとけ》の子《こ》）」として尊重《そんちょう》していく生命《せいめい》尊厳《そんげん》、万人平等《ばんにんびょうどう》こそが、仏法《ぶっぽう》の精神《せいしん》です。この精神《せいしん》があれば、他人《たにん》を踏《ふ》みにじる一切《いっさい》の暴力《ぼうりょく》は生《う》まれないでしょう。このように、万人尊重《ばんにんそんちょう》の原理《げんり》から、対話《たいわ》をもって社会《しゃかい》の変《へん》革《かく》を実現《じつげん》していこうとするのが日蓮大聖人《にちれんだいしょうにん》の仏法《ぶっぽう》です。

悪世末法《あくせまっぽう》は、人々《ひとびと》の迷《まよ》いの生命《せいめい》が強《つよ》くなり、他者《たしゃ》を踏《ふ》みにじり、人間《にんげん》を差別《さべつ》し、道具《どうぐ》化《か》する思想《しそう》が充満《じゅうまん》する時代《じだい》です。そうした濁《にご》った社会《しゃかい》の風潮《ふうちょう》を変《か》え、人間自身《にんげんじしん》の境涯《きょうがい》を高《たか》めていくには、生命尊厳《せいめいそんげん》、人間尊敬《にんげんそんけい》の「人《ひと》の振《ふ》る舞《ま》い」の実践《じっせん》を広《ひろ》げていくしかありません。

また、社会《しゃかい》を変革《へんかく》するためには、人々《ひとびと》の迷《まよ》いを助長《じょちょう》し、人間《にんげん》を蔑視《べっし》する思想《しそう》と強《つよ》く戦《たたか》っていかなければなりません。したがって、善《ぜん》を広《ひろ》げ、悪《あく》を責《せ》める振《ふ》る舞《ま》いこそが、仏《ぶっ》法《ぽう》において求《もと》められる肝要《かんよう》の実践《じっせん》であり、仏法者《ぶっぽうしゃ》、そして人間《にんげん》としての勝利《しょうり》の人生《じんせい》の証《あかし》となっていくのです。

第2部

教学部初級試験・青年部教学試験（3級）相当の学習内容となっています

第４章　日蓮大聖人《にちれんだいしょうにん》の仏法《ぶっぽう》（２）

第５章　生命論《せいめいろん》（２）

第６章　日蓮大聖人の仏法（３）

第７章　地涌《じゆ》の使命《しめい》と実践《じっせん》

第4章　日蓮《にちれん》大聖人《だいしょうにん》の仏法《ぶっぽう》（2）

―日蓮《にちれん》大聖人《だいしょうにん》と法華経《ほけきょう》―

1　法華経《ほけきょう》

法華経《ほけきょう》は、「万人《ばんにん》の成仏《じょうぶつ》」を説《と》き明《あ》かした大乗仏教《だいじょうぶっきょう》の精髄《せいずい》の経典《きょうてん》です。ここでは、法華経《ほけきょう》について、その意義《いぎ》、あらすじと構成《こうせい》、主要《しゅよう》な法理《ほうり》について説明《せつめい》します。

（1）万人成仏《ばんにんじょうぶつ》の経典《きょうてん》

仏教《ぶっきょう》の創始者《そうししゃ》は釈尊《しゃくそん》（釈迦牟尼世尊《しゃかむにせそん》）です。釈尊《しゃくそん》は、生老病死《しょうろうびょうし》という人間《にんげん》にとって根源《こんげん》的《てき》な苦悩《くのう》から、どうすれば人々《ひとびと》を救《すく》えるのか、解決《かいけつ》の道《みち》を探究《たんきゅう》しました。

そして、自身《じしん》の胸中《きょうちゅう》に具《そな》わり、宇宙《うちゅう》と生命《せいめい》を貫《つらぬ》く根源《こんげん》の法《ほう》、すなわち妙法《みょうほう》に目覚《めざ》めました。それゆえ、釈尊《しゃくそん》はブッダ（「目覚《めざ》めた人《ひと》」「開花《かいか》した人《ひと》」の意《い》）と呼《よ》ばれるようになりました。

釈尊《しゃくそん》の教《おし》えは、はじめは口伝《くちづた》えで伝承《でんしょう》され、やがて整理《せいり》されて、幾世紀《いくせいき》もの間《あいだ》にさまざまな経典《きょうてん》としてまとめ上《あ》げられていきました。

釈尊《しゃくそん》の智慧《ちえ》と慈悲《じひ》を根幹《こんかん》とする教《おし》えを継承《けいしょう》し発展《はってん》させた経典《きょうてん》が、大乗仏教《だいじょうぶっきょう》の諸経典《しょきょうてん》です。その精髄《せいずい》が、「経《きょう》の王《おう》」とたたえられる法華経《ほけきょう》です。

〝一切衆生《いっさいしゅじょう》を自分《じぶん》と同《おな》じ境涯《きょうがい》に高《たか》めたい（如我等無異《にょがとうむい》）〟というのが、釈尊自身《しゃくそんじしん》の長遠《ちょうおん》な過去《かこ》からの願《ねが》いであり、その願《ねが》いが法華経《ほけきょう》を説《と》くことで満《み》たされたと法華経《ほけきょう》に示《しめ》されています。

釈尊《しゃくそん》は弟子《でし》たちに、仏《ほとけ》の永遠《えいえん》の願《ねが》いを継承《けいしょう》して実践《じっせん》していく、慈悲《じひ》の行動《こうどう》を繰《く》り返《かえ》し呼《よ》び掛《か》けています。

法華経《ほけきょう》は、釈尊《しゃくそん》の本意《ほんい》、すなわち「万人《ばんにん》の成仏《じょうぶつ》」を実現《じつげん》する最《もっと》も根本《こんぽん》の教《おし》えを説《と》いた経典《きょうてん》です。

他《た》の経典《きょうてん》は、根本《こんぽん》の法《ほう》へ至《いた》るために、時《とき》と場合《ばあい》や相手《あいて》に応《おう》じて説《と》いた部分的《ぶぶんてき》な教《おし》えにとどまっています。したがって、生命全体《せいめいぜんたい》を蘇生《そせい》させることにはなりません。部分的《ぶぶんてき》な教《おし》えに執着《しゅうちゃく》することで、かえって歪《ひず》みが生《しょう》じてしまうのです。

これに対《たい》し、法華経《ほけきょう》は、時《とき》と場合《ばあい》に応《おう》じ、また相手《あいて》に応《おう》じて説《と》いた部分的《ぶぶんてき》な教《おし》えを統《とう》一《いつ》し、きちんと位置《いち》づけ、生《い》かしていく「根源《こんげん》の一法《いっぽう》」を説《と》き示《しめ》しています。

インドの大乗《だいじょう》の論師《ろんじ》である竜樹《りゅうじゅ》・天親《てんじん》（世親《せしん》）は、法華経《ほけきょう》の思想《しそう》をふまえた優《すぐ》れた論《ろん》書《しょ》を作成《さくせい》しました。

法華経《ほけきょう》は中国《ちゅうごく》に伝《つた》わり、幾度《いくど》か漢訳《かんやく》されましたが、鳩摩羅什《くまらじゅう》が5世紀初頭《せいきしょとう》に翻訳《ほんやく》した「妙法蓮華経《みょうほうれんげきょう》」が最《もっと》も優《すぐ》れた名訳《めいやく》として広《ひろ》く流布《るふ》しました。東《ひがし》アジアでは、法華経《ほけきょう》というと、一般《いっぱん》には鳩摩羅什訳《くまらじゅうやく》の「妙法蓮華経《みょうほうれんげきょう》」を指《さ》します。

中国《ちゅうごく》の天台大師《てんだいだいし》（智顗《ちぎ》）・妙楽大師《みょうらくだいし》（湛然《たんねん》）、日本《にほん》の伝教大師《でんぎょうだいし》（最澄《さいちょう》）は、法華経《ほけきょう》に対《たい》する注釈書《ちゅうしゃくしょ》を著《あらわ》して、諸経典《しょきょうてん》の中《なか》で法華経《ほけきょう》が卓越《たくえつ》していることを明《あき》らかにするとともに、法華経《ほけきょう》に基《もと》づく実践《じっせん》を広《ひろ》めました。

それぞれの文化土壌《ぶんかどじょう》の中《なか》で、法華経《ほけきょう》に掲《かか》げられた根本目的《こんぽんもくてき》、すなわち人間《にんげん》の無限《むげん》の尊厳性《そんげんせい》の開花《かいか》が図《はか》られ、法華経《ほけきょう》の思想《しそう》と実践《じっせん》が発展的《はってんてき》に継承《けいしょう》され、日蓮大聖人《にちれんだいしょうにん》の仏法《ぶっぽう》に結実《けつじつ》していったのです。

創価学会《そうかがっかい》・SGI（創価学会《そうかがっかい》インタナショナル）は、この仏法《ぶっぽう》の正統《せいとう》を継承《けいしょう》し、法華経《ほけきょう》に依拠《いきょ》して、人間主義《にんげんしゅぎ》の根本精神《こんぽんせいしん》を現代《げんだい》に展開《てんかい》しているのです。

普遍的《ふへんてき》な法華経《ほけきょう》

法華経《ほけきょう》28品《ぽん》（章《しょう》）の中《なか》には、釈尊《しゃくそん》が説《と》いている法華経《ほけきょう》そのもののほかに、過去《かこ》の仏《ほとけ》たちが説《と》いたという法華経《ほけきょう》のことが出《で》ています。

たとえば、序品第《じょほんだい》1では日月燈明仏《にちがつとうみょうぶつ》が、化城喩品第《けじょうゆほんだい》7では大通智勝仏《だいつうちしょうぶつ》が、常不軽菩薩品第《じょうふきょうぼさつほんだい》20では威音王仏《いおんのうぶつ》が、それぞれ法華経《ほけきょう》を説《と》いたとされています。

創価学会《そうかがっかい》第2代会長《だいかいちょう》の戸田城聖先生《とだじょうせいせんせい》は、これらを踏《ふ》まえて、次《つぎ》のように述《の》べています。

「同《おな》じ法華経《ほけきょう》にも、仏《ほとけ》と、時《とき》と、衆生《しゅじょう》の機根《きこん》とによって、その表現《ひょうげん》が違《ちが》うのである。その極理《ごくり》は一つであっても、その時代《じだい》の衆生《しゅじょう》の仏縁《ぶつえん》の浅深厚薄《せんじんこうはく》によって、種々《しゅじゅ》の差別《さべつ》があるのである。世間一般《せけんいっぱん》の人々《ひとびと》で、少《すこ》し仏教《ぶっきょう》を研究《けんきゅう》した人々《ひとびと》は、法華経《ほけきょう》を説《と》いた人《ひと》は釈《しゃ》迦以外《かいがい》にないと考《かんが》えている。しかし、法華経《ほけきょう》には、常不軽菩薩《じょうふきょうぼさつ》も、大通智勝仏《だいつうちしょうぶつ》も、法華《ほけ》経《きょう》を説《と》いたとあり、天台《てんだい》もまた法華経《ほけきょう》を説《と》いている」

成仏《じょうぶつ》のための極理《ごくり》は一つですが、説《と》かれた教《おし》えには種々《しゅじゅ》の違《ちが》いがあります。しかし、それらはすべてが法華経《ほけきょう》なのです。

一切衆生《いっさいしゅじょう》の真《しん》の幸福《こうふく》と安楽《あんらく》のために、それぞれの時代《じだい》に仏自《ほとけみずか》らが覚知《かくち》した法《ほう》、成仏《じょうぶつ》の法《ほう》を、すべての民衆《みんしゅう》に向《む》かって開《ひら》き示《しめ》した教《おし》えが〝普遍的《ふへんてき》な法華経《ほけきょう》〟です。

日蓮大聖人《にちれんだいしょうにん》は、釈尊《しゃくそん》の法華経《ほけきょう》28品《ぽん》、天台大師《てんだいだいし》が説《と》いた『摩訶止観《まかしかん》』、大聖人御自身《だいしょうにんごじしん》の南無妙法蓮華経《なんみょうほうれんげきょう》を、いずれも成仏《じょうぶつ》の根本法《こんぽんほう》を示《しめ》すものであると捉《とら》えられています。

戸田先生《とだせんせい》は、それぞれ、釈尊《しゃくそん》の法華経《ほけきょう》28品《ぽん》を「正法時代《しょうほうじだい》の法華経《ほけきょう》」、『摩訶止観《まかしかん》』を

「像法時代《ぞうほうじだい》の法華経《ほけきょう》」、南無妙法蓮華経《なんみょうほうれんげきょう》を「末法《まっぽう》の法華経《ほけきょう》」と位置《いち》づけて、「三種《しゅ》の法華経《ほけきょう》」と呼《よ》んでいました。

(2) 法華経《ほけきょう》のあらすじと構成《こうせい》

法華経《ほけきょう》(妙法蓮華経《みょうほうれんげきょう》)は8巻《かん》28品《ぽん》(章《しょう》)から成《な》り立《た》っています。天台大師《てんだいだいし》は、この28品《ぽん》のうち、前半《ぜんはん》14品《ほん》(序品第《じょほんだい》1~安楽行品第《あんらくぎょうほんだい》14)を「迹門《しゃくもん》」、後半《こうはん》14品《ほん》(従地涌出品第《じゅうじゆじゅっぽんだい》15~普賢菩薩勧発品第《ふげんぼさつかんぼっぽんだい》28)を「本門《ほんもん》」と分《わ》けました。

迹門《しゃくもん》の中心《ちゅうしん》となる法理《ほうり》は、方便品第《ほうべんぽんだい》2に説《と》かれている諸法実相《しょほうじっそう》(本書155ジペー参照)です。譬喩品第《ひゆほんだい》3から授学無学人記品第《じゅがくむがくにんきほんだい》9までで最《もっと》も強調《きょうちょう》されているのは二乗作仏《にじょうさぶつ》(二乗《にじょう》の成仏《じょうぶつ》)です。

法華経以外《ほけきょういがい》の諸経《しょきょう》で明《あ》かされた声聞《しょうもん》・縁覚《えんがく》や菩薩《ぼさつ》の覚《さと》りを得《え》るための3種《しゅ》の教《おし》え(三《さん》

乗《じょう》）は、法華経《ほけきょう》で明《あ》かされた成仏《じょうぶつ》のための教《おし》え（一乗《いちじょう》）へ導《みちび》くための方便《ほうべん》であることが示《しめ》されます（開三顕一《かいさんけんいち》）。

法師品《ほっしほん》第《だい》10からは、釈尊《しゃくそん》が亡《な》くなった後《のち》の悪世《あくせ》において、法華経《ほけきょう》をだれが弘通《ぐつう》して人々《ひとびと》を救《すく》うのか、というテーマのもとで展開《てんかい》していきます。

まず法師品《ほっしほん》第《だい》10では、釈尊《しゃくそん》が現《げん》にいる時《とき》でも法華経《ほけきょう》の弘通《ぐつう》に反発《はんぱつ》・敵対《てきたい》があるが、滅《めつ》後《ご》の悪世《あくせ》には一層《いっそう》ひどくなる（猶多怨嫉《ゆたおんしつ》・況滅度後《きょうめつどご》）と説《と》かれます。

見宝塔品《けんほうとうほん》第《だい》11で、7種《しゅ》の宝《たから》で飾《かざ》られた巨大《きょだい》な宝塔《ほうとう》が大地《だいち》から涌現《ゆげん》して空中《くうちゅう》に浮《う》かびます。宝塔《ほうとう》の中《なか》にいた多宝如来《たほうにょらい》が、釈尊《しゃくそん》の法華経《ほけきょう》の説法《せっぽう》は真実《しんじつ》であることを保証《ほしょう》します（多宝《たほう》の証明《しょうみょう》）。

続《つづ》いて十方《じっぽう》の世界《せかい》、すなわち全宇宙《ぜんうちゅう》から、一切《いっさい》の仏《ほとけ》や菩薩《ぼさつ》が集《あつ》まって来《き》ます。

そこで釈尊《しゃくそん》が宝塔《ほうとう》の中《なか》に入《はい》り、多宝如来《たほうにょらい》と並《なら》んで座《すわ》ります（二仏並坐《にぶつびょうざ》）。法華経《ほけきょう》の説法《せっぽう》の場《ば》である霊鷲山《りょうじゅせん》にいた聴衆《ちょうしゅう》も、仏《ほとけ》の神通力《じんずうりき》によって虚空《こくう》（空中《くうちゅう》）に浮《う》かび、虚空《こくう》での説法《せっぽう》が始《はじ》まります。

見宝塔品第11《けんほうとうほんだい》から嘱累品第22《ぞくるいほんだい》までの12品《ほん》では、虚空《こくう》で説法《せっぽう》が行《おこな》われますが、これを「虚空会《こくうえ》」といいます。

これに対《たい》して、法師品第10《ほっしほんだい》以前《いぜん》と薬王菩薩本事品第23《やくおうぼさつほんじほんだい》以後《いご》では、霊鷲山《りょうじゅせん》で説法《せっぽう》が行《おこな》われます。それぞれ前霊鷲山会《ぜんりょうじゅせんえ》、後霊鷲山会《ごりょうじゅせんえ》といいます。

霊鷲山《りょうじゅせん》と虚空《こくう》という二つの場所《ばしょ》で3回《かい》の説法《せっぽう》の集《あつ》まりがあることから、「二処三会《にしょさんえ》」といいます。

虚空会《こくうえ》で釈尊《しゃくそん》は、釈尊滅後《しゃくそんめつご》の悪世《あくせ》における法華経《ほけきょう》の弘通《ぐつう》を弟子《でし》たちに勧《すす》めます。

そのなかでも、見宝塔品《けんほうとうほん》では六難九易《ろくなんくい》（本書166ジペー参照）を説《と》いて、悪世《あくせ》に法《ほう》を弘通《ぐつう》することが、いかに困難《こんなん》であるかを示《しめ》して、滅後悪世《めつごあくせ》の弘通《ぐつう》を菩薩《ぼさつ》たちに勧《すす》めています。

提婆達多品第12《だいばだったほんだい》では提婆達多《だいばだった》の成仏《じょうぶつ》と竜女《りゅうにょ》の成仏《じょうぶつ》が説《と》かれ、悪人成仏《あくにんじょうぶつ》・女人成仏《にょにんじょうぶつ》が明《あ》かされます。

勧持品第13《かんじほんだい》では、悪世《あくせ》で法華経《ほけきょう》を弘通《ぐつう》する者《もの》を迫害《はくがい》する三類《さんるい》の強敵《ごうてき》（本書95、168ジペー参照）を乗《の》り越《こ》えて弘教《ぐきょう》していくことを菩薩《ぼさつ》たちが誓《ちか》います。

しかし、従地涌出品第《じゅうじゆじゅっぽんだい》15で、釈尊《しゃくそん》はそれを制止《せいし》し、滅後弘通《めつごぐつう》の真《しん》の主体者《しゅたいしゃ》として無数《むすう》の久遠《くおん》からの弟子《でし》（＝地涌《じゆ》の菩薩《ぼさつ》、本書160ページ参照）を大地《だいち》の下方《かほう》から召《め》し出《いだ》します。

この従地涌出品《じゅうじゆじゅっぽん》から、本門《ほんもん》が始《はじ》まります。

如来寿量品第《にょらいじゅりょうほんだい》16で、釈尊《しゃくそん》は今世《こんぜ》ではじめて成仏《じょうぶつ》した（始成正覚《しじょうしょうがく》）のではなく、実《じつ》は遠《とお》い過去《かこ》に成仏《じょうぶつ》していた（＝久遠実成《くおんじつじょう》、本書157ページ参照）と自身《じしん》の真実《しんじつ》の境地《きょうち》を明《あき》らかにしました（開近顕遠《かいごんけんのん》）。

分別功徳品第《ふんべつくどくほんだい》17から法師功徳品第《ほっしくどくほんだい》19までは、釈尊滅後《しゃくそんめつご》に法華経《ほけきょう》を受持《じゅじ》し弘通《ぐつう》する功徳《くどく》の素晴《すば》らしさを語《かた》り、常不軽菩薩品第《じょうふきょうぼさつほんだい》20では釈尊自身《しゃくそんじしん》も過去世《かこせ》に不軽菩薩《ふきょうぼさつ》（本書162ページ参照）として難《なん》を耐《た》え忍《しの》んで法華経《ほけきょう》を弘通《ぐつう》して成仏《じょうぶつ》したことを明《あ》かします。

続《つづ》く如来神力品第《にょらいじんりきほんだい》21では、上行菩薩《じょうぎょうぼさつ》（本書161、170ページ参照）ら地涌《じゆ》の菩薩《ぼさつ》が滅後《めつご》に法華経《ほけきょう》を弘通《ぐつう》することを誓願《せいがん》し、それを受《う》けて釈尊《しゃくそん》は上行菩薩《じょうぎょうぼさつ》たちに法華経《ほけきょう》の肝要《かんよう》を付嘱《ふぞく》し、未来《みらい》の弘通《ぐつう》を託《たく》します。

付嘱《ふぞく》の儀式《ぎしき》の後《あと》、舞台《ぶたい》は再《ふたた》び霊鷲山《りょうじゅせん》に戻《もど》ります。

薬王菩薩本事品第23《やくおうぼさつほんじほんだい》では、釈尊滅後《しゃくそんめつご》の「後《のち》の五百歳《ごひゃくさい》」に「閻浮提《えんぶだい》（全世界《ぜんせかい》）」に法華経《ほけきょう》を広宣流布《こうせんるふ》するよう促《うなが》されます。

そして各品《かくほん》で薬王《やくおう》・妙音《みょうおん》・観世音《かんぜおん》・普賢《ふげん》などの菩薩《ぼさつ》たちや毘沙門天《びしゃもんてん》・十羅刹女《じゅうらせつにょ》ら諸天《しょてん》善神《ぜんじん》が法華経《ほけきょう》を受持《じゅじ》する人々《ひとびと》を守護《しゅご》することを誓《ちか》います。

法華経《ほけきょう》における釈尊《しゃくそん》の説法《せっぽう》は、滅後《めつご》に法華経《ほけきょう》を受持《じゅじ》する者《もの》を最大《さいだい》に尊重《そんちょう》すべきことを説《と》き、「当《まさ》に起《た》って遠《とお》く迎《むか》うべきこと、当《まさ》に仏《ほとけ》を敬《うやま》うが如《ごと》くすべし（当起遠迎《とうきおんごう》、当如敬仏《とうにょきょうぶつ》）」という言葉《ことば》で締《し》めくくられています。

◇教学探検◇

法華経《ほけきょう》の説法《せっぽう》の列席者《れっせきしゃ》（生命《せいめい》に具《そな》わる十界《じっかい》を表現《ひょうげん》）

法華経《ほけきょう》の説法《せっぽう》には、実《じつ》に多様《たよう》で大勢《おおぜい》の聴衆《ちょうしゅう》が列席《れっせき》しています。釈尊《しゃくそん》や多宝如来《たほうにょらい》などの仏《ほとけ》、上行《じょうぎょう》をはじめとする地涌《じゆ》の菩薩《ぼさつ》や文殊師利《もんじゅしり》や弥勒《みろく》などの菩薩《ぼさつ》、舎利弗《しゃりほつ》らの声《しょう》聞《もん》、梵天《ぼんてん》や帝釈天《たいしゃくてん》などの天界《てんかい》の神々《かみがみ》、そのほか十羅刹女《じゅうらせつにょ》などの鬼神《きじん》や迦楼羅《かるら》など種々《しゅじゅ》の想像上《そうぞうじょう》の生《い》き物《もの》も登場《とうじょう》します。しかし、説法《せっぽう》の舞台《ぶたい》とされている霊鷲山《りょうじゅせん》には、それだけ多《おお》くの聴衆《ちょうしゅう》が集《あつ》まれる場所《ばしょ》はありません。

戸田《とだ》第《だい》2代会長《だいかいちょう》は「その何十万《なんじゅうまん》と集《あつ》まったのは釈尊《しゃくそん》己心《こしん》の声聞《しょうもん》であり、釈尊《しゃくそん》己心《こしん》の菩薩《ぼさつ》なのです。何千万《なんぜんまん》いたってさしつかえない」と語《かた》っています。

このことをふまえて、池田《いけだ》名誉《めいよ》会長《かいちょう》は「戸田先生《とだせんせい》は、法華経《ほけきょう》を、仏法を、人間《にんげん》の現実《じつ》とかけ離《はな》れた架空《かくう》の話《はなし》や、観念論《かんねんろん》にはさせたくなかった。また、絶対《ぜったい》にそうではないという確信《かくしん》があった。生命《せいめい》の法《ほう》であり、己心《こしん》の法《ほう》であることを如実《にょじつ》に知《し》っておられたのです」「法華経《ほけきょう》が表現《ひょうげん》しているのは、仏《ほとけ》の己心《こしん》の世界《せかい》、悟《さと》りの世界《せかい》です。何万人《なんまんにん》の大衆《たいしゅう》が登場《とうじょう》してもさしつかえない」(『法華《ほけ》経《きょう》の智慧《ちえ》』)と述《の》べています。

日蓮大聖人《にちれんだいしょうにん》は、「観心本尊抄《かんじんのほんぞんしょう》」で、久遠実《くおんじつ》成《じょう》の釈尊《しゃくそん》について「我《われ》らが己心《こしん》の釈尊《しゃくそん》は五《ご》百塵点乃至所顕《ひゃくじんでんないししょけん》の三身《さんじん》にして無始《むし》の古仏《こぶつ》なり」(247ページ)と述《の》べ、「上行《じょうぎょう》・無辺行《むへんぎょう》・浄《じょう》行《ぎょう》・安立行等《あんりゅうぎょうとう》は我《われ》らが己心《こしん》の菩薩《ぼさつ》なり」(同)と明《あ》かされています。

こうした列席者《れっせきしゃ》のそれぞれは、すべて生《せい》命《めい》のはたらきの象徴《しょうちょう》であり、生命《せいめい》に具《そな》わる十界《じっかい》を意味《いみ》しているといえます。

経文上《きょうもんじょう》に説《と》かれている物語《ものがたり》の表現《ひょうげん》の奥底《おうてい》には、現実《げんじつ》に生《い》きている人《ひと》の実践《じっせん》のためのメッセージ・意味《いみ》が秘《ひ》められています。文《もん》上《じょう》の教相《きょうそう》の表現《ひょうげん》にとらわれることなく、文《もん》底《てい》の観心《かんじん》の法理《ほうり》に迫《せま》り正《ただ》しく捉《とら》えていくことが大事《だいじ》です。

日蓮大聖人《にちれんだいしょうにん》は、滅後末法《めつごまっぽう》において忍難弘《にんなんぐ》通《つう》され、地涌《じゆ》の菩薩《ぼさつ》の上首《じょうしゅ》（指導者《しどうしゃ》、中心《ちゅうしん》者《しゃ》）である上行菩薩《じょうぎょうぼさつ》という自覚《じかく》に立《た》たれました。

これはあくまで経文《きょうもん》に即《そく》しての位置《いち》づけであり、外用《げゆう》（外《そと》に現《あらわ》れたはたらき）から見《み》た立場《たちば》です。

現実《げんじつ》の御振《おふ》る舞《ま》いに即《そく》して拝《はい》し、その内《ない》証《しょう》（内面《ないめん》の覚《さと》りの境地《きょうち》）からいえば、久遠元《くおんがん》初《じょ》の自受用報身如来《じじゅゆうほうしんにょらい》です〈第4章の2日蓮大聖《にちれんだいしょう》人《にん》と法華経《ほけきょう》の（2）上行菩薩《じょうぎょうぼさつ》、および、（3）末法《まっぽう》の御本仏《ごほんぶつ》を参照〉。

大聖人《だいしょうにん》は、経文《きょうもん》に説《と》かれた地涌《じゆ》の菩薩《ぼさつ》のような荘厳《そうごん》な姿《すがた》ではなく、凡夫《ぼんぷ》の身《み》のままで久遠元初《くおんがんじょ》の自受用報身如来《じじゅゆうほうしんにょらい》という仏《ほとけ》の境《きょう》地《ち》を顕《あらわ》して凡夫成仏《ぼんぷじょうぶつ》の道《みち》を開《ひら》かれました。

（3）諸法実相《しょほうじっそう》と久遠実成《くおんじつじょう》

万人成仏《ばんにんじょうぶつ》の原理《げんり》――諸法実相《しょほうじっそう》

法華経迹門《ほけきょうしゃくもん》の中心《ちゅうしん》となる教説《きょうせつ》は「諸法実相《しょほうじっそう》」と「二乗作仏《にじょうさぶつ》」です。

まず、「諸法実相《しょほうじっそう》」という法理《ほうり》は、方便品第《ほうべんぼんだい》2の中《なか》で説《と》かれます。

諸法実相《しょほうじっそう》の「諸法《しょほう》」とは、この現実世界《げんじつせかい》において、さまざまな様相《ようそう》をとって現《あらわ》れている〝すべての現象《げんしょう》、ものごと〟です。「実相《じっそう》」とは〝真実《しんじつ》のすがた〟〝究極《きゅうきょく》の真理《しんり》〟です。仏《ほとけ》がその広《ひろ》く深《ふか》い智慧《ちえ》で覚知《かくち》した万物《ばんぶつ》の真実《しんじつ》のすがたが「諸法実相《しょほうじっそう》」です。

さらにこの真実《しんじつ》を覚知《かくち》すれば、諸法《しょほう》と実相《じっそう》とが別々《べつべつ》のものではなく、諸法《しょほう》はそのまま実相《じっそう》の現《あらわ》れであり、実相《じっそう》は決《けっ》して諸法《しょほう》から離《はな》れてあるものではないことがわかります。

日蓮大聖人《にちれんだいしょうにん》は、天台大師《てんだいだいし》らの注釈《ちゅうしゃく》をふまえて、「諸法《しょほう》」とは具体的《ぐたいてき》には十界《じっかい》の衆生《しゅじょう》とその環境世界《かんきょうせかい》であり、「実相《じっそう》」とは妙法蓮華経《みょうほうれんげきょう》であると明確《めいかく》に明《あ》かされています。

「諸法実相抄《しょほうじっそうしょう》」で「下地獄《しもじごく》より上仏界《かみぶっかい》までの十界《じっかい》の依正《えしょう》の当体《とうたい》、ことごとく一法《いっぽう》ものこさず妙法蓮華経《みょうほうれんげきょう》のすがたなり」（1358㌻、通解――地獄界《じごくかい》から仏界《ぶっかい》までの十界《じっかい》の衆生《しゅじょう》とその環境世界《かんきょうせかい》は、すべて妙法蓮華経《みょうほうれんげきょう》の現《あらわ》れである）と言《い》われています。

諸法実相《しょほうじっそう》が説《と》かれたことによって、仏《ほとけ》はもちろん九界《きゅうかい》の衆生《しゅじょう》をすべて含《ふく》めた十界《じっかい》それぞれが、本質的《ほんしつてき》にすべて妙法蓮華経《みょうほうれんげきょう》（実相《じっそう》）として平等《びょうどう》であることが示《しめ》されます。それまで、仏《ほとけ》と九界《きゅうかい》の衆生《しゅじょう》（凡夫《ぼんぶ》）の間《あいだ》には越《こ》え難《がた》い断絶《だんぜつ》があると考《かんが》えられていましたが、この壁《かべ》が取《と》り払《はら》われたのです。つまり、仏《ほとけ》と九界《きゅうかい》の衆生《しゅじょう》は、現実《げんじつ》にはそれぞれ違《ちが》った様《よう》相《そう》をとって現《あらわ》れているが、生命《せいめい》としてその本質《ほんしつ》はまったく同《おな》じで、決定的《けっていてき》な差別《さべつ》はないのであり、九界《きゅうかい》の衆生《しゅじょう》も、どのような境涯《きょうがい》にあっても成仏《じょうぶつ》が原理的《げんりてき》に可能《かのう》なのです。

方便品《ほうべんぽん》では、さらに「衆生《しゅじょう》に仏知見《ぶっちけん》を開《ひら》かせ、示《しめ》し、悟《さと》らせ、仏知見《ぶっちけん》を得《え》る道《みち》に入《はい》らせる」ことが仏《ほとけ》たちが世《よ》の中《なか》に出現《しゅつげん》する根本《こんぽん》の目的《もくてき》（出世《しゅっせ》の本懐《ほんかい》）であると説《と》かれます。すなわち、万人《ばんにん》の生命《せいめい》に平等《びょうどう》に具《そな》わる仏知見《ぶっちけん》（仏《ほとけ》の智慧《ちえ》の境涯《きょうがい》）を開《ひら》かせ、それに基《もと》づく実践《じっせん》を行《おこな》って、一切衆生《いっさいしゅじょう》を成仏《じょうぶつ》させて、自身《じしん》と等《ひと》しい仏《ほとけ》の境涯《きょうがい》に到達《とうたつ》させること（如《にょ》我等無異《がとうむい》）こそ、釈尊《しゃくそん》はじめ仏《ほとけ》たちの根本《こんぽん》の願《ねが》いであり、仏法《ぶっぽう》の根本目的《こんぽんもくてき》なのです。

そして、「諸法実相《しょほうじっそう》」という万人《ばんにん》が成仏《じょうぶつ》できる原理《げんり》を踏《ふ》まえて、具体的《ぐたいてき》に、これまで法華経以前《ほけきょういぜん》の経典《きょうてん》では、成仏《じょうぶつ》できないとされてきた二乗《にじょう》たちの成仏《じょうぶつ》が示《しめ》されていきます。

また、同《おな》じく否定《ひてい》されてきた悪人成仏《あくにんじょうぶつ》、女人成仏《にょにんじょうぶつ》も説《と》き示《しめ》されます。

永遠《えいえん》の仏《ほとけ》――久遠実成《くおんじつじょう》

法華経本門《ほけきょうほんもん》の中心的《ちゅうしんてき》な法理《ほうり》は「久遠実成《くおんじつじょう》」です。この「久遠実成《くおんじつじょう》」は、如来寿量品第《にょらいじゅりょうほんだい》16の中《なか》で説《と》かれます。

すなわち、「我《わ》れは実《じつ》に成仏《じょうぶつ》してより已来《このかた》、無量無辺百千万億那由他劫《むりょうむへんひゃくせんまんおくなゆたこう》なり」（法華経478ページ）と説《と》かれます。

これによって、釈尊《しゃくそん》が今世《こんぜ》で初《はじ》めて成仏《じょうぶつ》した（始成正覚《しじょうしょうがく》）というこれまでの考《かんが》え方《かた》を打《う》ち破《やぶ》り、釈尊《しゃくそん》は実《じつ》は五百塵点劫《ごひゃくじんてんごう》という、はるか久遠《くおん》の昔《むかし》に成仏《じょうぶつ》して以来《いらい》、この娑婆世界《しゃばせかい》に常住《じょうじゅう》する仏《ほとけ》、つまり永遠《えいえん》の仏《ほとけ》であることが明《あ》かされます。

爾前経《にぜんきょう》（法華経以前《いぜん》に説《と》かれたとされる経《きょう》）や法華経迹門《ほけきょうしゃくもん》までは、釈尊《しゃくそん》は古代《こだい》インドのシャカ族《ぞく》の国《くに》に王子《おうじ》として生《う》まれ、出家《しゅっけ》し、修行《しゅぎょう》の末《すえ》にガヤーの郊外《こうがい》（のちのブッダガヤ）の菩提樹《ぼだいじゅ》の下《もと》で初《はじ》めて仏《ほとけ》になったと、だれもが信《しん》じていました。釈尊《しゃくそん》が過去世《かこせ》に長《なが》い間《あいだ》、仏道修行《ぶつどうしゅぎょう》を積《つ》み重《かさ》ねて、それを原因《げんいん》とし、その結果《けっか》として得《え》た功徳《くどく》の報《むく》いによって、今世《こんぜ》で初《はじ》めて成仏《じょうぶつ》したという始成正覚《しじょうしょうがく》の考《かんが》え方《かた》です。

ところが、久遠実成《くおんじつじょう》は、そうした従来《じゅうらい》の釈尊像《しゃくそんぞう》を根本的《こんぽんてき》に覆《くつがえ》すものです。

寿量品《じゅりょうほん》では、釈尊《しゃくそん》が成仏《じょうぶつ》して以来《いらい》の長遠《ちょうおん》な期間《きかん》が、ほとんど無限《むげん》といってよいほど長《なが》いことを五百塵点劫《ごひゃくじんてんごう》の譬《たと》えを用《もち》いて説明《せつめい》されています。これは仏《ほとけ》の生命境涯《せいめいきょうがい》（仏界《ぶっかい》）が常住《じょうじゅう》であり、永遠《えいえん》であることを示《しめ》しています。

また、釈尊《しゃくそん》は、久遠実成《くおんじつじょう》という本来《ほんらい》の境地《きょうち》（本地《ほんじ》）を明《あ》かした後《あと》でも「私が、もともと菩薩《ぼさつ》の道《みち》を実践《じっせん》して（我本行菩薩道《がほんぎょうぼさつどう》）、成就《じょうじゅ》した寿命《じゅみょう》は、今《いま》なお尽《つ》きていない」と示《しめ》します。久遠実成《くおんじつじょう》の釈尊《しゃくそん》は、これからも菩薩《ぼさつ》としての寿命《じゅみょう》が永続《えいぞく》しているので、本当《ほんとう》は入滅《にゅうめつ》することはないのだが、一旦《いったん》は入滅《にゅうめつ》した様相《ようそう》を方便《ほうべん》として示《しめ》す（方便現涅槃《ほうべんげんねはん》）と説《と》かれています。

さらに、この永遠《えいえん》の仏《ほとけ》は、入滅《にゅうめつ》してもなお、九界《きゅうかい》の凡夫《ぼんぷ》たちが住《す》む娑婆世界《しゃばせかい》に常住《じょうじゅう》しており、人々《ひとびと》が一心《いっしん》に仏《ほとけ》を求《もと》めて身命《しんみょう》を惜《お》しまず仏道《ぶつどう》に励《はげ》むなら、いつでも姿《すがた》を示《しめ》すと説《と》いています。娑婆世界《しゃばせかい》こそが永遠《えいえん》の仏《ほとけ》の住《す》む常寂光土《じょうじゃっこうど》にほかならない（娑婆即寂光《しゃばそくじゃっこう》）と明《あ》かします。

この説法《せっぽう》が意味《いみ》することは、釈尊《しゃくそん》の一身《いっしん》の生命《せいめい》において、仏界《ぶっかい》の境地《きょうち》が常住《じょうじゅう》であるとともに、九界《きゅうかい》の境地《きょうち》も常住《じょうじゅう》であるということです。ここから、万人《ばんにん》の生命《せいめい》においても、十界《じっかい》のいずれの姿《すがた》を現《げん》じていようと、十界《じっかい》が本来《ほんらい》、常住《じょうじゅう》であることがわかります。すなわち、十界互具《じっかいごぐ》が、だれでも、いつでも、どこでも、成《な》り立《た》つのです。

だれもが、本来《ほんらい》、仏《ほとけ》の境地《きょうち》を自身《じしん》の生命《せいめい》に、因《いん》として具《そな》えているゆえに、縁《えん》に応《おう》じて、いつでも、どこでも成仏《じょうぶつ》の果報《かほう》を自身《じしん》と環境《かんきょう》に実現《じつげん》することが可能《かのう》なのです。

久遠《くおん》の過去《かこ》から無限《むげん》の未来《みらい》まで、本来《ほんらい》、だれもが仏《ほとけ》であるという生命《せいめい》の真実《しんじつ》を明《あ》かすのが、久遠実成《くおんじつじょう》の法理《ほうり》です。

（4）地涌《じゆ》の菩薩《ぼさつ》

地涌《じゆ》の菩薩《ぼさつ》とは、従地涌出品第15《じゅうじゆじゅっぽんだい》で、釈尊《しゃくそん》が滅後《めつご》の悪世《あくせ》の弘通《ぐつう》を託《たく》すために呼《よ》び出《だ》した無数《むすう》の菩薩《ぼさつ》をいいます。大地《だいち》を破《やぶ》って涌《わ》き出《で》たので地涌《じゆ》の菩薩《ぼさつ》といいます。それまで娑婆世界《しゃばせかい》の地《ち》の下《した》の虚空《こくう》にいたとされますが、そのことは、根源《こんげん》の真理《しんり》の世界《せかい》に住《じゅう》していたことを意味《いみ》します。

この地涌《じゆ》の菩薩《ぼさつ》の数《かず》は無数《むすう》であり、その一人《ひとり》ひとりが六万恒河沙《ろくまんごうがしゃ》などの眷属《けんぞく》（仲間《なかま》）を率《ひき》いていたと説《と》かれます。それゆえ、六万恒河沙《ろくまんごうがしゃ》の菩薩《ぼさつ》と呼《よ》ばれることがあります。「恒河《ごうが》」とはインドのガンジス河《がわ》のことで、その砂《すな》の数《かず》を一恒河沙《いちごうがしゃ》といいます。六万恒《ろくまんごう》河沙《がしゃ》とはその6万倍《まんばい》です。

この地涌《じゆ》の菩薩《ぼさつ》は、久遠《くおん》の昔《むかし》から常《つね》に釈尊《しゃくそん》に教化《きょうけ》され、〝成仏《じょうぶつ》のための根源《こんげん》の法《ほう》〟をすでに所持《しょじ》しており、釈尊《しゃくそん》と同《おな》じ仏《ほとけ》としての境地《きょうち》を内《うち》に持《たも》ちながら、菩薩《ぼさつ》の姿《すがた》で悪世末《あくせまっ》法《ぽう》に妙法《みょうほう》を広宣流布《こうせんるふ》していく使命《しめい》を帯《お》びているのです。

この地涌《じゆ》の菩薩《ぼさつ》は、上行菩薩《じょうぎょうぼさつ》、無辺行菩薩《むへんぎょうぼさつ》、浄行菩薩《じょうぎょうぼさつ》、安立行菩薩《あんりゅうぎょうぼさつ》という4人《にん》の導師《どうし》（衆生《しゅじょう》を導《みちび》くリーダー）に率《ひき》いられています。上行菩薩《じょうぎょうぼさつ》らは、如来神力品第《にょらいじんりきほんだい》21において、仏《ほとけ》の滅後《めつご》に真実《しんじつ》の大法《だいほう》を広《ひろ》めることを誓《ちか》うとともに、その誓願《せいがん》に応《おう》じ釈尊《しゃくそん》から滅後《めつご》の弘教《ぐきょう》を付嘱《ふぞく》されます。付嘱《ふぞく》とは、未来《みらい》に法《ほう》を弘通《ぐつう》することを託《たく》すことです。

これらは経文《きょうもん》に説《と》かれている通《とお》りですが、重大《じゅうだい》な問題《もんだい》が残《のこ》されています。それは、法《ほ》華経《けきょう》が真実《しんじつ》なら、事実《じじつ》の上《うえ》で地涌《じゆ》の菩薩《ぼさつ》が出現《しゅつげん》するのは仏《ほとけ》の滅後《めつご》のいつなのか、広《ひろ》める大法《だいほう》とは何《なに》かという問題《もんだい》です。

大聖人《だいしょうにん》は、虚空会《こくうえ》の説法《せっぽう》の内容全体《ないようぜんたい》から、地涌《じゆ》の菩薩《ぼさつ》が出現《しゅつげん》する時《とき》は、滅後《めつご》の中《なか》でも悪世末法《あくせまっぽう》であり、広《ひろ》める大法《だいほう》とは南無妙法蓮華経《なんみょうほうれんげきょう》であると明《あ》かされています。

そして、この法華経《ほけきょう》の付嘱《ふぞく》の通《とお》り、末法《まっぽう》の初《はじ》めに出現《しゅつげん》して、南無妙法蓮華経《なんみょうほうれんげきょう》を万人《ばんにん》に説《と》き、不惜身命《ふしゃくしんみょう》で弘通《ぐつう》された方《かた》こそ、日蓮大聖人御自身《にちれんだいしょうにんごじしん》です。この意義《いぎ》から、大聖人御《だいしょうにんご》自身《じしん》こそ地涌《じゆ》の菩薩《ぼさつ》、なかんずく上行菩薩《じょうぎょうぼさつ》に当《あ》たります。

大聖人《だいしょうにん》と同《おな》じ精神《せいしん》で広宣流布《こうせんるふ》に励《はげ》む人《ひと》が地涌《じゆ》の菩薩《ぼさつ》

また、「諸法実相抄《しょほうじっそうしょう》」に「いかにも、今度《こんど》、信心《しんじん》をいたして法華経《ほけきょう》の行者《ぎょうじゃ》にてとおり、日蓮《にちれん》が一門《いちもん》となりとおし給《たも》うべし。日蓮《にちれん》と同意《どうい》ならば、地涌《じゆ》の菩薩《ぼさつ》たらんか。地《じ》涌《ゆ》の菩薩《ぼさつ》にさだまりなば、釈尊久遠《しゃくそんくおん》の弟子《でし》たること、あに疑《うたが》わんや」（1360ページ）と仰《おお》せのように、日蓮大聖人《にちれんだいしょうにん》の教《おし》えを信受《しんじゅ》して、大聖人《だいしょうにん》の御精神《ごせいしん》の通《とお》り、折伏《しゃくぶく》・弘教《ぐきょう》を通《とお》し、広布《こうふ》の実践《じっせん》に励《はげ》む私たち一人《ひとり》ひとりも、すべて地涌《じゆ》の菩薩《ぼさつ》であり、末法《まっぽう》の御本仏《ごほんぶつ》・日蓮大聖人《にちれんだいしょうにん》の本物《ほんもの》の弟子《でし》なのです。

（5）不軽菩薩《ふきょうぼさつ》

仏《ほとけ》の滅後《めつご》の悪世《あくせ》に、正法《しょうほう》を弘通《ぐつう》する実践《じっせん》の在《あ》り方《かた》を示《しめ》したのが、常不軽菩薩品第《じょうふきょうぼさつほんだい》20に説《と》かれる不軽菩薩《ふきょうぼさつ》の実践《じっせん》です。

不軽菩薩《ふきょうぼさつ》は、釈尊《しゃくそん》が過去世《かこせ》に修行《しゅぎょう》していた時《とき》の姿《すがた》の一つです。不軽菩薩《ふきょうぼさつ》は「二十四文字《にじゅうよんもじ》の法華経《ほけきょう》」を説《と》いて、自身《じしん》を迫害《はくがい》する人々《ひとびと》をも含《ふく》めてあらゆる人々《ひとびと》を礼拝《らいはい》し続《つづ》けました。

「二十四文字《にじゅうよんもじ》の法華経《ほけきょう》」とは、法華経《ほけきょう》の肝要《かんよう》を表《あらわ》す経文《きょうもん》が漢字《かんじ》で24文字《もじ》であることから名《な》づけられたもので、その内容《ないよう》は次《つぎ》の通《とお》りです。

「我《わ》れは深《ふか》く汝等《なんだち》を敬《うやま》い、敢《あえ》て軽慢《きょうまん》せず。所以《ゆえん》は何《いか》ん、汝等《なんだち》は皆《み》な菩薩《ぼさつ》の道《どう》を行《ぎょう》じて、当《まさ》に作仏《さぶつ》することを得《う》べし」(法華経557ジペー、通解——私は深《ふか》くあなたたちを敬《うやま》い、決《けっ》して軽《かろ》んじない。なぜかといえば、あなたたちは皆《みな》、菩薩《ぼさつ》の修行《しゅぎょう》をすれば成仏《じょうぶつ》することができるからである)

ここには、万人《ばんにん》の生命《せいめい》には仏性《ぶっしょう》が内在《ないざい》しているゆえに、ありとあらゆる人《ひと》の生命《せいめい》を敬《うやま》うという法華経《ほけきょう》の思想《しそう》が端的《たんてき》に示《しめ》されています。

不軽菩薩《ふきょうぼさつ》は、この「二十四文字《にじゅうよんもじ》の法華経《ほけきょう》」を説《と》きながら、慢心《まんしん》の人々《ひとびと》から杖《つえ》で打《う》とうと襲《おそ》いかかられたり、石《いし》を投《な》げられたりするなどの迫害《はくがい》にあっても、忍耐強《にんたいづよ》く、礼拝行《らいはいぎょう》を貫《つらぬ》き通《とお》し、その功徳《くどく》で仏《ほとけ》になったのです。

悪世末法《あくせまっぽう》は、「争《あらそ》い」の時代《じだい》でもあります。争《あらそ》いの時代《じだい》を変革《へんかく》するためには、一人《ひと》ひとりが「自他《じた》の仏性《ぶっしょう》」を信《しん》じ、「人《ひと》を敬《うやま》う」行動《こうどう》を続《つづ》ける以外《いがい》にありません。「人《ひと》を敬《うやま》う」という、人間《にんげん》としての最高《さいこう》の振《ふ》る舞《ま》いを説《と》き、万人《ばんにん》が同《おな》じ実践《じっせん》を貫《つらぬ》くように教《おし》えたのが仏教《ぶっきょう》です。

大聖人《だいしょうにん》は、「人《ひと》の振《ふ》る舞《ま》い」について、次《つぎ》のように仰《おお》せです。

「一代《いちだい》の肝心《かんじん》は法華経《ほけきょう》、法華経《ほけきょう》の修行《しゅぎょう》の肝心《かんじん》は不軽品《ふきょうぼん》にて候《そうろう》なり。不軽菩薩《ふきょうぼさつ》の人《ひと》を敬《うやま》いしは、いかなることぞ。教主釈尊《きょうしゅしゃくそん》の出世《しゅっせ》の本懐《ほんかい》は、人《ひと》の振《ふ》る舞《ま》いにて候《そうら》いけるぞ。穴《あな》賢《かしこ》、穴賢《あなかしこ》。賢《かしこ》きを人《にん》といい、はかなきを畜《ちく》という」（1174ジペー）

自他《じた》の仏性《ぶっしょう》を信《しん》じ、現《あらわ》していく不軽菩薩《ふきょうぼさつ》の実践《じっせん》に象徴《しょうちょう》されるような「人《ひと》の振《ふ》る舞《ま》い」を体得《たいとく》していくことこそが、仏法《ぶっぽう》の目的《もくてき》であることが明確《めいかく》に示《しめ》されています。

2 日蓮大聖人《にちれんだいしょうにん》と法華経《ほけきょう》

ここでは、末法《まっぽう》に法華経《ほけきょう》を弘通《ぐつう》すれば大難《だいなん》が必然的《ひつぜんてき》に起《お》こること、また、日蓮大聖人《にちれんだいしょうにん》が経文通《きょうもんどお》りの大難《だいなん》を受《う》けて法華経《ほけきょう》を弘通《ぐつう》し、法華経《ほけきょう》を身《み》をもって読《よ》まれ、法華経《ほけきょう》を証明《しょうめい》された「法華経《ほけきょう》の行者《ぎょうじゃ》」であることを学《まな》びます。

(1) 末法《まっぽう》の法華経《ほけきょう》の行者《ぎょうじゃ》

法華経《ほけきょう》を証明《しょうめい》された大聖人《だいしょうにん》

日蓮大聖人《にちれんだいしょうにん》は、法華経《ほけきょう》の経文通《きょうもんどお》りに実践《じっせん》し、大難《だいなん》を越《こ》えて妙法《みょうほう》を弘通《ぐつう》した御自身《ごじしん》のことを、「法華経《ほけきょう》の行者《ぎょうじゃ》」と仰《おお》せになっています。

法華経《ほけきょう》には、釈尊《しゃくそん》の滅後《めつご》において、法華経《ほけきょう》を信《しん》じ、行《ぎょう》じ、広《ひろ》めていく者《もの》に対《たい》しては、さまざまな迫害《はくがい》が加《くわ》えられることが説《と》かれています。
以下《いか》に、経文《きょうもん》にどのように説《と》かれているかを説明《せつめい》していきます。

① 猶多怨嫉《ゆたおんしつ》・況滅度後《きょうめつどご》

法師品第《ほっしほんだい》10には、「如来現在猶多怨嫉《にょらいげんざいゆたおんしつ》。況滅度後《きょうめつどご》」（法華経362ページ）と説《と》かれています。これは、「如来《にょらい》の現《げん》に在《いま》すすら猶《なお》怨嫉《おんしつ》多《おお》し。況《いわ》んや滅度《めつど》の後《のち》をや」と読《よ》み、〝法華経《ほけきょう》を説《と》く時《とき》には釈尊《しゃくそん》がいる時代《じだい》にあっても、なお怨嫉《おんしつ》（反発《はんぱつ》・敵対《てきたい》）が多《おお》い。まして滅後《めつご》の時代《じだい》となれば、釈尊《しゃくそん》の時代《じだい》以上《いじょう》の怨嫉《おんしつ》がある〟という意味《いみ》です。

末法《まっぽう》にあって、この経文通《きょうもんどお》りに、釈尊在世《しゃくそんざいせ》よりも激《はげ》しい怨嫉《おんしつ》の難《なん》を受《う》けたのは日蓮大《にちれんだい》聖人《しょうにん》だけです。

② 六難九易《ろくなんくい》

見宝塔品第《けんほうとうほんだい》11では、六難九易《ろくなんくい》を説《と》いて、滅後《めつご》に法華経《ほけきょう》を受持《じゅじ》し、広《ひろ》めることが困難《こんなん》であることを強調《きょうちょう》し、菩薩《ぼさつ》たちに、釈尊滅後《しゃくそんめつご》に法華経《ほけきょう》を弘通《ぐつう》する誓《ちか》いを立《た》てるように勧《すす》めています。

「六難《ろくなん》」とは、滅後《めつご》に法華経《ほけきょう》を①説《と》き、②書《か》き、③読《よ》み、④一人《ひとり》のために説《と》き、⑤意義《いぎ》を問《と》い、⑥受持《じゅじ》する、これら六つの困難《こんなん》です。

「九易《くい》」とは、例《たと》えば、「須弥山《しゅみせん》を他《た》の無数《むすう》の仏土《ぶつど》に投《な》げ置《お》くこと」「大地《だいち》を足《あし》の甲《こう》に置《お》いて梵天《ぼんてん》まで昇《のぼ》ること」「乾《かわ》いた草《くさ》を背負《せお》って大火《たいか》の中《なか》に入《はい》っても焼《や》けないこと」「ガンジス河《がわ》の砂《すな》の数《かず》ほどの経典《きょうてん》を説《と》くこと」などの九つです。

ここで九易《くい》として挙《あ》げられている九つの事例《じれい》は、いずれも、普通《ふつう》ではとても不可能《ふかのう》なことですが、滅後悪世《めつごあくせ》に法華経《ほけきょう》を広《ひろ》める六つの難事《なんじ》に比《くら》べれば、まだ易《やさ》しいことであると説《と》かれているのです。

なぜ法華経《ほけきょう》を広《ひろ》めることが難《むずか》しいのかといえば、現実《げんじつ》の上《うえ》で迫害《はくがい》、反発《はんぱつ》などの「難《なん》」が起《お》こるからです。

このように説《と》いて、至難中《しなんちゅう》の至難事《しなんじ》である滅後悪世《めつごあくせ》の法華経《ほけきょう》弘通《ぐつう》を勧《すす》める仏《ほとけ》の心《こころ》を強《つよ》く示《しめ》しているのです。

③ 三類《さんるい》の強敵《ごうてき》

勧持品第《かんじほんだい》13の二十行《にじゅうぎょう》の偈《げ》（詩《し》の形《かたち》の経文《きょうもん》）には、悪世末法《あくせまっぽう》の時代《じだい》に法華経《ほけきょう》を広《ひろ》める者《もの》には3種類《しゅるい》の強烈《きょうれつ》な迫害者《はくがいしゃ》、すなわち「三類《さんるい》の強敵《ごうてき》」が出現《しゅつげん》することが示《しめ》されています（本書95ジペー参照）。

三類《さんるい》の強敵《ごうてき》のそれぞれは、俗衆増上慢《ぞくしゅぞうじょうまん》、道門増上慢《どうもんぞうじょうまん》、僭聖増上慢《せんしょうぞうじょうまん》と呼《よ》ばれます。

第1の俗衆増上慢《ぞくしゅぞうじょうまん》は、法華経《ほけきょう》の行者《ぎょうじゃ》を迫害《はくがい》する、仏法《ぶっぽう》に無知《むち》な衆生《しゅじょう》です。大聖人《だいしょうにん》は、経文通《きょうもんどお》り、法華経《ほけきょう》を弘通《ぐつう》したことによって、悪口罵詈《あっくめり》（悪口《わるくち》や罵《ののし》る言葉《ことば》）を浴《あ》び、刀《かたな》の難《なん》や、杖《つえ》の難《なん》を受《う》けています。

第2の道門増上慢《どうもんぞうじょうまん》は、法華経《ほけきょう》の行者《ぎょうじゃ》を迫害《はくがい》する出家者《しゅっけしゃ》です。大聖人御在世《だいしょうにんございせ》の諸宗《しょしゅう》の僧《そう》は、自分《じぶん》の劣《おと》った考《かんが》えに執着《しゅうちゃく》し、法華経《ほけきょう》を誹謗《ひぼう》し、大聖人《だいしょうにん》を迫害《はくがい》しました。

第3の、僭聖増上慢《せんしょうぞうじょうまん》の「僭聖《せんしょう》」とは〝聖者《せいじゃ》を装《よそお》う〟高僧《こうそう》ですが、日蓮大聖人《にちれんだいしょうにん》の時代《じだい》においては、極楽寺良観《ごくらくじりょうかん》（忍性《にんしょう》）らが、この僭聖増上慢《せんしょうぞうじょうまん》にあてはまります。表面的《ひょうめんてき》には、鎌倉《かまくら》の人々《ひとびと》から聖者《せいじゃ》のように尊敬《そんけい》を集《あつ》めていましたが、その実態《じったい》は、自分《じぶん》の利益《りえき》のみを貪《むさぼ》り、悪心《あくしん》を抱《いだ》いて、法華経《ほけきょう》の行者《ぎょうじゃ》を陥《おとしい》れようとしたのです。すなわち良観《りょうかん》らは、幕府《ばくふ》要人《ようじん》の夫人《ふじん》たちに取《と》り入《い》り、讒言《ざんげん》によって権力者《けんりょくしゃ》を動《うご》かし、大聖人《だいしょうにん》を弾圧《だんあつ》しようと画策《かくさく》しました。それが竜《たつ》の口《くち》の法難《ほうなん》・佐渡流罪《さどるざい》につながったのです。

なお、大聖人《だいしょうにん》は、伊豆流罪《いずるざい》と佐渡流罪《さどるざい》の2度《ど》にわたる流刑《るけい》を受《う》けることで、勧持品《かんじほん》二十行《にじゅうぎょう》の偈《げ》に説《と》かれる「数数見擯出《さくさくけんひんずい》（何度《なんど》も、所《ところ》を追《お》われること）」の経文《きょうもん》を身《み》で読《よ》んだことになると言《い》われています。

大聖人《だいしょうにん》は、まさに、経文通《きょうもんどお》り、三類《さんるい》の強敵《ごうてき》による大難《だいなん》にあわれたのです。

大聖人《だいしょうにん》が法華経《ほけきょう》を身読《しんどく》

大聖人《だいしょうにん》は、法華経《ほけきょう》を広《ひろ》めたために難《なん》にあわれたことが、経文《きょうもん》に示《しめ》されている予言《よげん》にことごとく符合《ふごう》することから、「撰時抄《せんじしょう》」では、「日蓮《にちれん》は日本第一《にほんだいいち》の法華経《ほけきょう》の行者《ぎょうじゃ》なるこ

第4章

と、あえて疑《うたが》いなし」（284ジペー）、「日蓮《にちれん》は閻浮第一《えんぶだいいち》の法華経《ほけきょう》の行者《ぎょうじゃ》なり」（266ジペー）と仰《おお》せです。

このように見《み》ると法華経《ほけきょう》は、末法《まっぽう》における大聖人《だいしょうにん》の御出現《ごしゅつげん》とその御振《おふ》る舞《ま》いを予言《よげん》した経典《きょうてん》ととらえることができます。

逆《ぎゃく》に、大聖人《だいしょうにん》が、法華経《ほけきょう》を身《み》をもって読《よ》まれた（身読《しんどく》）ことによって、法華経《ほけきょう》が虚妄《こもう》にならずにすみ、釈尊《しゃくそん》の言葉《ことば》が真実《しんじつ》であることを証明《しょうめい》したことになるのです。

（2）上行菩薩《じょうぎょうぼさつ》

日蓮大聖人《にちれんだいしょうにん》が、ただ一人立《ひとりた》ち上《あ》がり、他《た》に先駆《さきが》けて、末法《まっぽう》の法華経《ほけきょう》の行者《ぎょうじゃ》として、命《いのち》を懸《か》けて妙法《みょうほう》の弘通《ぐつう》に励《はげ》まれたことは、大聖人《だいしょうにん》が釈尊《しゃくそん》から末法弘通《まっぽうぐつう》の付嘱《ふぞく》を受《う》けた上行《じょうぎょう》菩薩《ぼさつ》に当《あ》たることを証明《しょうめい》しています。

法華経如来神力品第21《ほけきょうにょらいじんりきほんだい》には、末法《まっぽう》の弘教《ぐきょう》を託《たく》された上行菩薩《じょうぎょうぼさつ》ら地涌《じゆ》の菩薩《ぼさつ》が、現実世《げんじつせ》界《かい》で人々《ひとびと》の闇《やみ》を照《て》らす太陽《たいよう》や月《つき》であると説《と》かれています。

また、従地涌出品第15《じゅうじゆじゅっぽんだい》では、世間《せけん》という泥《どろ》の中《なか》にあって、煩悩《ぼんのう》にわずらわされることなく、清《きよ》らかな覚《さと》りの華《はな》を開《ひら》き、実《み》をならせる蓮華《れんげ》であると説《と》かれています。

このことは上行菩薩《じょうぎょうぼさつ》が釈尊滅後《しゃくそんめつご》に釈尊《しゃくそん》に代《か》わって人々《ひとびと》を成仏《じょうぶつ》へと教《おし》え導《みちび》く「末法《まっぽう》の教主《きょうしゅ》」であることを示《しめ》しています。

外用《げゆう》は地涌《じゆ》の菩薩《ぼさつ》の上首《じょうしゅ》・上行菩薩《じょうぎょうぼさつ》　内証《ないしょう》は久遠元初《くおんがんじょ》の自受用報身如来《じじゅゆうほうしんにょらい》

日蓮大聖人《にちれんだいしょうにん》は、自《みずか》ら「日蓮《にちれん》」と名乗《なの》られて、法華経《ほけきょう》の行者《ぎょうじゃ》として民衆救済《みんしゅうきゅうさい》の行動《こうどう》を貫《つらぬ》かれました。神力品《じんりきほん》、涌出品《ゆじゅっぽん》の経文《きょうもん》に説《と》かれる太陽《たいよう》・月《つき》と蓮華《れんげ》の役割《やくわり》を担《にな》う上行菩薩《じょうぎょうぼさつ》のはたらきを発揮《はっき》されたものと拝《はい》せます。

日蓮大聖人《にちれんだいしょうにん》は、外用《げゆう》（外面《がいめん》の姿《すがた》、はたらき）としては、釈尊《しゃくそん》から付嘱《ふぞく》を受《う》けた、地涌《じゆ》の菩薩《ぼさつ》の上首《じょうしゅ》（指導者《しどうしゃ》、中心者《ちゅうしんしゃ》）である上行菩薩《じょうぎょうぼさつ》です。これに対《たい》して、大聖人《だいしょうにん》の内証《ないしょう》（内心《ないしん》の覚《さと》りの境涯《きょうがい》）は、久遠元初《くおんがんじょ》の自受用報身如来《じじゅゆうほうしんにょらい》です。

「久遠元初《くおんがんじょ》」とは、私たちの実践《じっせん》に即《そく》していえば、凡夫《ぼんぷ》が妙法《みょうほう》を自身《じしん》の生命《せいめい》に開《ひら》き顕《あらわ》す根源的《こんげんてき》な成仏《じょうぶつ》の時《とき》を意味《いみ》します。

私たちが南無妙法蓮華経《なんみょうほうれんげきょう》の御本尊《ごほんぞん》を信《しん》じて自身《じしん》の内《うち》なる妙法《みょうほう》を開《ひら》き顕《あらわ》すことは、自身《じしん》に久遠元初《くおんがんじょ》の仏《ほとけ》の生命境涯《せいめいきょうがい》を現《あらわ》すことです。久遠元初《くおんがんじょ》の仏《ほとけ》の実践《じっせん》を、現在《げんざい》の凡夫《ぼんぷ》の私たちが、我《わ》が身《み》の上《うえ》に再現《さいげん》することになります。

久遠元初《くおんがんじょ》の仏《ほとけ》とは、生命《せいめい》それ自体《じたい》がもつ尊厳性《そんげんせい》、人格《じんかく》の価値《かち》をそのまま発揮《はっき》した仏《ほとけ》なのです。

「自受用報身《じじゅゆうほうしん》」とは、自受用身《じじゅゆうしん》ともいいます。自受用身《じじゅゆうしん》とは「ほしいままに受《う》け用《もち》いる身《み》」です。報身《ほうしん》とは、智慧《ちえ》を具《そな》え功徳《くどく》の果報《かほう》に満《み》ちた仏《ほとけ》の身《み》です。

すなわち、〝凡夫自身《ぼんぷじしん》が、実《じつ》は永遠《えいえん》にして根源的《こんげんてき》な妙法《みょうほう》そのものである〟と覚知《かくち》する智慧《ちえ》をもつとともに、妙法《みょうほう》の無限《むげん》の功徳《くどく》を自《みずか》ら受《う》け自在《じざい》に用《もち》いる仏《ほとけ》の身《み》なのです。

大聖人《だいしょうにん》は、法華経《ほけきょう》の行者《ぎょうじゃ》としていくつもの大難《だいなん》を乗《の》り越《こ》え、文永《ぶんえい》8年（1271年）9月12日の竜《たつ》の口《くち》の法難《ほうなん》を勝《か》ち越《こ》えた時《とき》に、宿業《しゅくごう》や苦悩《くのう》を抱《かか》えた凡夫《ぼんぷ》という迹《しゃく》（衆生《しゅじょう》を救《すく》うための便宜上《べんぎじょう》の姿《すがた》）を開《ひら》いて、久遠元初《くおんがんじょ》の自受用報身如来《じじゅゆうほうしんにょらい》という本来《ほんらい》の境地《きょうち》（本地《ほんじ》）を、凡《ぼん》夫《ぷ》の身《み》に開《ひら》き顕《あらわ》されました（発迹顕本《ほっしゃくけんぽん》）。

そして、根源《こんげん》の仏《ほとけ》の生命境涯《せいめいきょうがい》を法華経《ほけきょう》の虚空会《こくうえ》の儀式《ぎしき》を借《か》りて曼荼羅《まんだら》に顕《あらわ》し、末法《まっぽう》の人々《ひとびと》が信《しん》じ受持《じゅじ》すべき御本尊《ごほんぞん》として図顕《ずけん》されていきます。

私たちは、御本尊《ごほんぞん》を手本《てほん》・鏡《かがみ》として拝《はい》し、自身《じしん》が妙法《みょうほう》そのものであると信《しん》じて南無妙《なんみょう》法蓮華経《ほうれんげきょう》と唱《とな》え、他《た》の人々《ひとびと》にも教《おし》え広《ひろ》めていく時《とき》、日蓮大聖人《にちれんだいしょうにん》と同《おな》じく、わが生命《せいめい》の妙《みょう》法《ほう》を現《あらわ》し仏《ほとけ》の境地《きょうち》を開《ひら》いてその功徳《くどく》を受《う》けることができるのです。

（3）末法《まっぽう》の御本仏《ごほんぶつ》

日蓮大聖人《にちれんだいしょうにん》は、法華経《ほけきょう》の文底《もんてい》に秘《ひ》められていた、万人成仏《ばんにんじょうぶつ》を実現《じつげん》する肝心《かんじん》の法《ほう》を、南《な》無妙法蓮華経《んみょうほうれんげきょう》として顕《あらわ》し、広《ひろ》められたのです。それゆえ、私たちは日蓮大聖人《にちれんだいしょうにん》を末法《まっぽう》の御本仏《ごほんぶつ》と拝《はい》して尊崇《そんすう》し、報恩《ほうおん》・感謝《かんしゃ》の実践《じっせん》に励《はげ》むのです。

凡夫成仏《ぼんぶじょうぶつ》の道《みち》を示《しめ》す

日蓮大聖人《にちれんだいしょうにん》の法華経《ほけきょう》の行者《ぎょうじゃ》としての御振《おふ》る舞《ま》いは、法華経《ほけきょう》に説《と》かれる釈尊《しゃくそん》の過去世《かこせ》の姿《すがた》である不軽菩薩《ふきょうぼさつ》の実践《じっせん》と軌《き》を一《いつ》にしています。初信《しょしん》の菩薩《ぼさつ》として、過去《かこ》の謗法《ほうぼう》などの罪《つみ》によって起《お》こる苦難《くなん》を、混乱《こんらん》の時代《じだい》に法華経《ほけきょう》を護持《ごじ》し広《ひろ》める護法《ごほう》の功徳力《くどくりき》によって転《てん》重軽受《じゅうきょうじゅ》して受《う》け切《き》って、罪業《ざいごう》をすべて消《け》し、凡夫《ぼんぶ》の身《み》のままで仏《ほとけ》の最高《さいこう》の覚《さと》りを得《え》て、内面《ないめん》に仏《ほとけ》の境地《きょうち》を確立《かくりつ》します。そして、法華経《ほけきょう》を、人々《ひとびと》に教《おし》え広《ひろ》め、仏《ほとけ》の最高《さいこう》の覚《さと》りを、人々《ひとびと》にも得《え》させていくのです。すなわち、凡夫成仏《ぼんぶじょうぶつ》の道《みち》を自《みずか》ら歩《あゆ》み、人々《ひとびと》にも教《おし》え広《ひろ》めていくものです。

久遠元初《くおんがんじょ》の自受用身《じじゅゆうしん》

日蓮大聖人《にちれんだいしょうにん》は、凡夫《ぼんぶ》の身《み》のままで、内面《ないめん》に仏《ほとけ》の覚《さと》りの境地《きょうち》を確立《かくりつ》されましたが、それは生命《せいめい》に本来的《ほんらいてき》に具《そな》わる仏《ほとけ》の境地《きょうち》、すなわち本有《ほんぬ》の仏界《ぶっかい》を開《ひら》き顕《あらわ》したものです。仏《ほとけ》としての本性《ほんしょう》、すなわち仏性《ぶっしょう》でもあります。

本有《ほんぬ》の仏界《ぶっかい》を開《ひら》き顕《あらわ》した仏《ほとけ》の境地《きょうち》は、そこに具《そな》わる智慧《ちえ》・慈悲《じひ》などの功徳《くどく》を発揮《はっき》し、自《みずか》ら享受《きょうじゅ》し、自在《じざい》に用《もち》いていけるものです。この境地《きょうち》は、久遠元初《くおんがんじょ》の自受用身《じじゅゆうしん》の境地《きょうち》です。

久遠元初《くおんがんじょ》とは、法華経寿量品《ほけきょうじゅりょうほん》では、五百塵点劫《ごひゃくじんてんごう》という久遠《くおん》の昔《むかし》に、釈尊《しゃくそん》が実《じつ》は成仏《じょうぶつ》していたこと（久遠実成《くおんじつじょう》）が明《あ》かされますが、その成仏《じょうぶつ》を成《な》し遂《と》げるために菩薩道《ぼさつどう》を行《ぎょう》じていた（我本行菩薩道《がほんぎょうぼさつどう》）凡夫《ぼんぷ》の時《とき》をいいます。これは法華経《ほけきょう》の文《もん》に引《ひ》き寄《よ》せての理解《りかい》であり、より本質的《ほんしつてき》には、ある特定《とくてい》の遠《とお》い過去《かこ》というのではなく、生命《せいめい》の本源《ほんげん》の時《とき》を指《さ》します。すなわち、久遠元初《くおんがんじょ》とは、〝久遠《くおん》の過去《かこ》から永遠《えいえん》の未来《みらい》まで常《つね》に〟ということであり、本来的《ほんらいてき》に具《そな》わっていることを意味《いみ》します。凡夫《ぼんぷ》の生命《せいめい》に本来的《ほんらいてき》に具《そな》わる仏《ほとけ》の境地《きょうち》が、久《く》遠元初《おんがんじょ》の自受用身《じじゅゆうしん》です。

本因妙《ほんいんみょう》の教主《きょうしゅ》

日蓮大聖人《にちれんだいしょうにん》が自身《じしん》の生命《せいめい》に覚知《かくち》された法《ほう》は、法華経《ほけきょう》で釈尊《しゃくそん》が久遠《くおん》の昔《むかし》に菩薩《ぼさつ》として実《じつ》践《せん》し、仏《ほとけ》となった根本原因《こんぽんげんいん》の素晴《すば》らしい法《ほう》であることが示《しめ》されているので、本因妙《ほんいんみょう》の法《ほう》です。日蓮大聖人《にちれんだいしょうにん》は、この本因妙《ほんいんみょう》の法《ほう》を凡夫《ぼんぷ》の自身《じしん》の生命《せいめい》に護持《ごじ》し、それを南無妙法蓮《なんみょうほうれん》華経《げきょう》であると顕《あらわ》して、人々《ひとびと》にも教《おし》え広《ひろ》められたので、本因妙《ほんいんみょう》の教主《きょうしゅ》ともいわれます。

本因妙《ほんいんみょう》の仏法《ぶっぽう》は、凡夫《ぼんぷ》が、その身《み》のままで、この一生《いっしょう》において実現《じつげん》できる凡夫成仏《ぼんぷじょうぶつ》・即身成仏《そくしんじょうぶつ》・一生成仏《いっしょうじょうぶつ》の道《みち》であり、大聖人《だいしょうにん》は御自身《ごじしん》の御振《おふ》る舞《ま》いで、そのあり方《かた》を示《しめ》して教《おし》えられています。

これに対《たい》して、法華経本門《ほけきょうほんもん》の文上《もんじょう》に説《と》き示《しめ》される釈尊《しゃくそん》は、久遠《くおん》の昔《むかし》に成仏《じょうぶつ》した永遠《えいえん》の仏《ほとけ》としての果報《かほう》を身《み》に表《あらわ》していて、三十二相八十種好《さんじゅうにそうはちじっしゅこう》など、中《なか》には人間離《にんげんばな》れした特殊《とくしゅ》な種々《しゅじゅ》の特徴《とくちょう》を具《そな》えた荘厳《そうごん》な姿《すがた》を実現《じつげん》しています。このように超人的《ちょうじんてき》な果報《かほう》を示《しめ》しているのは、人々《ひとびと》に憧憬《しょうけい》を抱《いだ》かせ、慕《した》わせ、教《おし》え導《みちび》くための方便《ほうべん》です。この教《おし》えは、本果妙《ほんがみょう》を表《おもて》とした教《おし》えです。それゆえ、本門文上《ほんもんもんじょう》の釈尊《しゃくそん》は本果妙《ほんがみょう》の教主《きょうしゅ》といわれます。このような超人的《ちょうじんてき》な果報《かほう》を得《え》るためには、長遠《ちょうおん》な時間《じかん》、幾度《いくど》もの生《せい》で、膨大《ぼうだい》な修行《しゅぎょう》を行《おこな》う歴劫修《りゃっこうしゅ》行《ぎょう》が必要《ひつよう》とされます。それゆえ、仏法《ぶっぽう》に対《たい》するすぐれた理解《りかい》・実践《じっせん》の能力《のうりょく》が必要《ひつよう》です。

いわば、すでに仏道修行《ぶつどうしゅぎょう》を積《つ》み重《かさ》ねてきた熟練者《じゅくれんしゃ》のためのものです。末法《まっぽう》の初信《しょしん》の凡夫《ぼんぷ》が、実際《じっさい》に実践《じっせん》して成仏《じょうぶつ》する道《みち》ではありません。

主師親具備《しゅししんぐび》の仏《ほとけ》

日蓮大聖人《にちれんだいしょうにん》の本因妙《ほんいんみょう》の仏法《ぶっぽう》は、末法《まっぽう》の初信《しょしん》の凡夫《ぼんぷ》で、仏道修行《ぶつどうしゅぎょう》をはじめて行《おこな》う人《ひと》に開《ひら》かれています。仏《ほとけ》が、人々《ひとびと》を成仏《じょうぶつ》へと教《おし》え導《みちび》く最初《さいしょ》は、正法《しょうほう》を説《と》き聞《き》かせて縁《えん》を結《むす》ばせ、成仏《じょうぶつ》の種《たね》を心《こころ》の田《た》に下《お》ろすことです（最初聞法下種《さいしょもんぼうげしゅ》・下種結縁《げしゅけちえん》）。日蓮仏法《にちれんぶっぽう》は、成仏《じょうぶつ》の根源《こんげん》の法《ほう》である南無妙法蓮華経《なんみょうほうれんげきょう》を直《ただ》ちに説《と》いて聞《き》かせて、成仏《じょうぶつ》の種《たね》を下《お》ろすことができるので、下種仏法《げしゅぶっぽう》です。ちなみに、私たちが南無妙法蓮華経《なんみょうほうれんげきょう》を人々《ひとびと》に教《おし》え聞《き》かせることは下《げ》種《しゅ》を行《おこな》うことであり、仏《ほとけ》に託《たく》されて、仏《ほとけ》の使《つか》いとして、仏《ほとけ》の振《ふ》る舞《ま》い（仏事《ぶつじ》、如来《にょらい》の事《じ》）を実践《じっせん》することです。

種《たね》を植《う》えた人《ひと》が世話《せわ》をして、育《そだ》てて、実《みの》りを得《え》るように、仏《ほとけ》は、成仏《じょうぶつ》の種《たね》を植《う》えたあと、面倒《めんどう》をみて仏道修行《ぶつどうしゅぎょう》を進《すす》めて、ついには成仏《じょうぶつ》という成果《せいか》へと至《いた》らせます。仏《ほとけ》は、縁《えん》を結《むす》んだ人《ひと》を、成仏《じょうぶつ》まで責任《せきにん》をもって、守《まも》り、教《おし》え導《みちび》き、育《そだ》てて、面倒《めんどう》をみて、持《も》てるすべてを与《あた》えるのです。それゆえ、仏《ほとけ》は、主《しゅ》であり、師《し》であり、親《おや》です。この絆《きずな》は過《か》去《こ》・現在《げんざい》・未来《みらい》と永遠《えいえん》に続《つづ》くのです。

末法《まっぽう》の私たちにとって、この主師親《しゅししん》の三徳《さんとく》を具《そな》えている方《かた》は、すべての人《ひと》を成仏《じょうぶつ》させたいとの大慈悲《だいじひ》のゆえに、いくつもの大難《だいなん》に対《たい》して命《いのち》を賭《と》して闘《たたか》って勝《か》ち越《こ》え、三大秘《さんだいひ》法《ほう》の南無妙法蓮華経《なんみょうほうれんげきょう》を説《と》き残《のこ》して成仏《じょうぶつ》への道《みち》を開《ひら》いてくださった日蓮大聖人《にちれんだいしょうにん》です。

それゆえ、私たちは、日蓮大聖人《にちれんだいしょうにん》を、末法下種《まっぽうげしゅ》の主師親《しゅししん》を具《そな》えた仏《ほとけ》と仰《あお》ぎ、末法《まっぽう》の御《ご》本仏《ほんぶつ》として尊崇《そんすう》・帰依《きえ》するのです。

第5章　生命論《せいめいろん》（2）
―― 一念三千《いちねんさんぜん》 ――

1　一念《いちねん》と三千《さんぜん》

「一念三千《いちねんさんぜん》」は、私たち凡夫《ぼんぷ》が成仏《じょうぶつ》するための原理《げんり》を示《しめ》した変革《へんかく》の法理《ほうり》です。ここでは、その法理《ほうり》を学《まな》び、現実《げんじつ》に万人成仏《ばんにんじょうぶつ》の道《みち》を開《ひら》いた日蓮大聖人《にちれんだいしょうにん》の仏法《ぶっぽう》への理解《りかい》を深《ふか》めます。

日蓮大聖人《にちれんだいしょうにん》が、末法《まっぽう》の万人成仏《ばんにんじょうぶつ》のために南無妙法蓮華経《なんみょうほうれんげきょう》の御本尊《ごほんぞん》を図顕《ずけん》された理論的《りろんてき》支柱《しちゅう》の一つとして、一念三千《いちねんさんぜん》の法理《ほうり》があります。

一念三千《いちねんさんぜん》とは、法華経《ほけきょう》に説《と》かれている一切衆生《いっさいしゅじょう》の成仏《じょうぶつ》の原理《げんり》を、中国《ちゅうごく》の天台大師《てんだいだいし》（智《ち》顗《ぎ》）が『摩訶止観《まかしかん》』の中《なか》で、実践《じっせん》のために体系化《たいけいか》して説明《せつめい》したものです。

「一念《いちねん》」とは、私たち一人《ひと》ひとりの瞬間瞬間《しゅんかんしゅんかん》の生命《せいめい》のことです。「三千《さんぜん》」とは、「諸《しょ》法《ほう》」すなわち、すべてのものごと、あらゆる現象《げんしょう》・はたらきをいいます。

この一念《いちねん》に三千《さんぜん》の諸法《しょほう》が具《そな》わっており、一念《いちねん》が三千《さんぜん》の諸法《しょほう》に遍《あまね》く広《ひろ》がることを説《と》いたのが一念三千《いちねんさんぜん》の法理《ほうり》です。

生命《せいめい》の無限《むげん》の可能性《かのうせい》を示《しめ》す希望《きぼう》と変革《へんかく》の原理《げんり》

瞬間瞬間《しゅんかんしゅんかん》のわが生命《せいめい》に〝無限《むげん》の可能性《かのうせい》〟が秘《ひ》められており、自身《じしん》の一念《いちねん》が変《か》われば自《じ》身《しん》を取《と》り巻《ま》く環境《かんきょう》も変《か》わり、ついには世界《せかい》をも変《か》えていけるという希望《きぼう》と変革《へんかく》の原理《げんり》が一念三千《いちねんさんぜん》の法理《ほうり》です。池田名誉会長《いけだめいよかいちょう》は、小説《しょうせつ》『人間革命《にんげんかくめい》』の主題《しゅだい》を「一人《ひとり》の人間《にんげん》における偉大《いだい》な人間革命《にんげんかくめい》は、やがて一国《いっこく》の宿命《しゅくめい》の転換《てんかん》をも成《な》し遂《と》げ、さらに全人類《ぜんじんるい》の宿命《しゅくめい》の転《てん》換《かん》をも可能《かのう》にする」と記《しる》しています。

これは、一念三千《いちねんさんぜん》の法理《ほうり》の意義《いぎ》を現代的《げんだいてき》に表現《ひょうげん》したものといえます。

２ 一念《いちねん》三千《さんぜん》の構成《こうせい》

日蓮大聖人《にちれんだいしょうにん》は「観心本尊抄《かんじんのほんぞんしょう》」で、一念三千《いちねんさんぜん》について示《しめ》した天台大師《てんだいだいし》の『摩訶止観《まかしかん》』を次《つぎ》のように引用《いんよう》されています。

「それ、一心《いっしん》に十法界《じっぽうかい》を具《ぐ》す。一法界《いっぽうかい》にまた十法界《じっぽうかい》を具《ぐ》すれば百法界《ひゃっぽうかい》なり。一界《いっかい》に三《さん》十種《じっしゅ》の世間《せけん》を具《ぐ》すれば百法界《ひゃっぽうかい》に即《すなわ》ち三千種《さんぜんしゅ》の世間《せけん》を具《ぐ》す。この三千《さんぜん》、一念《いちねん》の心《こころ》に在《あ》り。もし心無《こころな》くんば而已《やみなん》。介爾《けに》も心有《こころあ》れば、即《すなわ》ち三千《さんぜん》を具《ぐ》す」（２３８ページ）

（通解《つうかい》――心《こころ》には十界《じっかい》が具《そな》わっている。それぞれの一界《いっかい》に、さらに十界《じっかい》が具《そな》わっているので、百界《ひゃっかい》となる。そして、その一界《いっかい》に三十種《さんじっしゅ》の世間《せけん》が具《そな》わっているので、百界《ひゃっかい》には、すなわち三千種《さんぜんしゅ》の世間《せけん》が具《そな》わっている。

この三千種《さんぜんしゅ》の世間《せけん》は、一念《いちねん》の心《こころ》にある。もし心《こころ》が無《な》ければそれまでのことであるが、たとえわずかでも心《こころ》があるなら、そこに三千種《さんぜんしゅ》の世間《せけん》が具《そな》わるのである）

わずかでも私たちの「一念《いちねん》の心《こころ》」があるところ、「三千種《さんぜんしゅ》の世間《せけん》」が具《そな》わるということが示《しめ》されています。

「世間《せけん》」とは、〝違《ちが》い〟という意味《いみ》です。「三千種《さんぜんしゅ》の世間《せけん》」とは、さまざまに違《ちが》った様相《ようそう》を示《しめ》すあらゆるものごと、「三千《さんぜん》の諸法《しょほう》」です。

「三千《さんぜん》」とは、十界互具《じっかいごぐ》と十如是《じゅうにょぜ》、そして三世間《さんせけん》を合《あ》わせて総合《そうごう》したものです（百界《ひゃっかい》×十如是《じゅうにょぜ》×三世間《さんせけん》＝三千《さんぜん》）。十界《じっかい》と十如是《じゅうにょぜ》と三世間《さんせけん》という、それぞれ異《こと》なった角度《かくど》から生命《せいめい》とその因果《いんが》の法則《ほうそく》をとらえた法理《ほうり》を総合《そうごう》し、私たちの生命《せいめい》と世界《せかい》の全体観《ぜんたいかん》を示《しめ》したものが一念三千《いちねんさんぜん》です。

（1）十界互具《じっかいごぐ》

一念三千《いちねんさんぜん》の中核《ちゅうかく》の原理《げんり》となるのが「十界互具《じっかいごぐ》」です。大聖人《だいしょうにん》は「一念三千《いちねんさんぜん》は十界互具《じっかいごぐ》よりことはじまれり」（189ジペー）、「一念三千《いちねんさんぜん》は九界即《きゅうかいそく》仏界《ぶっかい》・仏界即九界《ぶっかいそくきゅうかい》と談《だん》ず」（256ジペー）と仰《おお》せです。

十界《じっかい》は、地獄界《じごくかい》・餓鬼界《がきかい》・畜生界《ちくしょうかい》・修羅界《しゅらかい》・人界《にんかい》・天界《てんかい》・声聞界《しょうもんかい》・縁覚界《えんがくかい》・菩薩界《ぼさつかい》・仏界《ぶっかい》の10種類《しゅるい》の生命《せいめい》の境涯《きょうがい》のことです。

一切衆生《いっさいしゅじょう》の本質的平等《ほんしつてきびょうどう》と生命境涯《せいめいきょうがい》の変革《へんかく》を明《あ》かす

法華経《ほけきょう》以外《いがい》の経典《きょうてん》では、十界《じっかい》はそれぞれの生命《せいめい》に固定《こてい》された境涯《きょうがい》であり、したがって、ある界《かい》から他《た》の界《かい》に移《うつ》るのは、死後《しご》、来世《らいせ》で生《う》まれる時《とき》であるとされていました。

しかし法華経《ほけきょう》では、その考《かんが》え方《かた》を根本的《こんぽんてき》に破《やぶ》り、十界《じっかい》のうち仏界《ぶっかい》を除《のぞ》く地獄界《じごくかい》から菩《ぼ》薩界《さつかい》までの九界《きゅうかい》の衆生《しゅじょう》に仏界《ぶっかい》が具《そな》わっていることを説《と》き、また逆《ぎゃく》に、仏《ほとけ》にも九界《きゅうかい》が具《そな》わることを明《あ》かしました。

このように、十界《じっかい》のおのおのの生命《せいめい》に十界《じっかい》が具《そなわ》っていることを「十界互具《じっかいごぐ》」といいます。

これは、仏《ほとけ》と九界《きゅうかい》の衆生《しゅじょう》がともに十界《じっかい》を具《そな》えていて本質的《ほんしつてき》に平等《びょうどう》であることを明《あ》かしています。

また、今《いま》、十界《じっかい》のいずれか一界《いっかい》の姿《すがた》を現《あらわ》している生命《せいめい》も、縁《えん》に応《おう》じて、次《つぎ》にほかの界《かい》の境涯《きょうがい》を現《あらわ》す可能性《かのうせい》があることになります。したがって、十界《じっかい》のどのような衆生《しゅじょう》も正《ただ》しい縁《えん》に応《おう》じて仏界《ぶっかい》を現《あらわ》し、成仏《じょうぶつ》できるのです。

法華経《ほけきょう》の十界互具《じっかいごぐ》の法理《ほうり》は、自身《じしん》の生命境涯《せいめいきょうがい》をこの一生《いっしょう》でダイナミックに変革《へんかく》できることを説《と》いているのです。

「三千《さんぜん》」の数量《すうりょう》を構成《こうせい》する要素《ようそ》としては、十界互具《じっかいごぐ》は、十界《じっかい》のおのおのに十界《じっかい》が具《そな》わるので「百界《ひゃっかい》」と示《しめ》されます。

(2) 十如是《じゅうにょぜ》

十界《じっかい》の衆生《しゅじょう》を観察《かんさつ》すると10種類《しゅるい》の共通《きょうつう》の側面《そくめん》がみられます。これを「十如是《じゅうにょぜ》」といいます。

地獄界《じごくかい》であれ仏界《ぶっかい》であれ、十界《じっかい》のどのような衆生《しゅじょう》・環境《かんきょう》も等《ひと》しく十如是《じゅうにょぜ》を具《そな》えています。十如是《じゅうにょぜ》は、生命境涯《せいめいきょうがい》の因果《いんが》の法則《ほうそく》を示《しめ》したものです。

私たちが、日々《ひび》読誦《どくじゅ》している法華経方便品第《ほけきょうほうべんぼんだい》2に、仏《ほとけ》が覚《さと》った「諸法実相《しょほうじっそう》」について次《つぎ》のように示《しめ》されています。

「唯《た》だ仏《ほとけ》と仏《ほとけ》とのみ乃《いま》し能《よ》く諸法《しょほう》の実相《じっそう》を究尽《くじん》したまえり。所謂《いわゆ》る諸法《しょほう》の、如是相《にょぜそう》・如是性《にょぜしょう》・如是体《にょぜたい》・如是力《にょぜりき》・如是作《にょぜさ》・如是因《にょぜいん》・如是縁《にょぜえん》・如是果《にょぜか》・如是報《にょぜほう》・如是本末究竟等《にょぜほんまつくきょうとう》なり」（法華経108ページ）

ここで諸法実相《しょほうじっそう》を把握《はあく》する項目《こうもく》として「如是《にょぜ》（このような）」で始《はじ》まる10の項目《こうもく》が挙《あ》げられています。それゆえ、十如是《じゅうにょぜ》、十如実相《じゅうにょじっそう》と呼《よ》びます。

如是相《にょぜそう》の「相《そう》」とは、表面《ひょうめん》に現《あらわ》れて絶《た》え間《ま》なく移《うつ》り変《か》わる形《かたち》、様相《ようそう》です。

「性《しょう》」とは、内《うち》にあって一貫《いっかん》している性質《せいしつ》・性分《しょうぶん》です。

「体《たい》」とは、「相《そう》」と「性《しょう》」を具《そな》えた主体《しゅたい》です。

この相《そう》・性《しょう》・体《たい》の三如是《さんにょぜ》は、事物《じぶつ》の本体部分《ほんたいぶぶん》です。これに対《たい》して、以下《いか》の七如是《しちにょぜ》は、本体《ほんたい》に具《そな》わる機能面《きのうめん》を表《あらわ》しています。

「力《りき》」とは、内在《ないざい》している力《ちから》、潜在的能力《せんざいてきのうりょく》です。

「作《さ》」とは、内在《ないざい》している力《ちから》が外界《がいかい》に現《あらわ》れ、他《た》にもはたらきかける作用《さよう》です。

次《つぎ》の「因《いん》」「縁《えん》」「果《か》」「報《ほう》」は、生命《せいめい》が変化《へんか》していく因果《いんが》の法則《ほうそく》を示《しめ》しています。

「因《いん》」とは、内在《ないざい》していて、結果《けっか》を生《う》み出《だ》す直接的原因《ちょくせつてきげんいん》です。

「縁《えん》」とは、外《そと》から「因《いん》」にはたらきかけ、結果《けっか》へと導《みちび》く補助的原因《ほじょてきげんいん》です。

「果《か》」とは、因《いん》に縁《えん》が結合《けつごう》（和合《わごう》）して内面《ないめん》に生《しょう》じた目《め》に見《み》えない結果《けっか》です。

「報《ほう》」とは、その「果《か》」が時《とき》や縁《えん》に応《おう》じて外《そと》に現《あらわ》れ出《で》た報《むく》いです。

そして、「本末究竟等《ほんまつくきょうとう》」とは、最初《さいしょ》の「相《そう》」（本《ほん》）から最後《さいご》の「報《ほう》」（末《まつ》）までの九つの如是《にょぜ》が一貫性《いっかんせい》を保《たも》っていることです。つまり、仏界《ぶっかい》であれば、仏界《ぶっかい》の相《そう》、仏界《ぶっかい》の性《しょう》……仏界《ぶっかい》の報《ほう》というように、仏界《ぶっかい》としての一貫性《いっかんせい》をもっているということです。

十如是《じゅうにょぜ》のそれぞれの在《あ》り方《かた》は、十界《じっかい》それぞれの生命境涯《せいめいきょうがい》に応《おう》じて異《こと》なります。

しかし、十如是《じゅうにょぜ》を衆生《しゅじょう》が平等《びょうどう》に具《そな》えているという側面《そくめん》、生命境涯《せいめいきょうがい》の因果《いんが》の法則《ほうそく》は、十《じっ》界《かい》に共通《きょうつう》です。十界《じっかい》のいずれも、縁《えん》に応《おう》じて、現《あらわ》れることを示《しめ》しています。したがって、十界《じっかい》のどの衆生《しゅじょう》も、仏界《ぶっかい》の縁《えん》を得《え》れば、仏界《ぶっかい》を現《あらわ》し、成仏《じょうぶつ》できるのです。

（3）三世間《さんせけん》

次《つぎ》に三世間《さんせけん》とは、五陰世間《ごおんせけん》・衆生世間《しゅじょうせけん》・国土世間《こくどせけん》の三つをいいます。「世間《せけん》」とは差《さ》異《い》・違《ちが》いのことで、十界《じっかい》それぞれの違《ちが》いは、この三つの次元《じげん》に現《あらわ》れます。

衆生《しゅじょう》はその生命境涯《せいめいきょうがい》に十界《じっかい》の違《ちが》いがあります。これを「衆生世間《しゅじょうせけん》」といいます。

仏教《ぶっきょう》では、この衆生《しゅじょう》の構成要素《こうせいようそ》として五陰《ごおん》を考《かんが》えます。

五陰《ごおん》は、五蘊《ごうん》ともいいます。「陰《おん》（蘊《うん》）」とは、〝構成要素《こうせいようそ》〟の意味《いみ》です。五陰仮和合《ごおんけわごう》といって、あらゆる衆生《しゅじょう》は、仮《かり》に五陰《ごおん》が集《あつ》まって成立《せいりつ》したものであって、常《つね》に変化《へんか》しており、固定的《こていてき》な実体《じったい》はないとされます。

十界《じっかい》の衆生《しゅじょう》の違《ちが》いは、その構成要素《こうせいようそ》である五陰《ごおん》にも当然《とうぜん》あります。五陰《ごおん》とは、色陰《しきおん》・受陰《じゅおん》・想陰《そうおん》・行陰《ぎょうおん》・識陰《しきおん》です。

「色陰《しきおん》」とは、生命体《せいめいたい》を構成《こうせい》する物質的側面《ぶっしつてきそくめん》です。

「受陰《じゅおん》」とは、知覚器官《ちかくきかん》である六根《ろっこん》（眼根《げんこん》・耳根《にこん》・鼻根《びこん》・舌根《ぜっこん》・身根《しんこん》・意根《いこん》）を通《とお》して外界《がいかい》を受《う》け入《い》れる知覚《ちかく》のはたらきです。

「想陰《そうおん》」とは、受《う》け入《い》れたものを心《こころ》に想《おも》い浮《う》かべるはたらきです。

「行陰《ぎょうおん》」とは、想陰《そうおん》に基《もと》づいて想《おも》い浮《う》かべたものを行為《こうい》へと結《むす》びつけるはたらきで、意思《いし》や欲求《よっきゅう》などのさまざまな心《こころ》の作用《さよう》です。

「識陰《しきおん》」とは、認識《にんしき》・識別《しきべつ》するはたらきです。

地獄界《じごくかい》の衆生《しゅじょう》の五陰《ごおん》は地獄界《じごくかい》の特徴《とくちょう》をもち、仏界《ぶっかい》の衆生《しゅじょう》の五陰《ごおん》は仏界《ぶっかい》の特徴《とくちょう》をもちます。このような五陰《ごおん》における十界《じっかい》の違《ちが》いを「五陰世間《ごおんせけん》」といいます。

また、衆生《しゅじょう》の十界《じっかい》の生命境涯《せいめいきょうがい》の違《ちが》いに応《おう》じて、その衆生《しゅじょう》が住《じゅう》する国土《こくど》・環境《かんきょう》にも、十界《じっかい》の違《ちが》いがあります。このことを「国土世間《こくどせけん》」といいます。

この三世間《さんせけん》の法理《ほうり》からは、五陰《ごおん》が変《か》われば衆生《しゅじょう》も国土《こくど》も変《か》わることが分《わ》かります。心《こころ》のあり方《かた》で、自身《じしん》と環境《かんきょう》のすべてが変《か》わるのです。

以上《いじょう》の十界互具《じっかいごぐ》・十如是《じゅうにょぜ》・三世間《さんせけん》の法理《ほうり》を総合《そうごう》して成立《せいりつ》したのが一念三千《いちねんさんぜん》の法門《ほうもん》です。この一念三千《いちねんさんぜん》の法門《ほうもん》によって、生命《せいめい》と世界《せかい》を貫《つらぬ》く因果《いんが》の法則《ほうそく》が総合的《そうごうてき》に把握《はあく》され、すべての衆生《しゅじょう》が等《ひと》しく成仏《じょうぶつ》できることが明《あき》らかにされたのです。

◇教学探検◇

因果倶時《いんがぐじ》

「因果倶時《いんがぐじ》」とは、妙法《みょうほう》のすばらしさの一つを述《の》べた言葉《ことば》です。一念三千《いちねんさんぜん》の法理《ほうり》を因《いん》果《が》の視点《してん》から見《み》たものともいえます。

「因果倶時《いんがぐじ》」の「因《いん》」とは原因《げんいん》であり、成《じょう》仏《ぶつ》する因《いん》となる修行《しゅぎょう》（因行《いんぎょう》）をいい、その段階《だんかい》にある九界《きゅうかい》の衆生《しゅじょう》の生命境涯《せいめいきょうがい》です。「果《か》」とは結果《けっか》であり、成仏《じょうぶつ》した仏《ほとけ》の福徳《ふくとく》あふれる境地《きょうち》（果徳《かとく》）であり、仏界《ぶっかい》の生命境《せいめいきょう》涯《がい》です。また「倶時《くじ》」とは、同時《どうじ》という意《い》味《み》です。

法華経《ほけきょう》以外《いがい》の諸経典《しょきょうてん》では、衆生《しゅじょう》は長遠《ちょうおん》な期間《きかん》、いくつもの生涯《しょうがい》において、仏道修行《ぶつどうしゅぎょう》を行《おこな》って、悪業《あくごう》とその報《むく》いである苦《く》を消《け》すとともに功徳《くどく》を積《つ》んで、ようやく成仏《じょうぶつ》できると説《と》きます。したがって、因《いん》が果《か》を生《う》むのであり、因《いん》と果《か》が異《こと》なる時《とき》にあり、因果《いんが》異時《いじ》です。

九界《きゅうかい》と仏界《ぶっかい》が同時《どうじ》＝十界具足《じっかいぐそく》

それに対《たい》して、法華経《ほけきょう》では、仏《ほとけ》のすばらしい境涯《きょうがい》は、あらゆる衆生《しゅじょう》の生命《せいめい》に本来的《ほんらいてき》に具《そな》わっていることを明《あ》かします。すなわち、あらゆる生命《せいめい》には、本来的《ほんらいてき》に、因《いん》である九界《きゅうかい》も、果《か》である仏界《ぶっかい》もともに同時《どうじ》に具《そな》わっている、すなわち因果倶時《いんがぐじ》と明《あ》かすのです。因果倶時《いんがぐじ》と十界具足《じっかいぐそく》とは同《おな》じ意味《いみ》です。また、因果《いんが》が瞬間瞬間《しゅんかんしゅんかん》の生命《せいめい》すなわち「一念《いちねん》」にも具《そな》わるので、因果一念《いんがいちねん》ともいいます。

法華経《ほけきょう》に明《あ》かされた因果倶時《いんがぐじ》の法《ほう》は、蓮《れん》華《げ》（ハス）を譬《たと》えとします。ハスは、まだ小《ちい》さなつぼみのうちからその中《なか》に果実《かじつ》となる花托《かたく》があります。多《おお》くの花《はな》は因《いん》である花《はな》が先《さき》に咲《さ》いて散《ち》ってから実《み》がなるのに対《たい》して、ハスは花《はな》びらと果実《かじつ》がともに生長《せいちょう》していき、花《はな》が開《ひら》いた時《とき》に実《み》がしっかりあり、花《はな》と実《み》が同時《どうじ》です。

これと同《おな》じく、法華経《ほけきょう》が明《あ》かした真実《しんじつ》からみると、衆生《しゅじょう》の生命《せいめい》には因《いん》である九界《きゅうかい》と果《か》である仏界《ぶっかい》が常《つね》に具《そな》わっています。それゆえ、九界《きゅうかい》を開《ひら》いて仏界《ぶっかい》を直《ただ》ちに顕《あらわ》すことが可能《かのう》となるのです。

この身《み》のままで成仏《じょうぶつ》が可能《かのう》

因果倶時《いんがぐじ》とは、私たちはいつでもどこでもこの身《み》のままで成仏《じょうぶつ》できるということを示《しめ》す言葉《ことば》です。現実《げんじつ》に成仏《じょうぶつ》するには、仏《ほとけ》の智慧《ちえ》の境涯《きょうがい》（仏知見《ぶっちけん》＝仏界《ぶっかい》）が万人《ばんにん》に具《そな》わると明《あ》かした妙法《みょうほう》を信《しん》じ、それを開《ひら》こうと着《ちゃく》実《じつ》に努力《どりょく》をすることです。

具体的《ぐたいてき》には、因果倶時《いんがぐじ》の妙法《みょうほう》を日蓮大聖《にちれんだいしょう》人《にん》が曼荼羅《まんだら》として顕《あらわ》された御本尊《ごほんぞん》を信《しん》じ、南無妙法蓮華経《なんみょうほうれんげきょう》と自身《じしん》も唱《とな》え、他《た》の人《ひと》にも教《おし》え広《ひろ》めていくことです。

心《こころ》は振《ふ》る舞《ま》いに表《あらわ》れ境涯《きょうがい》を開《ひら》く

また、一瞬《いっしゅん》における因果《いんが》についても、因《いん》果倶時《がぐじ》という言葉《ことば》を用《もち》いることがあります。たとえば、瞋《いか》りの境涯《きょうがい》である地獄界《じごくかい》の因果《いんが》を考《かんが》えると、瞋《いか》って悪口《わるくち》を言《い》うという行《おこな》いにおいて、「瞋《いか》り」が因《いん》で「悪口《わるくち》」は果《か》となります。また仏《ほとけ》の覚《さと》りの境涯《きょうがい》である仏《ぶっ》界《かい》の因果《いんが》を考《かんが》えると、唱題《しょうだい》という実践《じっせん》において、仏《ほとけ》が覚《さと》った法《ほう》である南無妙法蓮華経《なんみょうほうれんげきょう》を信《しん》じるから口《くち》にそう唱《とな》えるので、「信《しん》」が因《いん》で「口唱《くしょう》」が果《か》となります。この因果《いんが》は瞬間《しゅんかん》で行《おこな》われるので因果倶時《いんがぐじ》です。心《こころ》が動《うご》けば、身《み》も一体《いったい》で動《うご》きます。目《め》にみえない心《こころ》は、身《み》の振《ふ》る舞《ま》いに目《め》に見《み》えて表《あらわ》れるのです。心《こころ》を定《さだ》めれば身《み》も定《さだ》まり、直《ただ》ちに境《きょう》涯《がい》が開《ひら》かれてきます。

池田名誉会長《いけだめいよかいちょう》の指導《しどう》から

どんなに悩《なや》みがあっても、題目《だいもく》を唱《とな》えれば、因果倶時《いんがぐじ》で、その瞬間《しゅんかん》から、わが胸中《きょうちゅう》には妙法《みょうほう》の太陽《たいよう》が昇《のぼ》る。仏《ほとけ》の力《ちから》が湧《わ》いてくる。

ゆえに皆《みな》さん方《がた》は、絶対《ぜったい》に不幸《ふこう》になど、なるわけがない。自分《じぶん》が、悩《なや》み祈《いの》り、苦労《くろう》している分《ぶん》だけ、必《かなら》ず成長《せいちょう》できる。また、より強《つよ》い光《ひかり》で皆《みな》を照《て》らしていけるのです。

（『御書と青年』「勇気の源《みなもと》」）

第6章　日蓮大聖人《にちれんだいしょうにん》の仏法《ぶっぽう》（3）

――御本尊《ごほんぞん》と下種仏法《げしゅぶっぽう》――

仏法実践《ぶっぽうじっせん》の目的《もくてき》は、この一生《いっしょう》のうちに自身《じしん》の外《そと》の条件《じょうけん》に左右《さゆう》されることのない絶対的《ぜったいてき》な幸福境涯《こうふくきょうがい》である仏《ほとけ》の境涯《きょうがい》を築《きず》くことにあります。そのために日蓮大聖人《にちれんだいしょうにん》は御本尊《ごほんぞん》を図顕《ずけん》され、各人《かくじん》が自身《じしん》の胸中《きょうちゅう》の仏界《ぶっかい》を開《ひら》き顕《あらわ》し、現実《げんじつ》の生活《せいかつ》と人生《じんせい》に勝利《しょうり》していく道《みち》を確立《かくりつ》されました。

ここでは、私たちが拝《はい》する御本尊《ごほんぞん》の意義《いぎ》と、万人《ばんにん》の成仏《じょうぶつ》を可能《かのう》にした受持即観心《じゅじそくかんじん》の法理《ほうり》を学《まな》びます。

1 御本尊《ごほんぞん》の意義《いぎ》

「本尊《ほんぞん》」とは、「根本《こんぽん》として尊敬《そんけい》（尊崇《そんすう》）するもの」を意味《いみ》し、信仰《しんこう》の根本対象《こんぽんたいしょう》をいいます。仏教《ぶっきょう》では一般的《いっぱんてき》に、仏像《ぶつぞう》であったり、菩薩《ぼさつ》の絵図《えず》などを本尊《ほんぞん》として崇《あが》めています。何《なに》を根本《こんぽん》として信《しん》じるか、すなわち何《なに》を本尊《ほんぞん》とするかは、その信仰《しんこう》の在《あ》り方《かた》を決定《けってい》づける根幹《こんかん》です。

私たちが信仰《しんこう》の根本《こんぽん》として拝《はい》する御本尊《ごほんぞん》は、日蓮大聖人《にちれんだいしょうにん》が顕《あらわ》された南無妙法蓮華経《なんみょうほうれんげきょう》の御本尊《ごほんぞん》です。

仏種《ぶっしゅ》＝万人成仏《ばんにんじょうぶつ》の根源《こんげん》の法《ほう》

釈尊《しゃくそん》は、宇宙《うちゅう》と生命《せいめい》を貫《つらぬ》く根源《こんげん》の法《ほう》を覚知《かくち》し、仏《ほとけ》に成《な》りました。あらゆる仏《ほとけ》たちも、その妙法《みょうほう》を覚《さと》って成仏《じょうぶつ》すると明《あ》かしました。南無妙法蓮華経《なんみょうほうれんげきょう》は、「万人成仏《ばんにんじょうぶつ》の根源《こんげん》の法《ほう》」

であり、その名前《なまえ》です。すなわち、成仏《じょうぶつ》の根本原因《こんぽんげんいん》である妙法《みょうほう》を、日蓮大聖人《にちれんだいしょうにん》が直《ただ》ちに「南無妙法蓮華経《なんみょうほうれんげきょう》」と説《と》き顕《あらわ》されたのです。妙法《みょうほう》は仏《ほとけ》の境涯《きょうがい》を開《ひら》き表《あらわ》す根本原因《こんぽんげんいん》であり、「仏《ほとけ》の種子《しゅし》（仏種《ぶっしゅ》）」です。

仏界《ぶっかい》＝万人《ばんにん》に具《そな》わる仏《ほとけ》の生命境涯《せいめいきょうがい》

また、仏種《ぶっしゅ》である妙法《みょうほう》は、あらゆる衆生《しゅじょう》に「仏性《ぶっしょう》（仏《ほとけ》としての本性《ほんしょう》）」「仏界《ぶっかい》（仏《ほとけ》の生命境《せいめいきょう》涯《がい》）」として本来的《ほんらいてき》に具《そな》わっています。仏界《ぶっかい》もまた南無妙法蓮華経《なんみょうほうれんげきょう》です。

日蓮大聖人《にちれんだいしょうにん》は次《つぎ》のように仰《おお》せです。

「我《わ》が己心《こしん》の妙法蓮華経《みょうほうれんげきょう》を本尊《ほんぞん》とあがめ奉《たてまつ》りて、我《わ》が己心中《こしんちゅう》の仏性《ぶっしょう》、南無妙法蓮華経《なんみょうほうれんげきょう》とよび、よばれて顕《あらわ》れ給《たも》う処《ところ》を仏《ほとけ》とはいうなり。譬《たと》えば、籠《かご》の中《なか》の鳥《とり》なけば、空《そら》とぶ鳥《とり》のよばれて集《あつ》まるがごとし。空《そら》とぶ鳥《とり》の集《あつ》まれば、籠《かご》の中《なか》の鳥《とり》も出《い》でんとするがごとし。口《くち》に妙法《みょうほう》をよび奉《たてまつ》れば、我《わ》が身《み》の仏性《ぶっしょう》もよばれて、必《かなら》ず顕《あらわ》れ給《たも》う。梵王《ぼんのう》・帝釈《たいしゃく》の仏性《ぶっしょう》はよばれて我《われ》らを守《まも》り給《たも》う。仏菩薩《ぶつぼさつ》の仏性《ぶっしょう》はよばれて悦《よろこ》び給《たも》う」（557ページ）

（通解《つうかい》――私たち自身《じしん》の心《こころ》に具《そな》わる妙法蓮華経《みょうほうれんげきょう》を本尊《ほんぞん》として尊崇《そんすう》して、私たち自身《じしん》の心《こころ》の中《なか》の仏性《ぶっしょう》を南無妙法蓮華経《なんみょうほうれんげきょう》と呼《よ》び、呼《よ》ばれて現《あらわ》れるものを仏《ほとけ》というのである。譬《たと》えていうと、籠《かご》の中《なか》の鳥《とり》が鳴《な》けば空《そら》を飛《と》ぶ鳥《とり》が呼《よ》ばれて集《あつ》まるようなものである。空《そら》を飛《と》ぶ鳥《とり》が集《あつ》まれば、籠《かご》の中《なか》の鳥《とり》が出《で》ようとするようなものである。口《くち》で妙法《みょうほう》をお呼《よ》びすれば、私たち自身《じしん》の仏性《ぶっしょう》も呼《よ》ばれて必《かなら》ず現《あらわ》れる。梵王《ぼんのう》や帝釈《たいしゃく》の仏性《ぶっしょう》は呼《よ》ばれて、私たちを守《まも》ってくださる。仏《ほとけ》や菩薩《ぼさつ》の仏性《ぶっしょう》は呼《よ》ばれて喜《よろこ》んでくださるのである）

南無妙法蓮華経《なんみょうほうれんげきょう》は、自身《じしん》と万物《ばんぶつ》に具《そな》わる仏界《ぶっかい》の名《な》でもあります。御本尊《ごほんぞん》を信《しん》じ、南無妙法蓮華経《なんみょうほうれんげきょう》と唱題《しょうだい》する時《とき》、自身《じしん》の仏界《ぶっかい》が呼《よ》び起《お》こされ、さらには、宇宙《うちゅう》の万物《ばんぶつ》のあらゆる仏界《ぶっかい》も呼《よ》び起《お》こされます。それゆえ、自身《じしん》の無限《むげん》の可能性《かのうせい》を開《ひら》き、諸天《しょてん》と仏菩薩《ぶつぼさつ》が守《まも》り支《ささ》えてくれるのです。

「日蓮《にちれん》がたましい《魂》」

南無妙法蓮華経《なんみょうほうれんげきょう》は、万人成仏《ばんにんじょうぶつ》の教《おし》えである法華経《ほけきょう》の根底《こんてい》に指《さ》し示《しめ》されていました。日蓮大聖人《にちれんだいしょうにん》は、自身《じしん》の生命《せいめい》に具《そな》わる妙法《みょうほう》＝仏界《ぶっかい》を覚知《かくち》され、それを南無妙法蓮華経《なんみょうほうれんげきょう》であると直《ただ》ちに説《と》き示《しめ》され、広《ひろ》めていかれました。そして、私たちが修行《しゅぎょう》するための御本《ごほん》尊《ぞん》として顕《あらわ》してくださったのです。

日蓮大聖人《にちれんだいしょうにん》は、御本尊《ごほんぞん》について、「日蓮《にちれん》がたましい《魂》をすみ《墨》にそめながしてかきて候《そうろう》ぞ、信《しん》じさせ給《たま》え。仏《ほとけ》の御意《みこころ》は法華経《ほけきょう》なり。日蓮《にちれん》がたましいは、南無妙法蓮華経《なんみょうほうれんげきょう》にすぎたるはなし」（1124ページ）と仰《おお》せです。

御本尊《ごほんぞん》は、根源《こんげん》の妙法《みょうほう》である南無妙法蓮華経《なんみょうほうれんげきょう》を自身《じしん》の内《うち》に覚知《かくち》して、開《ひら》き顕《あらわ》し、体得《たいとく》された日蓮大聖人《にちれんだいしょうにん》の仏《ほとけ》の生命境涯《せいめいきょうがい》（仏界《ぶっかい》）を顕《あらわ》されたものなのです。

御本尊《ごほんぞん》の相貌《そうみょう》（おすがた）を拝《はい》すると、中央《ちゅうおう》に「南無妙法蓮華経《なんみょうほうれんげきょう》　日蓮《にちれん》」とお認《したた》めです。

成仏《じょうぶつ》の根本法《こんぽんほう》である南無妙法蓮華経《なんみょうほうれんげきょう》こそが「法《ほう》」としての本尊《ほんぞん》であり、その法《ほう》を自身《じしん》に開《ひら》き顕《あらわ》され、人々《ひとびと》に説《と》き示《しめ》された日蓮大聖人《にちれんだいしょうにん》が、「人《にん》」としての本尊《ほんぞん》です。

明鏡《めいきょう》

私たちは、日蓮大聖人《にちれんだいしょうにん》が凡夫《ぼんぷ》の御自身《ごじしん》の身《み》に開《ひら》き顕《あらわ》された仏界《ぶっかい》（＝南無妙法蓮華経《なんみょうほうれんげきょう》）を、御本尊《ごほんぞん》と仰《あお》ぎ、根本《こんぽん》として尊敬《そんけい》していく時《とき》、凡夫《ぼんぷ》の身《み》に、大聖人《だいしょうにん》と同《おな》じく、仏界《ぶっかい》を開《ひら》き顕《あらわ》していくことができるのです。

御本尊《ごほんぞん》は、私たちが目指《めざ》すべき仏《ほとけ》の生命境涯《せいめいきょうがい》を顕《あらわ》されたものです。大聖人御自身《だいしょうにんごじしん》の身《み》に開《ひら》き顕《あらわ》された妙法《みょうほう》・仏界《ぶっかい》が図顕《ずけん》された御本尊《ごほんぞん》を、私たちが信《しん》じて拝《はい》する時《とき》、私たち自身《じしん》に具《そな》わる妙法《みょうほう》・仏界《ぶっかい》を直《ただ》ちに見《み》ることになるのです。

南無妙法蓮華経《なんみょうほうれんげきょう》の御本尊《ごほんぞん》は、大聖人《だいしょうにん》が万人《ばんにん》に仏界《ぶっかい》が具《そな》わるという法華経《ほけきょう》の経文上《きょうもんじょう》に説《と》かれた教《おし》えを深《ふか》く掘《ほ》り下《さ》げて、文底《もんてい》に秘《ひ》められていた成仏《じょうぶつ》の根源《こんげん》の法《ほう》そのものを直《ただ》ちに説《と》き示《しめ》し、私たちが現実《げんじつ》に成仏《じょうぶつ》するために実践《じっせん》できるよう、具体的《ぐたいてき》に確立《かくりつ》されたものです。御本尊《ごほんぞん》は、凡夫《ぼんぷ》の私たち自身《じしん》の仏界《ぶっかい》を現実《げんじつ》に映《うつ》し出《だ》す明鏡《めいきょう》でもあるのです。

虚空会《こくうえ》の付嘱《ふぞく》の儀式《ぎしき》

この南無妙法蓮華経《なんみょうほうれんげきょう》の御本尊《ごほんぞん》を、日蓮大聖人《にちれんだいしょうにん》は、法華経《ほけきょう》の虚空会《こくうえ》の儀式《ぎしき》を用《もち》いて、曼《まん》荼羅《だら》として顕《あらわ》されました。

虚空会《こくうえ》は、多宝如来《たほうにょらい》の宝塔《ほうとう》が出現《しゅつげん》し、虚空《こくう》に浮《う》かぶ見宝塔品第《けんほうとうほんだい》11から、宝塔《ほうとう》が閉《と》じられる嘱累品第《ぞくるいほんだい》22までにわたります。

その核心《かくしん》は、久遠《くおん》の仏《ほとけ》であるという本地《ほんじ》を明《あ》かした釈尊《しゃくそん》が、久遠《くおん》の弟子《でし》である地涌《じゆ》の菩薩《ぼさつ》を呼《よ》び出《だ》し、自身《じしん》の滅後《めつご》の悪世《あくせ》に法華経《ほけきょう》を広《ひろ》めて人々《ひとびと》を救《すく》い導《みちび》くことを託《たく》すこと(付嘱《ふぞく》)です。これは、従地涌出品第《じゅうじゆじゅっぽんだい》15から嘱累品第《ぞくるいほんだい》22までの8品《ぽん》に説《と》かれており、南無《なん》妙法蓮華経《みょうほうれんげきょう》の御本尊《ごほんぞん》は、この付嘱《ふぞく》の儀式《ぎしき》を用《もち》いて表現《ひょうげん》されているのです。

十界具足《じっかいぐそく》の曼荼羅《まんだら》

法華経《ほけきょう》に説《と》かれる成仏《じょうぶつ》の法《ほう》の要点《ようてん》は、自身《じしん》の内《うち》に仏界《ぶっかい》が具《そな》わることを覚知《かくち》し、仏界《ぶっかい》を開《ひら》き顕《あらわ》すことです。

日蓮大聖人《にちれんだいしょうにん》は、御本尊《ごほんぞん》を、法華経《ほけきょう》の虚空会《こくうえ》の宝塔《ほうとう》を用《もち》いて表現《ひょうげん》されています。大聖人《だいしょうにん》は、虚空会《こくうえ》の中心《ちゅうしん》にある宝塔《ほうとう》は、南無妙法蓮華経《なんみょうほうれんげきょう》であり、それはまた、妙法《みょうほう》を信《しん》ずる私たちそのものであると教《おし》えられています。

「末法《まっぽう》に入《い》って法華経《ほけきょう》を持《たも》つ男女《なんにょ》のすがたより外《ほか》には宝塔《ほうとう》なきなり」（１３０４㌻）と、大聖人《だいしょうにん》は仰《おお》せです。

また、虚空会《こくうえ》における釈尊《しゃくそん》と多宝如来《たほうにょらい》は、私たちの生命《せいめい》に、本来的《ほんらいてき》に具《そな》わる仏界《ぶっかい》を示《しめ》したものであり、上行菩薩《じょうぎょうぼさつ》などの地涌《じゆ》の菩薩《ぼさつ》は、私たちの生命《せいめい》に、本来的《ほんらいてき》に具《そな》わる菩薩《ぼさつ》界《かい》を示《しめ》したものであると教《おし》えられています。

虚空会《こくうえ》には、声聞《しょうもん》や諸天善神《しょてんぜんじん》や、その他《た》の衆生《しゅじょう》も集《あつ》まっています。ゆえに、御本尊《ごほんぞん》には、十界《じっかい》の衆生《しゅじょう》の代表《だいひょう》が記《しる》されているのです。

仏《ほとけ》が覚《さと》った場《ば》（道場《どうじょう》）、法《ほう》を説《と》く集《つど》いを表現《ひょうげん》したものを、古代《こだい》インドの言葉《ことば》で「マンダラ」といい、漢字《かんじ》では「曼荼羅《まんだら》」などと書《か》きます。

南無妙法蓮華経《なんみょうほうれんげきょう》の御本尊《ごほんぞん》は、私たちの生命《せいめい》に十界《じっかい》、すなわち森羅万象《しんらばんしょう》が欠《か》けることなく円満《えんまん》に具《そな》わっており（輪円具足《りんえんぐそく》）、十界《じっかい》の優《すぐ》れた特性《とくせい》が集《あつ》まっている（功徳聚《くどくじゅ》）ことを示《しめ》しています。十界具足《じっかいぐそく》の曼荼羅《まんだら》です。

すなわち、御本尊《ごほんぞん》は南無妙法蓮華経《なんみょうほうれんげきょう》と一体《いったい》の仏《ほとけ》の境地《きょうち》を表《あらわ》しており、その仏《ほとけ》の境地《きょうち》には十界《じっかい》のすべてがもとから具《そな》わっていて、本来《ほんらい》の優《すぐ》れた特性《とくせい》を発揮《はっき》している様《さま》を示《しめ》しているのです。

したがって私たちは、この南無妙法蓮華経《なんみょうほうれんげきょう》の御本尊《ごほんぞん》を信《しん》じ、根本《こんぽん》として生《い》きる時《とき》、自《じ》身《しん》が南無妙法蓮華経《なんみょうほうれんげきょう》であると自覚《じかく》し、生命《せいめい》に具《そな》わる十界《じっかい》が本来《ほんらい》もつ、優《すぐ》れたあらゆる特《とく》性《せい》を自在《じざい》に発揮《はっき》していくことができるのです。

事《じ》の一念三千《いちねんさんぜん》

十界具足《じっかいぐそく》の曼荼羅《まんだら》である御本尊《ごほんぞん》は、十界互具《じっかいごぐ》の法理《ほうり》を端的《たんてき》に示《しめ》しています。十界互具《じっかいごぐ》とは、十界《じっかい》のおのおのの生命《せいめい》に十界《じっかい》が具《そな》わっていることです（本書182ページ参照）。十界《じっかい》のどの衆生《しゅじょう》も正《ただ》しい縁《えん》に応《おう》じて仏界《ぶっかい》を現《あらわ》し、成仏《じょうぶつ》できるのです。

十界互具《じっかいごぐ》は、一念三千《いちねんさんぜん》の法門《ほうもん》の中核《ちゅうかく》の原理《げんり》です。一念三千《いちねんさんぜん》の法門《ほうもん》は、万人成仏《ばんにんじょうぶつ》の原理《げんり》を、実践《じっせん》のために体系化《たいけいか》して説明《せつめい》したものです。

日蓮大聖人《にちれんだいしょうにん》は、自身《じしん》の生命《せいめい》に妙法《みょうほう》＝仏界《ぶっかい》が具《そな》わっていることを覚知《かくち》し、それを御自身《ごじしん》の凡夫《ぼんぷ》の身《み》に開《ひら》き顕《あらわ》され、仏《ほとけ》の境涯《きょうがい》を示《しめ》されました。その仏《ほとけ》の生命境涯《せいめいきょうがい》を直《ただ》ちに顕《あらわ》されたのが御本尊《ごほんぞん》です。

天台大師《てんだいだいし》が『摩訶止観《まかしかん》』で説《と》き示《しめ》した一念三千《いちねんさんぜん》の法門《ほうもん》は、万人《ばんにん》が本来的《ほんらいてき》に成仏《じょうぶつ》する要因《よういん》を具《そな》えているということを説《と》いて、万人成仏《ばんにんじょうぶつ》の理論的《りろんてき》な可能性《かのうせい》を明《あ》かしたものです。一念三千《いちねんさんぜん》といっても、あくまで理《り》の上《うえ》のものです。

これに対《たい》して、日蓮大聖人《にちれんだいしょうにん》は、南無妙法蓮華経《なんみょうほうれんげきょう》という成仏《じょうぶつ》の根源《こんげん》の法《ほう》を智慧《ちえ》で覚知《かくち》し、さまざまな苦難《くなん》にあっても、なんとしても皆《みな》を救《すく》いたいという慈悲《じひ》で難《なん》を忍《しの》び、凡夫《ぼんぷ》の御自身《ごじしん》の身《み》をもって、成仏《じょうぶつ》のすがた・振《ふ》る舞《ま》い（事《じ》）を示《しめ》されたのです。

この大聖人《だいしょうにん》の凡夫《ぼんぷ》の身《み》に開《ひら》かれた仏《ほとけ》の境地《きょうち》を直《ただ》ちに顕《あらわ》された御本尊《ごほんぞん》は、一念三千《いちねんさんぜん》を具体的《ぐたいてき》に示《しめ》したものであるので、事《じ》の一念三千《いちねんさんぜん》と拝《はい》します。

「法華弘通《ほっけぐつう》のはたじるし《旌》」

大聖人《だいしょうにん》は、御本尊《ごほんぞん》について「法華弘通《ほっけぐつう》のはたじるし《旌》」（1243ジペー）と仰《おお》せです。

法華経《ほけきょう》の虚空会《こくうえ》で、釈尊《しゃくそん》から地涌《じゆ》の菩薩《ぼさつ》へ滅後悪世《めつごあくせ》における妙法《みょうほう》の弘通《ぐつう》が託《たく》されます。御本尊《ごほんぞん》は、その意義《いぎ》も示《しめ》しているのです。御本尊《ごほんぞん》への信《しん》を広《ひろ》げていくことが、そのまま、法華弘通《ほっけぐつう》、すなわち妙法《みょうほう》の広宣流布《こうせんるふ》の道《みち》を開《ひら》いていくことになるのです。

2 受持即観心《じゅじそくかんじん》

法華経《ほけきょう》では、一切衆生《いっさいしゅじょう》に仏《ほとけ》の智慧《ちえ》と慈悲《じひ》の境涯《きょうがい》（仏知見《ぶっちけん》）が本来的《ほんらいてき》に具《そな》わっていることを明《あ》かし、一切衆生《いっさいしゅじょう》に仏知見《ぶっちけん》を開《ひら》かせることが、この世《よ》に仏《ほとけ》が出現《しゅつげん》する唯一最高《ゆいいつさいこう》の目的《もくてき》であると説《と》かれています。

観心《かんじん》＝自身《じしん》の心《こころ》に具《そな》わる十界《じっかい》を見《み》る

主《しゅ》たる仏道修行《ぶつどうしゅぎょう》として、「定《じょう》」すなわち、心《こころ》を定《さだ》めて智慧《ちえ》を開《ひら》いていく瞑想《めいそう》が行《おこな》われていました。とりわけ、経典《きょうてん》に説《と》かれた法理《ほうり》をもとに瞑想《めいそう》して自身《じしん》の心《こころ》を見《み》つめていくこと、すなわち「観心《かんじん》」が、成仏《じょうぶつ》するための修行《しゅぎょう》として実践《じっせん》されていました。

天台大師《てんだいだいし》は、自己《じこ》の心《こころ》を深《ふか》く見《み》つめていくことによって、自己《じこ》の心《こころ》に十界《じっかい》が具《そな》わっていることを知《し》り、十界互具《じっかいごぐ》を理解《りかい》しました。そして、自己《じこ》の一瞬《いっしゅん》の心《こころ》（一念《いちねん》）に三千《さんぜん》の諸法《しょほう》が具備《ぐび》していることを覚知《かくち》するという観心《かんじん》の修行《しゅぎょう》を説《と》きました。これが一念三千《いちねんさんぜん》の法門《ほうもん》です。

天台大師《てんだいだいし》は観心《かんじん》の準備《じゅんび》として、いくつもの段階《だんかい》にわたる種々《しゅじゅ》の修行《しゅぎょう》を体系的《たいけいてき》に説《と》きました。しかし現実《げんじつ》には、優《すぐ》れた能力《のうりょく》と大変《たいへん》な努力《どりょく》を必要《ひつよう》とする、極《きわ》めて困難《こんなん》な修行《しゅぎょう》でしたので、実際《じっさい》に覚《さと》りに到達《とうたつ》するものはきわめてまれでした。

受持《じゅじ》＝十界具足《じっかいぐそく》の御本尊《ごほんぞん》を信《しん》じる

それに対《たい》して、日蓮大聖人《にちれんだいしょうにん》は、どんな人《ひと》でも実践《じっせん》し成仏《じょうぶつ》できる方法《ほうほう》を探究《たんきゅう》され、南無《なん》妙法蓮華《みょうほうれんげ》経《きょう》の御本尊《ごほんぞん》を信《しん》じ受持《じゅじ》して題目《だいもく》を唱《とな》えていくことを説《と》かれました。

南無妙法蓮華経《なんみょうほうれんげきょう》は、あらゆる仏《ほとけ》が成仏《じょうぶつ》する時《とき》に覚知《かくち》した根源《こんげん》の法《ほう》であり、十界《じっかい》というさまざまな生命境涯《せいめいきょうがい》のはたらきを生《う》み出《だ》す根本《こんぽん》です。南無妙法蓮華経《なんみょうほうれんげきょう》の御本尊《ごほんぞん》は、十界《じっかい》具足《ぐそく》という万人《ばんにん》の生命《せいめい》の真実《しんじつ》を表《あらわ》しています。

受持即観心《じゅじそくかんじん》

私たちが御本尊《ごほんぞん》を信《しん》じて拝《はい》すれば、私たち自身《じしん》に具《そな》わる十界《じっかい》を見《み》ることになります。成仏《じょうぶつ》のための修行《しゅぎょう》は、これまでの仏法《ぶっぽう》では観心《かんじん》によって行《おこな》っていましたが、日蓮大聖人《にちれんだいしょうにん》の仏法《ぶっぽう》では、南無妙法蓮華経《なんみょうほうれんげきょう》の受持《じゅじ》によってなされるのです。

このことを「受持即観心《じゅじそくかんじん》」といいます。

「観心本尊抄《かんじんのほんぞんしょう》」には「釈尊《しゃくそん》の因行果徳《いんぎょうかとく》の二法《にほう》は、妙法蓮華経《みょうほうれんげきょう》の五字《ごじ》に具足《ぐそく》す。我《われ》らこの五字《ごじ》を受持《じゅじ》すれば、自然《じねん》にかの因果《いんが》の功徳《くどく》を譲《ゆず》り与《あた》え給《たも》う」（２４６ジベー）と述《の》べられています。

釈尊《しゃくそん》が成仏《じょうぶつ》するために積《つ》んだ膨大《ぼうだい》な修行《しゅぎょう》（因行《いんぎょう》）と、修行《しゅぎょう》によって得《え》たさまざまな功徳《くどく》（果徳《かとく》）のすべてが、仏種《ぶっしゅ》である「妙法蓮華経《みょうほうれんげきょう》の五字《ごじ》」すなわち南無妙法蓮華経《なんみょうほうれんげきょう》に具《そな》わっているということです。

大聖人《だいしょうにん》は、この南無妙法蓮華経《なんみょうほうれんげきょう》を、私たちの実践《じっせん》の御本尊《ごほんぞん》として顕《あらわ》してくださいました。末法《まっぽう》の衆生《しゅじょう》は、この御本尊《ごほんぞん》を受持《じゅじ》することによって、釈尊《しゃくそん》が修行《しゅぎょう》で積《つ》んだ仏因《ぶついん》の功《く》徳《どく》と、仏果《ぶっか》の功徳《くどく》のすべてを、自身《じしん》に譲《ゆず》り受《う》けることができる、と教《おし》えられています。

◇教学探検◇
境智冥合《きょうちみょうごう》

「境智冥合《きょうちみょうごう》」の「智《ち》」とは、「智慧《ちえ》」です。「境《きょう》」とは、智慧《ちえ》でとらえる対象《たいしょう》です。この対象《たいしょう》はさまざまです。智慧《ちえ》が広《ひろ》く深《ふか》ければ、とらえられる対象《たいしょう》も広大《こうだい》なものになります。

仏《ほとけ》の最高《さいこう》の智慧《ちえ》は、宇宙《うちゅう》を永遠《えいえん》に貫《つらぬ》く広《こう》大《だい》で深遠《しんえん》な妙法《みょうほう》を覚知《かくち》します。そして、その妙法《みょうほう》を体現《たいげん》し、妙法《みょうほう》の無量《むりょう》の功徳《くどく》を自《みず》ら享受《きょうじゅ》し、自在《じざい》に用《もち》いることができます。妙《みょう》法《ほう》が広大《こうだい》で深遠《しんえん》であるから、それを把握《はあく》するために智慧《ちえ》も広《ひろ》く深《ふか》く発揮《はっき》されます。そして、その智慧《ちえ》で妙法《みょうほう》を自在《じざい》に用《もち》いて、自《じ》他共《たとも》のゆるぎない幸福境涯《こうふくきょうがい》を開《ひら》き、万人成《ばんにんじょう》仏《ぶつ》を実現《じつげん》できるのです。

このように、「境《きょう》」である妙法《みょうほう》と、妙法《みょうほう》を余《あま》すことなく覚知《かくち》した「智《ち》」が、分《わ》かちがたく一体《いったい》である状態《じょうたい》を「境智冥合《きょうちみょうごう》」といいます。

自《みずか》ら覚《さと》った妙法《みょうほう》をそのまま説《と》く自受用身《じじゅゆうしん》の仏《ほとけ》は、境智冥合《きょうちみょうごう》の姿《すがた》そのものといえます。人《ひと》と法《ほう》が一体不二《いったいふに》であるので、人法一箇《にんぽういっか》・人法体一《にんぽうたいいち》ともいいます。

ただし、仏《ほとけ》であっても、自《みずか》ら覚《さと》った万人《ばんにん》成仏《じょうぶつ》の根源《こんげん》の妙法《みょうほう》を説《と》かず、聞《き》く衆生《しゅじょう》に合《あ》わせた仮《かり》の教《おし》えを方便《ほうべん》として説《と》けば、境智《きょうち》冥合《みょうごう》ではなく、内《うち》に覚《さと》っている法《ほう》が勝《すぐ》れ、外《そと》に説《と》いている人《ひと》が劣《おと》っているので、人法《にんぽう》一箇《いっか》とはなりません。

日蓮大聖人《にちれんだいしょうにん》は、法華経《ほけきょう》の寿量品《じゅりょうほん》の文《もん》の底《そこ》に秘《ひ》められていた久遠《くおん》の仏《ほとけ》の真意《しんい》である万《ばん》人成仏《にんじょうぶつ》の妙法《みょうほう》を覚知《かくち》して、それは南無妙法《なんみょうほう》蓮華経《れんげきょう》であると説《と》き広《ひろ》めて、久遠元初《くおんがんじょ》の自《じ》受用身《じゅゆうしん》の再誕《さいたん》として振《ふ》る舞《ま》われました。その境智冥合《きょうちみょうごう》の御自身《ごじしん》の生命《せいめい》をそのまま曼荼《まんだ》羅《ら》に顕《あらわ》され、私たちが信受《しんじゅ》すべき御本尊《ごほんぞん》とされたのです。

したがって、御本尊《ごほんぞん》は境智冥合《きょうちみょうごう》をそのまま表《あらわ》したものです。私たちは、この御本尊《ごほんぞん》を「境《きょう》」として信受《しんじゅ》する時《とき》、「以信代慧《いしんだいえ》」（信《しん》で智慧《ちえ》に代替《だいたい》すること）によって、御本尊《ごほんぞん》に表《あらわ》された御本仏《ごほんぶつ》の境智冥合《きょうちみょうごう》の仏界《ぶっかい》の生命《せいめい》境涯《きょうがい》を、鏡《かがみ》がそのまま引《ひ》き写《うつ》すように、自《じ》身《しん》の生命《せいめい》に顕現《けんげん》することができます。それによって、自身《じしん》の生命《せいめい》に境智冥合《きょうちみょうごう》を実現《じつげん》して、凡夫《ぼんぷ》の身《み》のままで成仏《じょうぶつ》し、仏《ほとけ》の境涯《きょうがい》を享受《きょうじゅ》し、発揮《はっき》することができるのです。

池田名誉会長《いけだめいよかいちょう》の指導《しどう》から

日蓮仏法《にちれんぶっぽう》の根本《こんぽん》は御本尊《ごほんぞん》である。その本尊《ほんぞん》は、わが身《み》の当体《とうたい》にある。それを境《きょう》智冥合《ちみょうごう》して、引《ひ》き出《だ》してくれるのが『信《しん》心《じん》』だ。そこには幸《さいわ》いを招《まね》き寄《よ》せ、必《かなら》ず福徳《ふくとく》に包《つつ》まれ、守《まも》られていく人生《じんせい》となると、御断言《ごだんげん》なさっている。ゆえに私たちは、信仰《しんこう》するのだ。信仰《しんこう》は全部《ぜんぶ》、汝自身《なんじじしん》のための宝《たから》だ。

（随筆「新・人間革命」生命《いのち》光る〝華冠《かかん》〟の友）

3 下《げ》種《しゅ》仏《ぶっ》法《ぽう》と三《さん》大《だい》秘《ひ》法《ほう》

日蓮仏法《にちれんぶっぽう》は下種仏法《げしゅぶっぽう》

私たちが成仏《じょうぶつ》するために必要不可欠《ひつようふかけつ》なのは、成仏《じょうぶつ》の根本法《こんぽんほう》である仏種《ぶっしゅ》の南無妙法蓮華《なんみょうほうれんげ》経《きょう》です。

仏種《ぶっしゅ》を説《と》いて、人々《ひとびと》に信《しん》じさせることを「下種《げしゅ》」といい、仏《ほとけ》が衆生《しゅじょう》に仏種《ぶっしゅ》を下《お》ろすという利益《りやく》を「下種益《げしゅやく》」といいます。大聖人《だいしょうにん》の仏法《ぶっぽう》は下種仏法《げしゅぶっぽう》です。

これに対《たい》して、釈尊《しゃくそん》が生涯《しょうがい》にわたって説《と》き残《のこ》した膨大《ぼうだい》な諸経典《しょきょうてん》には、仏種《ぶっしゅ》が明《あ》かされていません。唯一《ゆいいつ》、法華経《ほけきょう》の本門寿量品《ほんもんじゅりょうほん》で、「我本行菩薩道《がほんぎょうぼさつどう》（私は久遠《くおん》に菩薩道《ぼさつどう》を実践《じっせん》した）」と述《の》べて、釈尊自身《しゃくそんじしん》が凡夫《ぼんぷ》であった時《とき》に菩薩道《ぼさつどう》を実践《じっせん》したことが自身《じしん》の成仏《じょうぶつ》の根本原因《こんぽんげんいん》であったと示《しめ》すだけです。

法華経《ほけきょう》を含《ふく》め諸経典《しょきょうてん》の主眼《しゅがん》は、仏《ほとけ》の素晴《すば》らしい姿《すがた》・能力《のうりょく》を説《と》いて賛嘆《さんたん》して、教《おし》えを受《う》けた人々《ひとびと》に、自身《じしん》も仏《ほとけ》のように成《な》りたいという思《おも》いを起《お》こさせ、修行《しゅぎょう》を続《つづ》ける励《はげ》みを与《あた》えることです。

これは、仏《ほとけ》に成《な》るために、既《すで》に持《も》っている能力《のうりょく》を開発《かいはつ》し成熟《せいじゅく》させ調《ととの》えていくものです。このような教《おし》えによって仏《ほとけ》が衆生《しゅじょう》に与《あた》える利益《りやく》が「熟益《じゅくやく》」です。

さまざまな教《おし》えによって調熟《じょうじゅく》された衆生《しゅじょう》は、法華経本門《ほけきょうほんもん》で、釈尊《しゃくそん》が久遠《くおん》に成仏《じょうぶつ》していたという真実《しんじつ》（久遠実成《くおんじつじょう》）を聞《き》いて、自身《じしん》もまた成仏《じょうぶつ》の根本法《こんぽんほう》を本来的《ほんらいてき》に生命《せいめい》に具《そな》えていることを過去《かこ》に教《おし》えられたことを思《おも》い起《お》こします。そして、自身《じしん》の生命《せいめい》の真実《しんじつ》を覚知《かくち》し、仏《ほとけ》の覚《さと》りを得《え》て、根源《こんげん》の苦悩《くのう》から根本的《こんぽんてき》に解放《かいほう》されます（得脱《とくだつ》）。このような利益《りやく》が「脱益《だっちゃく》」です。

釈尊《しゃくそん》が説《と》き残《のこ》した諸経典《しょきょうてん》では、下種《げしゅ》の法《ほう》そのものは明《あ》かされていないため、その教《おし》えは熟益《じゅくやく》・脱益《だっちゃく》にとどまります。熟益《じゅくやく》・脱益《だっちゃく》を施《ほどこ》す対象《たいしょう》は、釈尊《しゃくそん》が過去《かこ》に下種益《げしゅやく》を施《ほどこ》した衆生《しゅじょう》に限《かぎ》られてしまうのです。

釈尊《しゃくそん》から下種《げしゅ》を受《う》けていない末法《まっぽう》の衆生《しゅじょう》は、法華経《ほけきょう》を含《ふく》めて釈尊《しゃくそん》の諸経典《しょきょうてん》の教《おし》えでは、成仏《じょうぶつ》することはできないということになります。

これに対《たい》して、仏種《ぶっしゅ》の南無妙法蓮華経《なんみょうほうれんげきょう》を説《と》く日蓮仏法《にちれんぶっぽう》は、下種益《げしゅやく》から始《はじ》められるので、万人《ばんにん》を成仏《じょうぶつ》へと導《みちび》き至《いた》らせることができるのです。

三大秘法《さんだいひほう》

釈尊《しゃくそん》の滅後《めつご》には竜樹《りゅうじゅ》・天親《てんじん》（世親《せしん》）・天台大師《てんだいだいし》・伝教大師《でんぎょうだいし》など法華経《ほけきょう》の心《こころ》を把握《はあく》した優《すぐ》れた仏教者《ぶっきょうしゃ》たちがいましたが、だれも南無妙法蓮華経《なんみょうほうれんげきょう》を説《と》き広《ひろ》めることはありませんでした。

法華経《ほけきょう》を含《ふく》めて釈尊《しゃくそん》の諸経典《しょきょうてん》の教《おし》えに説《と》き示《しめ》されていない成仏《じょうぶつ》の根源《こんげん》の法《ほう》を、日蓮大《にちれんだい》聖人《しょうにん》は南無妙法蓮華経《なんみょうほうれんげきょう》と説《と》き示《しめ》されました。

だれも説《と》かなかった秘法《ひほう》である南無妙法蓮華経《なんみょうほうれんげきょう》を説《と》くに当《あ》たり、三大秘法《さんだいひほう》として示《しめ》されました。

本門《ほんもん》の本尊《ほんぞん》・戒壇《かいだん》・題目《だいもく》

三大秘法《さんだいひほう》とは、「本門《ほんもん》の本尊《ほんぞん》」「本門《ほんもん》の戒壇《かいだん》」「本門《ほんもん》の題目《だいもく》」です。

ここでいう「本門《ほんもん》」は、法華経《ほけきょう》28品《ぽん》の文上《もんじょう》の本門《ほんもん》ではなく、日蓮大聖人《にちれんだいしょうにん》の明《あ》かされた文底独一本門《もんていどくいちほんもん》です。

「四条金吾殿御返事《しじょうきんごどののごへんじ》」には、「今《いま》、日蓮《にちれん》が弘通《ぐつう》する法門《ほうもん》は、せばきようなれども、はなはだふかし（中略）本門寿量品《ほんもんじゅりょうほん》の三大事《さんだいじ》とは、これなり」（1116ジペー）と、大聖人《だいしょうにん》が立《た》てられた法門《ほうもん》は、寿量品《じゅりょうほん》に秘《ひ》された法《ほう》であることが示《しめ》されています。

また、「法華取要抄《ほっけしゅようしょう》」では、「問《と》うていわく、如来滅後《にょらいめつご》二千余年《にせんよねん》、竜樹《りゅうじゅ》・天親《てんじん》・天台《てんだい》・伝教《でんぎょう》の残《のこ》したまえるところの秘法《ひほう》は何《なに》ものぞや。答《こた》えていわく、本門《ほんもん》の本尊《ほんぞん》と戒壇《かいだん》と題目《だいもく》の五字《ごじ》となり」（336ジペー）とその名目《めいもく》を表《あらわ》されています。

戒《かい》・定《じょう》・慧《え》の三学《さんがく》

三大秘法《さんだいひほう》は、戒《かい》・定《じょう》・慧《え》の三学《さんがく》に準《じゅん》じて、三つに分《わ》けて説《と》かれたものです。

戒《かい》・定《じょう》・慧《え》の三学《さんがく》は、仏教一般《ぶっきょういっぱん》で、仏道《ぶつどう》を志《こころざ》す人《ひと》が学《まな》び実践《じっせん》し体得《たいとく》すべきものとされてきました。

このうち、「戒《かい》」とは、悪《わる》い行《おこな》いを止《や》め、善《よ》い行《おこな》いに励《はげ》むことです。仏道《ぶつどう》の実践《じっせん》を始《はじ》めるに当《あ》たり、師匠《ししょう》である仏《ほとけ》や先輩《せんぱい》たちに対《たい》して、仏法者《ぶっぽうしゃ》として、正《ただ》しい教《おし》えを信《しん》じ守《まも》り、実践《じっせん》を積《つ》み重《かさ》ねていくことを誓《ちか》い、自《みずか》らの戒《いまし》めとします。「定《じょう》」とは、心《こころ》をゆるぎなく定《さだ》めて瞑想《めいそう》することです。心《こころ》を静《しず》かに定《さだ》めて智慧《ちえ》を発現《はつげん》させていきます。「慧《え》」とは、真理《しんり》を覚知《かくち》する智慧《ちえ》です。その智慧《ちえ》を身《み》に付《つ》けて真理《しんり》を覚知《かくち》していきます。

三大秘法《さんだいひほう》のうち、本門《ほんもん》の戒壇《かいだん》が戒《かい》、本門《ほんもん》の本尊《ほんぞん》が定《じょう》、本門《ほんもん》の題目《だいもく》が慧《え》に当《あ》たります。

本門《ほんもん》の本尊《ほんぞん》

本門《ほんもん》の本尊《ほんぞん》とは、万人成仏《ばんにんじょうぶつ》の根本法《こんぽんほう》である南無妙法蓮華経《なんみょうほうれんげきょう》であり、それを直《ただ》ちに図顕《ずけん》された曼荼羅《まんだら》の御本尊《ごほんぞん》です。

曼荼羅《まんだら》の御本尊《ごほんぞん》は、日蓮大聖人《にちれんだいしょうにん》の御生命《ごせいめい》に覚知《かくち》された仏《ほとけ》の境地《きょうち》を説《と》き示《しめ》した本尊《ほんぞん》であるので、法本尊《ほうほんぞん》です。

また日蓮大聖人《にちれんだいしょうにん》は南無妙法蓮華経《なんみょうほうれんげきょう》を体現《たいげん》されている仏《ほとけ》であられるので、人本尊《にんほんぞん》です。

本門《ほんもん》の戒壇《かいだん》

本門《ほんもん》の戒壇《かいだん》とは、本門《ほんもん》の本尊《ほんぞん》を安置《あんち》して信心修行《しんじんしゅぎょう》に励《はげ》む場所《ばしょ》です。

御本尊《ごほんぞん》を信《しん》じ持《たも》っていけば、自身《じしん》の生命《せいめい》に積《つ》み重《かさ》なった悪《あく》を消滅《しょうめつ》させ、最高《さいこう》の善《ぜん》である仏界《ぶっかい》の生命境涯《せいめいきょうがい》を開《ひら》き顕《あらわ》すことができます。すなわち、御本尊《ごほんぞん》の受持《じゅじ》が、そのまま戒《かい》を持《たも》つことになります（受持即持戒《じゅじそくじかい》）。

本門《ほんもん》の題目《だいもく》

本門《ほんもん》の題目《だいもく》とは、本門《ほんもん》の本尊《ほんぞん》を信《しん》じて南無妙法蓮華経《なんみょうほうれんげきょう》と題目《だいもく》を唱《とな》えることです。

私たちは、仏《ほとけ》が智慧《ちえ》で覚《さと》った究極《きゅうきょく》の法《ほう》をそのまま顕《あらわ》された御本尊《ごほんぞん》を信《しん》じることで、仏《ほとけ》と同《おな》じ境地《きょうち》を自身《じしん》に開《ひら》き顕《あらわ》すことができます。信《しん》を以《も》って慧《え》に代《か》えること（以信代慧《いしんだいえ》）ができるのです。

御本尊《ごほんぞん》を信受《しんじゅ》して唱題《しょうだい》する功徳《くどく》について「暫《しばら》くもこの本尊《ほんぞん》を信《しん》じて南無妙法蓮華経《なんみょうほうれんげきょう》と唱《とな》うれば、則《すなわ》ち祈《いの》りとして叶《かな》わざるなく、罪《つみ》として滅《めっ》せざるなく、福《ふく》として来《きた》らざるなく、理《り》として顕《あらわ》れざるなきなり」（『日寛上人《にちかんしょうにん》 文段集《もんだんしゅう》』）といわれるように、すべての祈《いの》りを実現《じつげん》し、最高《さいこう》の幸福境涯《こうふくきょうがい》を確立《かくりつ》していくことができるのです。

第7章　地《じ》涌《ゆ》の使《し》命《めい》と実《じっ》践《せん》

ここでは、広宣流布《こうせんるふ》を目指《めざ》す地涌《じゆ》の菩薩《ぼさつ》の使命《しめい》と実践《じっせん》にかかわる、信心《しんじん》の基本《きほん》や姿勢《しせい》などを学《まな》びます。

1　地《じ》涌《ゆ》の使《し》命《めい》と自《じ》覚《かく》

法華経《ほけきょう》の流《なが》れを振《ふ》り返《かえ》りながら、地涌《じゆ》の菩薩《ぼさつ》の使命《しめい》について、さらに理解《りかい》を深《ふか》めていきましょう。

毎自作是念《まいじさぜねん》の悲願《ひがん》

地涌《じゆ》の菩薩《ぼさつ》は、「久遠《くおん》の仏《ほとけ》」が自《みずか》ら教化《きょうけ》してきた直弟子《じきでし》です。この久遠《くおん》の仏《ほとけ》という本《ほん》地《じ》を明《あ》かした釈尊《しゃくそん》の永遠《えいえん》の願《ねが》いとは何《なに》か。それが、如来寿量品第《にょらいじゅりょうほんだい》16の最後《さいご》に示《しめ》された願《ねが》いでした。

すなわち、「毎自作是念《まいじさぜねん》　以何令衆生《いがりょうしゅじょう》　得入無上道《とくにゅうむじょうどう》　速成就仏身《そくじょうじゅぶっしん》」（法華経493ページ）で、「仏《ほとけ》は常《つね》に、どのようにすれば、衆生《しゅじょう》を無上《むじょう》の道《みち》に入《はい》らせ、速《すみ》やかに仏《ほとけ》の身《み》を成就《じょうじゅ》させることができるかと、念《ねん》じている」という意味《いみ》です。

常《つね》に、そして永遠《えいえん》に人々《ひとびと》を救《すく》っていきたいという慈悲《じひ》の大願《だいがん》であり、これを御書《ごしょ》では「毎自作是念《まいじさぜねん》の悲願《ひがん》」（466ページ）と言われています。

地涌《じゆ》の菩薩《ぼさつ》の誓願《せいがん》と付嘱《ふぞく》

釈尊《しゃくそん》は自身《じしん》の滅後《めつご》の悪世《あくせ》に法華経《ほけきょう》を広《ひろ》めることを促《うなが》し、従地涌出品第《じゅうじゆじゅっぽんだい》15で法華経《ほけきょう》を広《ひろ》める偉業《いぎょう》を託《たく》すに足《た》る弟子《でし》を大地《だいち》から呼《よ》び出《だ》しました。それが地涌《じゆ》の菩薩《ぼさつ》です。

如来神力品第21《にょらいじんりきほんだい》で、地涌《じゆ》の菩薩《ぼさつ》は、滅後弘通《めつごぐつう》を勧《すす》める釈尊《しゃくそん》に応《こた》えて、成仏《じょうぶつ》の肝要《かんよう》の法《ほう》を、人々《ひとびと》に教《おし》え広《ひろ》めていくことを誓願《せいがん》します。師匠《ししょう》である久遠《くおん》の仏《ほとけ》の大願《だいがん》をわが心《こころ》として継承《けいしょう》し実現《じつげん》しようとする、師弟不二《していふに》の広宣流布《こうせんるふ》の大願《だいがん》です。そして、釈尊《しゃくそん》はその誓願《せいがん》を受《う》けて、妙法弘通《みょうほうぐつう》を託《たく》した（付嘱《ふぞく》）のです。

地涌《じゆ》の菩薩《ぼさつ》の自覚《じかく》

この地涌《じゆ》の菩薩《ぼさつ》が出現《しゅつげん》しなければ、仏《ほとけ》の永遠《えいえん》の「悲願《ひがん》」は実現《じつげん》しません。地涌《じゆ》の菩薩《ぼさつ》の自覚《じかく》に立《た》って妙法《みょうほう》を根本《こんぽん》に人々《ひとびと》の幸福《こうふく》と平和《へいわ》な世界《せかい》の構築《こうちく》を目指《めざ》す一人《ひとり》が立《た》ち上《あ》がり、二人《ふたり》、三人《さんにん》、そして無数《むすう》の人《ひと》を目覚《めざ》めさせていく。そして、それぞれの個性《こせい》を存分《ぞんぶん》に発揮《はっき》しながら励《はげ》ましあって力《ちから》を合《あ》わせて活躍《かつやく》する。この行動《こうどう》の連帯《れんたい》があって、広宣流布《こうせんるふ》が実現《じつげん》するのです。

広宣流布《こうせんるふ》の誓願《せいがん》に徹《てっ》しゆく「地涌《じゆ》の菩薩《ぼさつ》」の信力《しんりき》・行力《ぎょうりき》があるところに、妙法《みょうほう》の広大《こうだい》無辺《むへん》な仏力《ぶつりき》・法力《ほうりき》は厳然《げんぜん》と現《あらわ》れ、苦悩《くのう》に満《み》ちた娑婆《しゃば》世界《せかい》も永遠《えいえん》の仏《ほとけ》の生命《せいめい》が息《いき》づく常寂《じょうじゃっ》光土《こうど》へと変《か》えていくことができるのです。

元初《がんじょ》の大願《だいがん》の一念《いちねん》が、三千諸法《さんぜんしょほう》という森羅万象《しんらばんしょう》に遍《あまね》くいきわたって、仏《ほとけ》の慈悲《じひ》と智慧《ちえ》に包《つつ》まれた幸福社会《こうふくしゃかい》を実現《じつげん》していくのです。

池田名誉会長《いけだめいよかいちょう》は次《つぎ》のように指導《しどう》しています。

「『広宣流布《こうせんるふ》の大願《だいがん》』と『仏界《ぶっかい》の生命《せいめい》』とは一体《いったい》です。だからこそ——この誓《ちか》いに生《い》き抜《ぬ》く時《とき》、人《ひと》は最《もっと》も尊《とうと》く、最《もっと》も強《つよ》く、最《もっと》も大《おお》きくなれる。この誓《ちか》いを貫《つらぬ》く時《とき》、仏《ほとけ》の勇気《ゆうき》、仏《ほとけ》の智慧《ちえ》、仏《ほとけ》の慈悲《じひ》が限《かぎ》りなく湧《わ》き出《い》でてくる。この誓《ちか》いに徹《てっ》し切《き》る時《とき》、どんな悩《なや》みも変毒為薬《へんどくいやく》し、宿命《しゅくめい》をも使命《しめい》へと転《てん》じていける」

法華弘通《ほっけぐつう》の大願《だいがん》

日蓮大聖人《にちれんだいしょうにん》は、「大願《だいがん》とは法華弘通《ほっけぐつう》なり」（736ジ）と仰《おお》せです。法華経《ほけきょう》では、あらゆる人《ひと》の生命《せいめい》に尊極《そんごく》の仏性《ぶっしょう》が具《そな》わっていることが明《あ》かされ、この「万人成仏《ばんにんじょうぶつ》の妙法《みょうほう》」を、一閻浮提《いちえんぶだい》すなわち全世界《ぜんせかい》に広《ひろ》めるという使命《しめい》が地涌《じゆ》の菩薩《ぼさつ》に託《たく》されています。大聖《だいしょう》人《にん》は、この「法華弘通《ほっけぐつう》」の大願《だいがん》、広宣流布《こうせんるふ》の大願《だいがん》を、生涯《しょうがい》をかけて実現《じつげん》する目的《もくてき》とされました。

日蓮大聖人《にちれんだいしょうにん》は、この法華経《ほけきょう》の肝心《かんじん》であり、万人成仏《ばんにんじょうぶつ》の法《ほう》である南無妙法蓮華経《なんみょうほうれんげきょう》を自身《じしん》の内《うち》に覚知《かくち》され、その法《ほう》を広《ひろ》めゆく大願《だいがん》を立《た》てられたのです。すべての人々《ひとびと》を守《まも》り支《ささ》え、教《おし》え導《みちび》く「柱《はしら》」「眼目《がんもく》」「大船《たいせん》」となることを誓《ちか》われました。そして「ちかいし願《ねが》いやぶるべからず」（232ジペー）と仰《おお》せのように、いかなる大難《だいなん》にも屈《くっ》せず、不退転《ふたいてん》の誓願《せいがん》を貫《つらぬ》かれ、民衆救済《みんしゅうきゅうさい》の尊《とうと》い御生涯《ごしょうがい》を送《おく》られます。

さらに弟子《でし》たちには、「願《ねが》わくは、我《わ》が弟子《でし》ら、大願《だいがん》をおこせ」（1561ジペー）と促《うなが》し、広布後継《こうふこうけい》を託《たく》されています。

仏意仏勅《ぶついぶっちょく》の教団《きょうだん》・創価学会《そうかがっかい》

大聖人《だいしょうにん》の御心《おこころ》のままに、「広宣流布《こうせんるふ》」の大願《だいがん》を成就《じょうじゅ》することを誓《ちか》って立《た》ち上《あ》がり、現代《げんだい》に出現《しゅつげん》した仏意仏勅《ぶついぶっちょく》の教団《きょうだん》が、創価学会《そうかがっかい》です。

第7章

創価学会《そうかがっかい》は、御本尊《ごほんぞん》を「法華弘通《ほっけぐつう》のはた《旌》じるし」（1243ページ）と奉《ほう》じて慈悲《じひ》の折伏行《しゃくぶくぎょう》に励《はげ》み、未曾有《みぞう》の世界広宣流布《せかいこうせんるふ》を成《な》し遂《と》げています。

広宣流布《こうせんるふ》こそ、日蓮大聖人《にちれんだいしょうにん》の大願《だいがん》です。また、地涌《じゆ》の菩薩《ぼさつ》の使命《しめい》に燃《も》え、大聖人《だいしょうにん》の直《じき》弟子《でし》であるとの自覚《じかく》に立《た》った、三代会長《さんだいかいちょう》と全世界《ぜんせかい》の共戦《きょうせん》の同志《どうし》の誓《ちか》いであり、創価《そうか》の師《し》弟《てい》の大誓願《だいせいがん》なのです。

池田名誉会長《いけだめいよかいちょう》は「大法弘通《だいほうぐつう》を、慈折広宣流布《じしゃくこうせんるふ》を、わが使命《しめい》と定《さだ》めた同志《どうし》は、皆《みな》が地涌《じゆ》の菩薩《ぼさつ》である。仏《ほとけ》の使《つか》いである。したがって、その自覚《じかく》に立《た》つ時《とき》、自身《じしん》の境涯革命《きょうがいかくめい》がなされ、いかなる宿命《しゅくめい》の嵐《あらし》をも勝《か》ち越《こ》える、大生命力《だいせいめいりょく》が脈動《みゃくどう》するのだ」と綴《つづ》っています。

地涌《じゆ》の菩薩《ぼさつ》とは、現代《げんだい》の私たちの実践《じっせん》に即《そく》していえば、最《もっと》も大変《たいへん》な時代《じだい》・社会《しゃかい》で、成《じょう》仏《ぶつ》の根本法《こんぽんほう》を伝《つた》え広《ひろ》め、最《もっと》も苦難《くなん》にあえぐ人々《ひとびと》に真《しん》の幸福《こうふく》を築《きず》く力《ちから》を開《ひら》かせるという使《し》命《めい》に生《い》きる人《ひと》です。

「一番苦労《いちばんくろう》した人《ひと》が、一番幸福《いちばんこうふく》になる権利《けんり》がある」との思《おも》いで、悩《なや》める友《とも》のもとへかけつけ、妙法《みょうほう》を教《おし》え、ともに宿命転換《しゅくめいてんかん》の道《みち》を歩《あゆ》む人《ひと》こそ、地涌《じゆ》の菩薩《ぼさつ》なのです。

◇資料◇　戸田《とだ》第2代会長《かいちょう》「創価学会《そうかがっかい》の歴史《れきし》と確信《かくしん》」（抜粋）

創価学会《そうかがっかい》が、初代会長牧口常三郎先生《しょだいかいちょうまきぐちつねさぶろうせんせい》に率《ひき》いられて、大法弘通《だいほうぐつう》のために立《た》たれたときは、罰《ばち》ということを正宗信者《しょうしゅうしんじゃ》が忘《わす》れていたときである。牧口先生《まきぐちせんせい》は罰論《ばちろん》をもって大《だい》法《ほう》を弘通《ぐつう》せんとし、内外《ないがい》にこれを説《と》いて、あらゆる難《なん》にあったのである。罰論《ばちろん》を説《と》くのは、日蓮正宗《にちれんしょうしゅう》の教義《きょうぎ》に背《そむ》くものとして攻《こう》撃《げき》した僧侶《そうりょ》すらあったのである。

牧口先生《まきぐちせんせい》は、敢然《かんぜん》として法罰《ほうばち》の恐《おそ》ろしさ、法罰厳然《ほうばちげんぜん》たるを説《と》いてゆずらずして、ご一生《いっしょう》を終《お》わったのである。

「御本尊様《ごほんぞんさま》は偉大《いだい》な力《ちから》がおありになる。罰《ばち》なくして大利益《だいりやく》があるわけがない。子《こ》をしかる力《ちから》のない父《ちち》が、子《こ》に幸福《こうふく》を与《あた》えられない。御本尊様《ごほんぞんさま》をじっと拝《おが》んでみよ。『若《も》し悩乱《のうらん》せん者《もの》は頭七分《こうべしちぶん》に破《わ》れん』との御本《ごほん》尊様《ぞんさま》のおおせが聞《き》こえないか。御本尊様《ごほんぞんさま》が罰《ばち》をおおせではないか」とは先生《せんせい》の持論《じろん》で、私も先生《せんせい》の持論《じろん》は正《ただ》しいと思《おも》う。これに反対《はんたい》する者《もの》は、大御本尊《だいごほんぞん》の威力《いりょく》を信《しん》じない者《もの》であり、これこそ、釈迦仏法《しゃかぶっぽう》のやさしい慈悲《じひ》のすがたのみをあこがれる文上仏法《もんじょうぶっぽう》のやからで、日蓮正宗《にちれんしょうしゅう》の正流《せいりゅう》ではない。

私もかさねてこれをいうが、御本尊《ごほんぞん》の向《む》かって右《みぎ》の御《おん》かたわらに「若《も》し悩乱《のうらん》せん者《もの》は頭七分《こうべしちぶん》に破《わ》れん」としたためられている。これが罰論《ばちろん》でなくてなんであろう。向《む》かって左《ひだり》の御《おん》かたわらを拝《はい》せば「供養《くよう》すること有《あ》らん者《もの》は福十号《ふくじゅうごう》に過《す》ぎん」と、これはご利益《りやく》をくださるとの御《おん》おおせではないか。

利益《りやく》と罰《ばち》は、われわれ日常《にちじょう》の真実《しんじつ》の生活《せいかつ》であり、価値生活《かちせいかつ》の全体《ぜんたい》である。この尊《とうと》いことを忘《わす》れておって、牧口先生《まきぐちせんせい》がこれを説《と》くや、おどろきあわてた連中《れんちゅう》のすがたは、いま思《おも》い出《だ》してもこっけいのきわみである。そして、いまごろになって、むかしから知《し》っていたような顔《かお》をしている悪侶《あくりょ》もあるのにはおどろくのである。今日《こんにち》にいたって、なお、これを思《おも》い出《だ》さない愚侶《ぐりょ》もいるのには、おどろくというより無知《むち》を悲《かな》しむものである。

聖人御難事《しょうにんごなんじ》に大聖人《だいしょうにん》の御《おん》おおせにいわく、「過去・現在の末法《まっぽう》の法華経《ほけきょう》の行者《ぎょうじゃ》を軽《きょう》賤《せん》する王臣《おうしん》・万民《ばんみん》、始《はじ》めは事《こと》なきようにて終《つい》にほろびざるは候《そうら》わず」（1190ジペー）と。大法《だいほう》に背《そむ》く者《もの》に厳然《げんぜん》と罰《ばち》ありとの御聖訓《ごせいくん》ではないか。だれか、これを否定《ひてい》いたしましょうぞ。否定《ひてい》することは謗法《ほうぼう》であり、悪《あく》人《にん》、愚人《ぐにん》の証明《しょうめい》となるではないか。

また、大聖人《だいしょうにん》の御《おん》おおせには、

「大田《おおた》の親昌《ちかまさ》・長崎次郎兵衛《ながさきじろうひょうえ》の尉時綱《じょうときつな》・大進房《だいしんぼう》が落馬《らくば》等《とう》は、法華経《ほけきょう》の罰《ばち》のあらわるるか。罰《ばち》は、総罰《そうばち》・別罰《べつばち》・顕罰《けんばち》・冥罰《みょうばち》・四《よ》つ候《そうろう》。日本国《にほんこく》の大疫病《だいやくびょう》と大《だい》けかち《飢渇》とどしう《同士討》ちと他国《たこく》よりせめらるるは、総《そう》ばち《罰》なり。やくびょう《疫病》は、冥罰《みょうばち》なり。大田等《おおたとう》は、現罰《げんばち》なり、別《べつ》ばちなり。各各《おのおの》、師子王《ししおう》の心《こころ》を取《と》り出《いだ》して、いかに人《ひと》おどすともおずることなかれ」(1190ページ)と。

牧口先生《まきぐちせんせい》は、この御抄《ごしょう》のお心《こころ》を心《こころ》として、おどしてもおじず、おどろかず、法罰《ほうばち》を説《と》いて内外《ないがい》の難《なん》をこうむったのである。

時《とき》あたかも、わが国《くに》は太平洋戦争《たいへいようせんそう》に直面《ちょくめん》し、国《くに》をあげて修羅《しゅら》のちまたに突入《とつにゅう》したのである。牧口会長《まきぐちかいちょう》は、この大戦争《だいせんそう》の間《あいだ》に、強《つよ》く大聖人《だいしょうにん》の御精神《ごせいしん》を奉戴《ほうたい》して、国家《こっか》の悪《あく》思想《しそう》たる天照大神《てんしょうだいじん》を拝《おが》むということに対立《たいりつ》したのであった。

時《とき》の軍部《ぐんぶ》は、蒙古襲来《もうこしゅうらい》のとき、神風《かみかぜ》が天照大神《てんしょうだいじん》によって吹《ふ》いたという歴史《れきし》にだまされていたのであった。国家《こっか》が謗法《ほうぼう》の行為《こうい》をなすことを知《し》らず、大聖人《だいしょうにん》の教《おし》えを聞《き》こうとせず、語《かた》ろうともせず、かつ、御本仏大聖人《ごほんぶつだいしょうにん》の祈《いの》りによって神風《かみかぜ》が吹《ふ》いたことは、知《し》らなかったのである。米国《べいこく》はデューイの哲学《てつがく》により、日本《にほん》の軍部《ぐんぶ》は低級《ていきゅう》な邪義《じゃぎ》である神道論《しんとうろん》によって、一国《いっこく》の精神統一《せいしんとういつ》を図《はか》った。勝敗《しょうはい》は物量《ぶつりょう》だけの問題《もんだい》でなく、すでにこのことによって定《さだ》まっていたのである。かれらが敗戦《はいせん》とともに、狂人的《きょうじんてき》になることは、どうすることもできないことであった。

高級《こうきゅう》な仏教哲学《ぶっきょうてつがく》は、敗戦《はいせん》すべきことを教《おし》えていたのであるが、そのたいせつな教理《きょうり》である大聖人《だいしょうにん》の御遺文《ごいぶん》すら焼《や》き捨《す》てようとかかったのである。軍部《ぐんぶ》の偉大《いだい》な権力《けんりょく》は狂《きょう》人《じん》に刃物《はもの》で、民衆《みんしゅう》はおどされるままにふるえあがって、バカのように天照大神《てんしょうだいじん》の神棚《かみだな》を作《つく》って拝《おが》んだのである。このとき、牧口《まきぐち》会長《かいちょう》は、天照大神《てんしょうだいじん》の神札《かみふだ》を拝《おが》むことは、正《しょう》宗《しゅう》の精神《せいしん》に反《はん》すると、きびしく会員《かいいん》に命《めい》ぜられたのである。

日本《にほん》の国《くに》は、軍部《ぐんぶ》にひきずられて妙《みょう》な考《かんが》え方《かた》になっていた。国内《こくない》が思想的《しそうてき》に乱《みだ》れるのを恐《おそ》れ、宗教《しゅうきょう》の統一《とういつ》を図《はか》ろうとくわだてた。天照大神《てんしょうだいじん》を拝《おが》んで神風《かみかぜ》を吹《ふ》かしてもらうと言《い》いだしたのである。天照大神《てんしょうだいじん》を拝《おが》まないものは国賊《こくぞく》であり、反戦思想《はんせんしそう》であるとしていた。日本始《にほんはじ》まって以来《いらい》、初《はじ》めて国《くに》をあげて天照大神《てんしょうだいじん》への信心《しんじん》である。

天照大神《てんしょうだいじん》とて、法華経守護《ほけきょうしゅご》の神《かみ》である。法華経《ほけきょう》に祈《いの》ってこそ天照大神《てんしょうだいじん》も功力《くりき》をあらわすのである。しかるに、文底独一《もんていどくいち》の法華《ほけ》経《きょう》を拝《おが》まず、天照大神《てんしょうだいじん》だけを祈《いの》るがゆえに、天照大神《てんしょうだいじん》の札《ふだ》には魔《ま》が住《す》んで、祈《いの》りは宿《やど》らず、一国《いっこく》を狂人《きょうじん》としたのである。

しかも、御開山日興上人《ごかいざんにっこうしょうにん》の御遺文《ごいぶん》にいわく「檀那《だんな》の社参《しゃさん》・物詣《ものもう》でを禁《きん》ずべし」（1617ジペー）とおおせある。この精神《せいしん》にもとづいて牧口会長《まきぐちかいちょう》は、「国《くに》を救《すく》うは日蓮大聖人《にちれんだいしょうにん》のご真意《しんい》たる大御本尊《だいごほんぞん》の流布《るふ》以外《いがい》はない。天照大神《てんしょうだいじん》を祈《いの》って、なんで国《くに》を救《すく》えるものか」と強《つよ》く強《つよ》く言《い》いだされたのである。

当時《とうじ》、御本山《ごほんざん》においても、牧口会長《まきぐちかいちょう》の、宗祖《しゅうそ》および御開山《ごかいざん》のおきてに忠順《ちゅうじゅん》に、どこまでも、一国《いっこく》も一家《いっか》も個人《こじん》も、大聖《たいせい》の教義《きょうぎ》に背《そむ》けば罰《ばち》があたるとの態度《たいど》に恐《おそ》れたのである。信者《しんじゃ》が忠順《ちゅうじゅん》に神棚《かみだな》をまつらなければ、軍部《ぐんぶ》からどんな迫害《はくがい》がくるかと、御本《ごほん》山《ざん》すら恐《おそ》れだしたようである。

昭和18年6月に学会《がっかい》の幹部《かんぶ》は登山《とざん》を命《めい》ぜられ、「神札《かみふだ》」を一応《いちおう》は受《う》けるように会員《かいいん》に命《めい》ずるようにしてはどうかと、二上人《にしょうにん》立《た》ち会《あ》いのうえ渡辺慈海師《わたなべじかいし》より申《もう》しわたされた。

御開山上人《ごかいざんしょうにん》の御遺文《ごいぶん》にいわく、「時《とき》の貫首《かんず》たりといえども、仏法《ぶっぽう》に相違《そうい》して己義《こぎ》を構《かま》えば、これを用《もち》うべからざること」（1618ジペー）

この精神《せいしん》においてか、牧口会長《まきぐちかいちょう》は、神札《かみふだ》は絶対《ぜったい》に受《う》けませんと申《もう》しあげて、下山《げざん》したのであった。しこうして、その途中《とちゅう》、私に述懐《じゅっかい》して言《い》わるるには、

「一宗《いっしゅう》が滅《ほろ》びることではない、一国《いっこく》が滅《ほろ》

びることを、嘆《なげ》くのである。宗祖聖人《しゅうそしょうにん》のお悲《かな》しみを、恐《おそ》れるのである。いまこそ、国《こっ》家諫暁《かかんぎょう》の時《とき》ではないか。なにを恐《おそ》れているのか知《し》らん」と。

まことに大聖人《だいしょうにん》の御金言《ごきんげん》は恐《おそ》るべく、権《けん》力《りょく》は恐《おそ》るべきものではない。牧口会長《まきぐちかいちょう》の烈々《れつれつ》たるこの気迫《きはく》ありといえども、狂人《きょうじん》の軍部《ぐんぶ》は、ついに罪《つみ》なくして罪人《ざいにん》として、ただ天照大神《てんしょうだいじん》をまつらぬという〝とが〟で、学会《がっかい》の幹部《かんぶ》21名《めい》が投獄《とうごく》されたのである。このとき、信者一同《しんじゃいちどう》のおどろき、あわてかた、御本山一統《ごほんざんいっとう》のあわてぶり、あとで聞《き》くもおかしく、みるも恥《は》ずかしきしだいであった。牧口《まきぐち》、戸田《とだ》の一門《いちもん》は登山《とざん》を禁《きん》ぜられ、世《よ》をあげて国賊《こくぞく》の家《いえ》とののしられたのは、時《とき》とはいえ、こっけいなものである。

（中略《ちゅうりゃく》）

会長牧口常三郎先生《かいちょうまきぐちつねさぶろうせんせい》は、昭和19年11月18日、この名誉《めいよ》の位置《いち》を誇《ほこ》りながら栄養失調《えいようしっちょう》のため、ついに牢死《ろうし》したのであった。

私は牧口会長《まきぐちかいちょう》の死《し》を知《し》らなかった。昭和18年の秋《あき》、警視庁《けいしちょう》で別《わか》れを告《つ》げたきり、たがいに三畳一間《さんじょうひとま》の独房《どくぼう》に別《わか》れ別《わか》れの生活《せいかつ》であったからである。二十歳《はたち》の年《とし》より師弟《してい》の縁《えん》を結《むす》び、親子《おやこ》もすぎた深《ふか》い仲《なか》である。

毎日《まいにち》、独房《どくぼう》のなかで、「私はまだ若《わか》い。先生《せんせい》は75歳《さい》でいらせられる。どうか、罪《つみ》は私一人《ひとり》に集《あつ》まって、先生《せんせい》は一日も早《はや》く帰《かえ》られますように」と大御本尊《だいごほんぞん》に祈《いの》ったのである。

牧口先生《まきぐちせんせい》の先業《せんごう》の法華経誹謗《ほけきょうひぼう》の罪《つみ》は深《ふか》く、仏勅《ぶっちょく》のほどはきびしかったのでありましょう。昭和20年1月8日、投獄以来《とうごくいらい》一年有半《ゆうはん》に、「牧口《まきぐち》は死《し》んだよ」と、ただ一声《ひとこえ》を聞《き》いたのであった。独房《どくぼう》へ帰《かえ》った私は、ただ涙《なみだ》に泣《な》きぬれたのであった。

ちょうど、牧口先生《まきぐちせんせい》の亡《な》くなったころ、私は二百万《にひゃくまん》べんの題目《だいもく》も近《ちか》くなって、不可《ふか》思議《しぎ》の境涯《きょうがい》を、御本仏《ごほんぶつ》の慈悲《じひ》によって体得《たいとく》したのであった。その後《ご》、取《と》り調《しら》べと唱題《しょうだい》と、読《よ》めなかった法華経《ほけきょう》が読《よ》めるようになった法悦《ほうえつ》とで毎日暮《まいにちく》らしたのであった。

その取《と》り調《しら》べにたいして、同志《どうし》が、みな退転《たいてん》しつつあることを知《し》ったのであった。歯《は》をかみしめるようななさけなさ。心《こころ》のなかからこみあげてくる大御本尊《だいごほんぞん》のありがたさ。私は一生《いっしょう》の命《いのち》を御仏《みほとけ》にささげる決意《けつい》をしたのであった。敗戦末期《はいせんまっき》の様相《ようそう》は牢獄《ろうごく》のなかまでひびいてくる。食《く》えないで苦《くる》しんでいる妻子《さいし》のすがたが目《め》にうつる。私は、ただ大御本尊様《だいごほんぞんさま》を拝《おが》んで聞《き》こえねど聞《き》こえねばならぬ生命《せいめい》の力《ちから》を知《し》ったがゆえに、二千《にせん》べんの唱題《しょうだい》のあとには、おのおのに百《ひゃっ》ぺんの題目《だいもく》を回向《えこう》しつつ、さけんだのである。

「大御本尊様《だいごほんぞんさま》、私と妻《つま》と子《こ》との命《いのち》を納受《のうじゅ》

したまえ。妻《つま》や子《こ》よ、なんじらは国外《こくがい》の兵《へい》の銃剣《じゅうけん》にたおれるかもしれない。国外《こくがい》の兵《へい》に屈辱《くつじょく》されるかもしれない。しかし、妙法《みょうほう》の信者《しんじゃ》戸田城聖《とだじょうせい》の妻《つま》として、また子《こ》と名《な》のり、縁《えん》ある者《もの》として、霊鷲山会《りょうじゅせんえ》に詣《もう》でて、大聖人《だいしょうにん》にお目通《めどお》りせよ。かならず厚《あつ》くおもてなしをうけるであろう」

毎日《まいにち》、唱題《しょうだい》と祈念《きねん》と法悦《ほうえつ》の日《ひ》はつづけられるとともに、不思議《ふしぎ》や、数馬判事《かずまはんじ》の私を憎《にく》むこと山《やま》より高《たか》く、海《うみ》よりも深《ふか》き実情《じつじょう》であった。法罰《ほうばち》は厳然《げんぜん》として、彼《かれ》は天台《てんだい》の一《いち》念三千《ねんさんぜん》の法門《ほうもん》の取《と》り調《しら》べになるや、重大《じゅうだい》な神経衰弱《しんけいすいじゃく》におちいり、12月18日より3月8日まで一行《いちぎょう》の調書《ちょうしょ》もできず、裁判官《さいばんかん》を廃業《はいぎょう》してしまったのである。

牧口先生《まきぐちせんせい》をいじめ、軽蔑《けいべつ》し、私を憎《にく》み、あなどり、同志《どうし》をうらぎらせた彼《かれ》は、裁判《さいばん》官《かん》として死刑《しけい》の宣告《せんこく》をうけたのである。その後《のち》の消息《しょうそく》は知《し》るよしもないが、阿弥陀教《あみだきょう》の信者《しんじゃ》の立場《たちば》で私ども同志《どうし》を裁《さば》いた彼《かれ》は、無間地獄《むけんじごく》まちがいなしと信《しん》ずるものである。不思議《ふしぎ》は種々《しゅじゅ》につづいたが、結局《けっきょく》、7月3日に、私はふたたび娑婆《しゃば》へ解放《かいほう》されたのであった。

（中略）

昭和20年7月、出獄《しゅつごく》の日《ひ》を期《き》して、私はまず故会長《こかいちょう》に、かく、こたえることができるようになったのであった。

「われわれの生命《せいめい》は永遠《えいえん》である。無始無終《むしむしゅう》である。われわれは末法《まっぽう》に七文字《しちもじ》の法華経《ほけきょう》を流布《るふ》すべき大任《たいにん》をおびて、出現《しゅつげん》したことを自覚《じかく》いたしました。この境地《きょうち》にまかせて、われわれの位《くらい》を判《はん》ずるならば、われわれは地涌《じゆ》の菩薩《ぼさつ》であります」と。

この自覚《じかく》は会員諸氏《かいいんしょし》のなかに浸透《しんとう》してきたのであったが、いまだ学会自体《がっかいじたい》の発迹顕本《ほっしゃくけんぽん》とはいえないので、ただ各人《かくじん》の自覚《じかく》の問題《もんだい》に属《ぞく》することにすぎない。

しかるに、こんどは学会総体《がっかいそうたい》に偉大《いだい》な自覚《じかく》が生《しょう》じ、偉大《いだい》なる確信《かくしん》に立《た》って活動《かつどう》を開始《かいし》し、次《つぎ》のごとく、牧口会長《まきぐちかいちょう》にこたえることができたのである。

「教相面《きょうそうめん》すなわち外用《げゆう》のすがたにおいては、われわれは地涌《じゆ》の菩薩《ぼさつ》であるが、その信心《しんじん》においては、日蓮大聖人《にちれんだいしょうにん》の眷属《けんぞく》であり、末弟子《まつでし》である。三世十方《さんぜじっぽう》の仏菩薩《ぶつぼさつ》の前《まえ》であろうと、地獄《じごく》の底《そこ》に暮《く》らそうと、声高《こえたか》らかに大御本尊《だいごほんぞん》に七文字《しちもじ》の法華経《ほけきょう》を読誦《どくじゅ》したてまつり、胸《むね》にかけたる大御本尊《だいごほんぞん》を唯一《ゆいいつ》の誇《ほこ》りとする。しこうして、日蓮大聖人《にちれんだいしょうにん》のお教《おし》えを身《み》をもってうけたまわり、忠順《ちゅうじゅん》に自行化他《じぎょうけた》にわたる七文字《しちもじ》の法華経《ほけきょう》を身《み》をもって読《よ》みたてまつり、いっさいの邪宗《じゃしゅう》を破《やぶ》って、かならずや東洋《とうよう》への広宣流布《こうせんるふ》の使徒《しと》として、私どもは、故会長《こかいちょう》の意志《いし》をついで、大御本尊《だいごほんぞん》の御前《おんまえ》において死《し》なんのみであります」
この確信《かくしん》が学会《がっかい》の中心思想《ちゅうしんしそう》で、いまや学《がっ》会《かい》に瀰漫《びまん》しつつある。これこそ発迹顕本《ほっしゃくけんぽん》であるまいか。この確信《かくしん》に立《た》ち、学会《がっかい》においては、広宣流布大願《こうせんるふだいがん》の「曼荼羅《まんだら》」を、六十四世水谷日昇上人《みずたににっしょうしょうにん》にお願《ねが》い申《もう》しあげ、法主《ほっす》上人《しょうにん》におかせられては、学会《がっかい》の決意《けつい》を嘉《よ》みせられて、広宣流布大願《こうせんるふだいがん》の大御本尊《だいごほんぞん》のお下《さ》げわたしをいただいたのである。

7月18日、入仏式《にゅうぶつしき》をいとなみ、7月22日、学会全体《がっかいぜんたい》の奉戴式《ほうたいしき》が九段一口坂《くだんひとくちざか》の家政《かせい》女学院《じょがくいん》（のちの東京家政学院《とうきょうかせいがくいん》）の講堂《こうどう》に、法《ほっ》主上人《すしょうにん》、堀御隠尊猊下《ほりごいんそんげいか》、堀米尊能師《ほりごめそんのうし》ほか数《すう》名《めい》の御尊師《ごそんし》のご臨席《りんせき》をあおぎ、学会《がっかい》の精兵《せいへい》は集《つど》いよって壮大《そうだい》にいとなまれたのである。

発迹顕本《ほっしゃくけんぽん》せる学会《がっかい》は大聖人《だいしょうにん》のお声《こえ》のままに大大活動《だいだいかつどう》にはいったのであるが、前途《ぜんと》の多難《たなん》はまた覚悟《かくご》のうえであるが、われわれがいかに位《くらい》が高《たか》いかを確信《かくしん》すれば、もののかずではないのである。すなわち、われら学会人《がっかいじん》の位《くらい》は、大聖人《だいしょうにん》より次《つぎ》のごとく評《ひょう》されている。

「この人《ひと》は、ただ四味三教《しみさんきょう》の極位《ごくい》ならびに爾前《にぜん》の円人《えんにん》に超過《ちょうか》するのみにあらず、はたまた真言等《しんごんとう》の諸宗《しょしゅう》の元祖《がんそ》、畏《い》・厳《ごん》・恩《おん》・蔵《ぞう》・宣《せん》・摩《ま》・導等《どうとう》に勝出《しょうしゅつ》すること百千万億倍《ひゃくせんまんのくばい》なり。請《こ》う、国中《こくちゅう》の諸人《しょにん》、我《わ》が末弟《まってい》らを軽《かろ》んずることなかれ。進《すす》んで過去《かこ》を尋《たず》ぬれば、八十万億劫《はちじゅうまんのくこう》に供養《くよう》せし大菩薩《だいぼさつ》なり。あに熈《き》連一恒《れんいちごう》の者《もの》にあらずや。退《しりぞ》いて未来《みらい》を論《ろん》ずれば、八十年の布施《ふせ》に超過《ちょうか》して五十の功徳《くどく》を備《そな》うべし。天子《てんし》の襁褓《むつき》に纏《まと》われ、大竜《だいりゅう》の始《はじ》めて生《しょう》ずるがごとし。蔑如《べつじょ》することなかれ、蔑如《べつじょ》することなかれ」(342ジベー)と。

この御真文《ごしんもん》を拝《はい》しえた学会人《がっかいじん》は、偉大《いだい》な自覚《じかく》に立《た》ち、東洋《とうよう》への広宣流布《こうせんるふ》を大願《だいがん》としたのである。

(昭和26年7月10日/8月10日)

第7章

2 御《ご》書《しょ》

創価学会《そうかがっかい》は「御書根本《ごしょこんぽん》」の実践《じっせん》を貫《つらぬ》いています。

日蓮大聖人《にちれんだいしょうにん》は、正《ただ》しい仏法《ぶっぽう》を説《と》き示《しめ》し、人々《ひとびと》を教《おし》え導《みちび》くために、多《おお》くの弟子《でし》たちへのお手紙《てがみ》や論文《ろんぶん》などをお書《か》きになりました。

日興上人《にっこうしょうにん》は、それらすべてを「御書《ごしょ》」と呼《よ》んで尊重《そんちょう》し、拝読《はいどく》・講義《こうぎ》をされました。大《だい》聖人門下《しょうにんもんか》が、心肝《しんかん》に染《そ》め、信仰《しんこう》の根本《こんぽん》とすべき聖典《せいてん》です。

池田名誉会長《いけだめいよかいちょう》は次《つぎ》のように語《かた》っています。

「大聖人《だいしょうにん》の御生涯《ごしょうがい》の激闘《げきとう》の記録《きろく》が御書《ごしょ》です。末法《まっぽう》の人類《じんるい》の救済《きゅうさい》のために大難《だいなん》を忍《しの》ばれ、大法《だいほう》を残《のこ》してくださった。その御心《おこころ》と行動《こうどう》と指南《しなん》を尽《つ》くされた結晶《けっしょう》が御書《ごしょ》なのです。それゆえに御書《ごしょ》は『末法《まっぽう》の経典《きょうてん》』と拝《はい》すべきなのです」

また、御書拝読《ごしょはいどく》の姿勢《しせい》として「『御書《ごしょ》を学《まな》ぼう』『御書《ごしょ》を開《ひら》こう』との一念《いちねん》が大切《たいせつ》である。内容《ないよう》を忘《わす》れてもいい。生命《せいめい》の奥底《おうてい》では何《なに》かが残《のこ》っている」と指導《しどう》しています。

日々《ひび》、御書《ごしょ》を拝読《はいどく》しながらの「行学《ぎょうがく》の二道《にどう》」の実践《じっせん》が大切《たいせつ》なのです。

民衆《みんしゅう》に開《ひら》かれた教《おし》え

御書《ごしょ》には、漢文体《かんぶんたい》のものと、仮名交《かなま》じりのものとがあります。多《おお》くの御書《ごしょ》が、仮名交《かなま》じりの平易《へいい》な文章《ぶんしょう》で書《か》かれています。

日本《にほん》の仏教《ぶっきょう》は、中国《ちゅうごく》で漢訳《かんやく》された経典《きょうてん》と、漢文《かんぶん》で書《か》かれた解釈《かいしゃく》、研究書《けんきゅうしょ》をもとに発展《はってん》してきたため、大聖人御在世当時《だいしょうにんございせとうじ》も、仏教《ぶっきょう》の論書《ろんしょ》は漢文体《かんぶんたい》が普通《ふつう》であり、権威《けんい》がありました。しかし、一般庶民《いっぱんしょみん》をはじめ、当時《とうじ》の人々《ひとびと》の大多数《だいたすう》は、文字《もじ》を学《まな》ぶ機会《きかい》がなく、また漢文《かんぶん》を読解《どっかい》する力《ちから》を身《み》につけることは困難《こんなん》でした。

そこで大聖人《だいしょうにん》は、多《おお》くの場合《ばあい》、分《わ》かりやすい仮名交《かなま》じり文《ぶん》に、時《とき》には読《よ》み仮名《がな》も添《そ》えて文章《ぶんしょう》を記《しる》して教《おし》えを説《と》かれ、御供養《ごくよう》のお礼《れい》の手紙《てがみ》などにも、さまざまな譬喩《ひゆ》や故事《こじ》を織《お》り交《ま》ぜながら法門《ほうもん》の内容《ないよう》を示《しめ》されました。

御書根本《ごしょこんぽん》の日興上人《にっこうしょうにん》

大聖人《だいしょうにん》御入滅後《ごにゅうめつご》、日興上人《にっこうしょうにん》を除《のぞ》く5人《にん》の高僧《こうそう》（五老僧《ごろうそう》＝日昭《にっしょう》、日朗《にちろう》、日向《にこう》、日頂《にっちょう》、日持《にちじ》）らは、大聖人《だいしょうにん》の御真意《ごしんい》を知《し》らず、大切《たいせつ》な御書《ごしょ》を蔑《ないがし》ろにしました。

五老僧《ごろうそう》らのなかには、仮名《かな》交《ま》じりの御書《ごしょ》を講義《こうぎ》するのは大聖人《だいしょうにん》の恥《はじ》であると日興上人《にっこうしょうにん》を非難《ひなん》したり、御書《ごしょ》をすきかえして（水《みず》に溶《と》かして再《ふた》び紙《かみ》にすること）しまったり、焼《や》いたりする者《もの》もいました。

これに対《たい》して日興上人《にっこうしょうにん》は、後世《こうせい》に正《ただ》しく残《のこ》すため、散在《さんざい》していた御書《ごしょ》の収集《しゅうしゅう》を図《はか》られ、自《みずか》ら書写《しょしゃ》に努《つと》められました。

また「立正安国論《りっしょうあんこくろん》」「開目抄《かいもくしょう》」「観心本尊抄《かんじんのほんぞんしょう》」など、特《とく》に重要《じゅうよう》な御書十編《ごしょじっぺん》を十大部《じゅうだいぶ》と定《さだ》め、後世《こうせい》に正《ただ》しく伝《つた》えようとされました。

御書全集《ごしょぜんしゅう》の発刊《はっかん》

日興上人《にっこうしょうにん》の御書根本《ごしょこんぽん》の精神《せいしん》を継《つ》いで、創価学会《そうかがっかい》では、戸田城聖第《とだじょうせいだい》2代会長《だいかいちょう》の発願《ほつがん》により、立宗《りっしゅう》700年を記念《きねん》して昭和27年（1952年）4月28日に『日蓮大聖人御書全集《にちれんだいしょうにんごしょぜんしゅう》』を発刊《はっかん》しました。

第《だい》2次世界大戦中《じせかいたいせんちゅう》に軍部政府《ぐんぶせいふ》の弾圧《だんあつ》を受《う》けて学会《がっかい》が壊滅状態《かいめつじょうたい》になったのは、日蓮大聖《にちれんだいしょう》人《にん》の御心《おこころ》と御振《おふ》る舞《ま》いを学《まな》んでいなかったためであると戸田会長《とだかいちょう》は考《かんが》え、戦後《せんご》、学会再建《がっかいさいけん》に取《と》り組《く》むに当《あ》たり、真摯《しんし》な教学研鑽《きょうがくけんさん》を推進《すいしん》し、会員《かいいん》の信心《しんじん》を強化《きょうか》していました。

当時《とうじ》、一般《いっぱん》に流布《るふ》している御書《ごしょ》を便宜上用《べんぎじょうもち》いていましたが、「開目抄《かいもくしょう》」や「観心本尊抄《かんじんのほんぞんしょう》」などの重書《じゅうしょ》ですら、大聖人《だいしょうにん》の真意《しんい》にそむく誤《あやま》った読《よ》み方《かた》が紛《まぎ》れていました。

そこで、内容《ないよう》が正《ただ》しく、信頼《しんらい》できる『御書全集《ごしょぜんしゅう》』を待望《たいぼう》する声《こえ》が会内《かいない》に起《お》こり、戸田《とだ》会長《かいちょう》が出版《しゅっぱん》を発願《ほつがん》されたのです。

碩学《せきがく》である堀日亨上人《ほりにちこうしょうにん》の研究成果《けんきゅうせいか》を踏《ふ》まえ、正《ただ》しい法理《ほうり》に基《もと》づいて御書《ごしょ》を集大成《しゅうたいせい》したことは、700年間《ねんかん》、誰人《たれびと》も成《な》し得《え》なかった快挙《かいきょ》であり、御書《ごしょ》を信仰《しんこう》の根本《こんぽん》とする創価《そうか》学会《がっかい》の信心《しんじん》を示《しめ》した大事業《だいじぎょう》でした。

剣豪《けんごう》の修行《しゅぎょう》のごとき研鑽《けんさん》の伝統《でんとう》

「行学《ぎょうがく》の二道《にどう》をはげみ候《そうろう》べし。行学《ぎょうがく》絶《た》えなば仏法《ぶっぽう》はあるべからず。我《われ》もいたし、人《ひと》をも教化《きょうけ》候《そうら》え。行学《ぎょうがく》は信心《しんじん》よりおこるべく候《そうろう》。力《ちから》あらば、一文一句《いちもんいっく》なりともかたらせ給《たま》うべし」（1361ページ）——戸田会長《とだかいちょう》は、『御書全集《ごしょぜんしゅう》』の「発刊《はっかん》の辞《じ》」の冒頭《ぼうとう》に、この「諸法実相抄《しょほうじっそうしょう》」の一節《いっせつ》を掲《かか》げました。

この御金言《ごきんげん》を守《まも》り、「純真強盛《じゅんしんごうじょう》な信心《しんじん》」に基《もと》づいて、「行学《ぎょうがく》の二道《にどう》」に励《はげ》み、「如説《にょせつ》の折伏行《しゃくぶくぎょう》」に邁進《まいしん》してきたのが、創価学会《そうかがっかい》であると述《の》べられています。

「発刊《はっかん》の辞《じ》」では、牧口会長《まきぐちかいちょう》、さらに戦後《せんご》は戸田会長《とだかいちょう》のもと、学会《がっかい》が真剣《しんけん》に御書研鑽《ごしょけんさん》に励《はげ》んできたことを、「剣豪《けんごう》の修行《しゅぎょう》を思《おも》わせるが如《ごと》きその厳格《げんかく》なる鍛錬《たんれん》は、学会《がっかい》の伝《でん》統《とう》・名誉《めいよ》ある特徴《とくちょう》となっている」と宣言《せんげん》されています。

『御書全集《ごしょぜんしゅう》』が発刊《はっかん》されて以後《いご》、創価学会《そうかがっかい》では、一層《いっそう》、御書《ごしょ》の研鑽《けんさん》に取《と》り組《く》み、御書《ごしょ》講義《こうぎ》をはじめ、種々《しゅじゅ》の会合《かいごう》でも御書《ごしょ》を拝《はい》して信心《しんじん》を鍛《きた》え磨《みが》き、「実践《じっせん》の教学《きょうがく》」の伝統《でんとう》を築《きず》いています。

諸言語《しょげんご》への翻訳《ほんやく》

日興上人《にっこうしょうにん》は、「西天《さいてん》の仏法《ぶっぽう》、東漸《とうぜん》の時《とき》、既《すで》に梵音《ぼんのん》を飜《ほん》じて倭漢《わかん》に伝《つた》うるがごとく、本朝《ほんちょう》の聖語《しょうご》も、広宣《こうせん》の日《ひ》は、また仮字《かな》を訳《やく》して梵震《ぼんしん》に通《つう》ずべし」（1613ページ）と述《の》べ、世界広宣流布《せかいこうせんるふ》の時《とき》には、大聖人《だいしょうにん》が日本語《にほんご》で書《か》かれた御書《ごしょ》を翻訳《ほんやく》して、インドや中国《ちゅうごく》など、世界《せかい》に広《ひろ》めていくのであると指南《しなん》されていました。

昭和35年（1960年）5月3日、池田第《いけだだい》3代会長《だいかいちょう》が就任《しゅうにん》すると、世界広宣流布《せかいこうせんるふ》の幕《まく》が開《ひら》かれました。

現在《げんざい》では、192カ国《こく》・地域《ちいき》に広《ひろ》がり、それぞれの地《ち》で日蓮大聖人《にちれんだいしょうにん》の仏法《ぶっぽう》を実践《じっせん》して、幸福《こうふく》への軌道《きどう》を歩《あゆ》みながら、良《よ》き市民《しみん》として社会《しゃかい》に貢献《こうけん》しています。

それに伴《ともな》い、中国語《ちゅうごくご》や韓国語《かんこくご》などの漢字文化圏《かんじぶんかけん》の言語《げんご》をはじめ、英語《えいご》やスペイン語《ご》やフランス語《ご》など、ヨーロッパから世界各地《せかいかくち》に広《ひろ》がっている言語《げんご》、そのほか全世界《ぜんせかい》の多《おお》くの言語《げんご》に、御書《ごしょ》が順次《じゅんじ》、翻訳《ほんやく》されて学《まな》ばれています。

日興上人《にっこうしょうにん》のお言葉通《ことばどお》り、大聖人《だいしょうにん》の御書《ごしょ》は、世界中《せかいじゅう》の人々《ひとびと》に拝読《はいどく》され、人類《じんるい》を幸福《こうふく》へと導《みちび》き、世界平和《せかいへいわ》を実現《じつげん》しゆく希望《きぼう》の光《ひかり》と安心《あんしん》の泉《いずみ》となっているのです。

御書軽視《ごしょけいし》の宗門《しゅうもん》

日蓮正宗宗門《にちれんしょうしゅうしゅうもん》は、戦時中《せんじちゅう》、国家神道《こっかしんとう》と結《むす》びついていた軍部政府《ぐんぶせいふ》の弾圧《だんあつ》を恐《おそ》れて、時勢《じせい》に照《て》らして支障《ししょう》のある御書《ごしょ》の御文《ごもん》を削除《さくじょ》するという、大聖人門下《だいしょうにんもんか》としてあってはならない誤《あやま》りを犯《おか》しました。

昭和16年（1941年）8月に、御書《ごしょ》の刊行《かんこう》を禁止《きんし》する院達《いんたつ》を出《だ》し、さらに同年《どうねん》9月には、宗務院教学部長名《しゅうむいんきょうがくぶちょうめい》で計14カ所《しょ》に及《およ》ぶ御文《ごもん》の削除《さくじょ》を通達《つうたつ》したのです。

現在《げんざい》の日蓮正宗《にちれんしょうしゅう》（日顕宗《にっけんしゅう》）では、日蓮大聖人《にちれんだいしょうにん》の御指南《ごしなん》に反《はん》する邪義《じゃぎ》を唱《とな》え、大聖人《だいしょうにん》の仏法《ぶっぽう》の教義《きょうぎ》を根幹《こんかん》から破壊《はかい》しています。

「御書根本《ごしょこんぽん》」を貫《つらぬ》く創価学会《そうかがっかい》と、御書《ごしょ》を軽視《けいし》し、違背《いはい》し続《つづ》けてきた日蓮正宗《にちれんしょうしゅう》と、その相違《そうい》は明確《めいかく》です。

3 悪《あく》を見抜《みぬ》き善《ぜん》を守《まも》る

(1) 善知識《ぜんちしき》と悪知識《あくちしき》

「知識《ちしき》」とは仏教用語《ぶっきょうようご》では友人《ゆうじん》・知人《ちじん》を意味《いみ》します。「知識《ちしき》」のなかでも正《ただ》しく仏道《ぶつどう》に導《みちび》いてくれる師匠《ししょう》や、仏道修行《ぶつどうしゅぎょう》を励《はげ》ましてくれる同志《どうし》を「善知識《ぜんちしき》」といい、逆《ぎゃく》に、仏道修行《ぶつどうしゅぎょう》を妨《さまた》げ、人《ひと》を迷《まよ》わして悪道《あくどう》に導《みちび》く者《もの》を「悪知《あくち》識《しき》」といいます。

「仏《ほとけ》になるみちは善知識《ぜんちしき》にはすぎず」

善知識《ぜんちしき》に親《した》しむとともに、悪知識《あくちしき》に惑《まど》わされて従《したが》うことがないよう賢《かしこ》く対処《たいしょ》すること

第7章

が大事《だいじ》になります。

人間《にんげん》の心《こころ》は揺《ゆ》れ動《うご》きやすいものであり、仏道修行《ぶつどうしゅぎょう》の途上《とじょう》においても、ともすれば自身《じしん》の弱《よわ》さに負《ま》けて修行《しゅぎょう》を怠《おこた》ったり、正《ただ》しい仏《ほとけ》の教《おし》えを見失《みうしな》ったりしがちです。

そこで、常《つね》に正《ただ》しい仏道《ぶつどう》に導《みちび》き、信心《しんじん》を触発《しょくはつ》してくれる善知識《ぜんちしき》が必要《ひつよう》なのです。

日蓮大聖人《にちれんだいしょうにん》は、「されば仏《ほとけ》になるみちは善知識《ぜんちしき》にはすぎず。わが智慧《ちえ》なににかせん。ただあつき《温》つめたき《寒》ばかりの智慧《ちえ》だにも候《そうろう》ならば、善知識《ぜんちしき》たいせち《大切》なり」（1468㌻）と、教《おし》えられています。

悪知識《あくちしき》は心《こころ》を破壊《はかい》

仏道修行《ぶつどうしゅぎょう》を妨《さまた》げる悪知識《あくちしき》について、涅槃経《ねはんぎょう》には、次《つぎ》のように説《と》かれています。

「たとえ凶暴《きょうぼう》な悪象《あくぞう》に殺《ころ》されたとしても、それは何《なん》ら恐《おそ》れることではない。なぜならば、たとえ自身《じしん》の肉体《にくたい》が破壊《はかい》されることがあっても、自身《じしん》の心《こころ》は破壊《はかい》されていないのだから、地獄《じごく》・餓鬼《がき》・畜生《ちくしょう》の三悪道《さんあくどう》に堕《お》ちることは決《けっ》してない。しかし、悪知識《あくちしき》によって

心《こころ》が破壊《はかい》されたら、必《かなら》ず三悪道《さんあくどう》に堕《お》ちる因《いん》を作《つく》ったことになる」（趣旨《しゅし》、御書《ごしょ》7ページ等《とう》に引用《いんよう》）

悪知識《あくちしき》をも善知識《ぜんちしき》に変《か》える信心《しんじん》

大聖人《だいしょうにん》は、悪知識《あくちしき》に従《したが》うなと教《おし》えられるとともに、この仏道修行《ぶつどうしゅぎょう》を妨《さまた》げようとする悪《あく》知識《ちしき》をも自身《じしん》の成仏《じょうぶつ》への機縁《きえん》としていく強盛《ごうじょう》な信心《しんじん》に立《た》つべきことを示《しめ》されています。

信心《しんじん》が強盛《ごうじょう》になればなるほど、三障四魔《さんしょうしま》や三類《さんるい》の強敵《ごうてき》が一段《いちだん》と強《つよ》く現《あらわ》れてきます。より一層《いっそう》、強《つよ》い信心《しんじん》を奮《ふる》い起《お》こし、御書《ごしょ》という智慧《ちえ》の鏡《かがみ》に照《て》らして、魔《ま》を魔《ま》と見破《みやぶ》れば、もはや、魔《ま》ではありません。

御本尊《ごほんぞん》への信心《しんじん》を根本《こんぽん》に障害《しょうがい》を乗《の》り越《こ》えていこうとする時《とき》、まだ現《あらわ》れていなかったもっと大《おお》きな力《ちから》、すぐれた能力《のうりょく》を引《ひ》き出《だ》すことができ、自身《じしん》の信心《しんじん》を強《つよ》め、境涯《きょうがい》を一段《いちだん》と高《たか》めていける。つまり、悪知識《あくちしき》も善知識《ぜんちしき》へと転《てん》じていけるのです。

「種種御振舞御書《しゅじゅおんふるまいごしょ》」には「釈迦如来《しゃかにょらい》の御《おん》ためには、提婆達多《だいばだった》こそ第一《だいいち》の善知識《ぜんちしき》なれ。今《いま》の世間《せけん》を見《み》るに、人《ひと》をよくな《成》すものは、かとうど《方人》よりも強敵《ごうてき》が、人《ひと》をばよくなしけるなり」（917ジペー）と説《と》かれ、「富木殿御返事《ときどのごへんじ》」には「諸《もろもろ》の悪人《あくにん》はまた善知識《ぜんちしき》なり」（962ジペー）と述《の》べられています。

（2）謗法厳誡《ほうぼうげんかい》と随方毘尼《ずいほうびに》

謗法厳誡《ほうぼうげんかい》

謗法《ほうぼう》とは、「誹謗正法《ひぼうしょうほう》」すなわち正法《しょうほう》を誹謗《ひぼう》する（謗《そし》る、悪口《わるくち》を言《い》う）ことをいいます。

正法《しょうほう》とは、仏《ほとけ》が覚《さと》った真実《しんじつ》、万人成仏《ばんにんじょうぶつ》の法《ほう》です。万人成仏《ばんにんじょうぶつ》の正法《しょうほう》は、釈尊《しゃくそん》の法華経《ほけきょう》に説《と》き示《しめ》され、日蓮大聖人《にちれんだいしょうにん》はその肝要《かんよう》を南無妙法蓮華経《なんみょうほうれんげきょう》であると明《あ》かされました。

この万人成仏《ばんにんじょうぶつ》の正法《しょうほう》の意義《いぎ》を、さらにかみくだいて言《い》えば、いかなる人《ひと》も、その生命《せいめい》に尊極《そんごく》の仏界《ぶっかい》を具《そな》え、無限《むげん》の可能性《かのうせい》をもっているとの人間観《にんげんかん》、生命観《せいめいかん》です。

正法《しょうほう》に反発《はんぱつ》し誹謗《ひぼう》すること、また正法《しょうほう》に背《そむ》き、正法《しょうほう》を信《しん》じようとしない不信《ふしん》は、謗法《ほうぼう》となります。

謗法《ほうぼう》とは、自他共《じたとも》の幸福《こうふく》と安穏《あんのん》な社会《しゃかい》を願《ねが》う、最《もっと》も人間《にんげん》らしい正《ただ》しい生《い》き方《かた》に対《たい》する反発《はんぱつ》であるからこそ、厳《きび》しく戒《いまし》められているのです。これが謗法厳誡《ほうぼうげんかい》です。ただし、自《じ》分《ぶん》たちの信仰《しんこう》を認《みと》めない人々《ひとびと》を排除《はいじょ》したり、自分《じぶん》たちの信仰《しんこう》を押《お》し付《つ》けたりするものではは決《けっ》してありません。

大聖人《だいしょうにん》の御在世《ございせ》の当時《とうじ》、諸宗派《しょしゅうは》が誤《あやま》った教《おし》えを広《ひろ》め、謗法《ほうぼう》を広《ひろ》げていました。

大聖人《だいしょうにん》は、「立正安国論《りっしょうあんこくろん》」で、謗法《ほうぼう》こそが人々《ひとびと》の不幸《ふこう》の根源《こんげん》であり不安《ふあん》な社会《しゃかい》を生《う》み出《だ》す一凶《いっきょう》であると厳《きび》しく糾弾《きゅうだん》し、正法《しょうほう》を信《しん》じ安心《あんしん》できる社会《しゃかい》を築《きず》くよう、強《つよ》く促《うなが》されました。

万人成仏《ばんにんじょうぶつ》の教《おし》えである正法《しょうほう》に反発《はんぱつ》する謗法《ほうぼう》は、苦悩《くのう》の根本《こんぽん》であり、不幸《ふこう》の根源《こんげん》ですから、自《みずか》ら厳《きび》しく戒《いまし》めなければなりません。

成仏《じょうぶつ》のためには、自《みずか》ら謗法《ほうぼう》を犯《おか》さないようにするだけでなく、他《た》の謗法《ほうぼう》を諫《いさ》め、改《あらた》めさせ、不幸《ふこう》への道《みち》から解放《かいほう》させていく――〝慈悲《じひ》の折伏《しゃくぶく》〟の実践《じっせん》が、謗法厳誡《ほうぼうげんかい》の肝要《かんよう》となります。

大聖人《だいしょうにん》は「謗法《ほうぼう》を責《せ》めずして成仏《じょうぶつ》を願《ねが》わば、火《ひ》の中《なか》に水《みず》を求《もと》め水《みず》の中《なか》に火《ひ》を尋《たず》ぬるがごとくなるべし。はかなし、はかなし」（1056ジペー）と仰《おお》せです。

謗法《ほうぼう》を広《ひろ》げる悪《あく》と戦《たたか》うことが、仏《ほとけ》の善《ぜん》の勢力《せいりょく》を増《ま》し、自身《じしん》の悪《あく》をも防《ふせ》ぐことになります。それによってはじめて、成仏《じょうぶつ》も可能《かのう》となるのです。

随方毘尼《ずいほうびに》

仏法《ぶっぽう》は、時代《じだい》・地域《ちいき》・民族《みんぞく》・性別《せいべつ》・年齢《ねんれい》を問《と》わず、万人《ばんにん》に共通《きょうつう》の根本法則《こんぽんほうそく》です。法華経《ほけきょう》に説《と》かれるように、人間一人《にんげんひと》ひとりには、さまざまな違《ちが》いはあっても、だれでも成仏《じょうぶつ》が可能《かのう》であるからこそ、日蓮仏法《にちれんぶっぽう》は、文化《ぶんか》の多様性《たようせい》を認《みと》め、最大限《さいだいげん》に尊重《そんちょう》します。

日蓮大聖人《にちれんだいしょうにん》は、「随方毘尼《ずいほうびに》」という教《おし》えを示《しめ》されています。「随方《ずいほう》」とは、地域《ちいき》の風習《ふうしゅう》に随《したが》うこと、「毘尼《びに》」とは、戒律《かいりつ》の意味《いみ》です。

随方毘尼《ずいほうびに》は、随方随時毘尼《ずいほうずいじびに》ともいい、仏法《ぶっぽう》の根本《こんぽん》の法理《ほうり》に違《たが》わないかぎり、各国《かっこく》・各《かく》地域《ちいき》の風俗《ふうぞく》や習慣《しゅうかん》、時代《じだい》の風習《ふうしゅう》を尊重《そんちょう》し、随《したが》うべきであるとした教《おし》えです。

日蓮大聖人《にちれんだいしょうにん》は「この戒《かい》の心《こころ》は、いとう《甚》事《こと》かけ《欠》ざることをば（＝重大《じゅうだい》な欠点《けってん》がなければ）、少少仏教《しょうしょうぶっきょう》にたがうとも、その国《くに》の風俗《ふうぞく》に違《たが》うべからざるよし、仏《ほとけ》一つの戒《かい》を説《と》き給《たま》えり」（1202㌻）と仰《おお》せです。正法《しょうほう》という根本基準《こんぽんきじゅん》を立《た》てた上《うえ》で、成仏《じょうぶつ》・不成仏《ふじょうぶつ》という仏法《ぶっぽう》の根本原理《こんぽんげんり》に関《かん》する事柄《ことがら》でなければ、一般《いっぱん》の風俗《ふうぞく》、世間《せけん》の普通《ふつう》の約束事《やくそくごと》を尊重《そんちょう》し、用《もち》いていくことを説《と》いています。

仏法《ぶっぽう》は、人《ひと》としての振《ふ》る舞《ま》いを高《たか》め、人間《にんげん》らしい生《い》き方《かた》を目指《めざ》します。世間一般《せけんいっぱん》の風習《ふうしゅう》には、それぞれの地域《ちいき》・文化《ぶんか》の智慧《ちえ》が息《いき》づいています。その智慧《ちえ》は、仏法《ぶっぽう》の教《おし》えと一致《いっち》する面《めん》があり、仏《ほとけ》の智慧《ちえ》の一分《いちぶん》を含《ふく》んでいるものといえます。豊《ゆた》かな人間性《にんげんせい》を育《はぐく》む風俗《ふうぞく》・習慣《しゅうかん》・文化《ぶんか》は、仏法《ぶっぽう》の智慧《ちえ》への入《い》り口《ぐち》になります。

また逆《ぎゃく》に、風俗《ふうぞく》・習慣《しゅうかん》の表面的《ひょうめんてき》な形《かたち》にこだわって、本来《ほんらい》は不要《ふよう》な決《き》まりごとに束縛《そくばく》され、仏法《ぶっぽう》の根本精神《こんぽんせいしん》に背《そむ》くなら、それは本末転倒《ほんまつてんとう》です。

あくまでも、自身《じしん》の信心《しんじん》を主体的《しゅたいてき》に確立《かくりつ》した上《うえ》で、地域《ちいき》・社会《しゃかい》と協調《きょうちょう》しながら、自身《じしん》を磨《みが》いていくことが大切《たいせつ》です。

◇教学探検◇

盂蘭盆《うらぼん》・彼岸《ひがん》（遺徳《いとく》を偲《しの》び報恩《ほうおん》の祈《いの》りを）

故人《こじん》を偲《しの》びその冥福《めいふく》を祈《いの》るために、夏《なつ》に盂蘭盆《うらぼん》（お盆《ぼん》）、春夏《はるなつ》に彼岸《ひがん》の法要《ほうよう》が日本《にほん》では伝統的《でんとうてき》に行《おこな》われています。

これらは、仏教《ぶっきょう》が広《ひろ》がる中《なか》、各地《かくち》の伝統《でんとう》的《てき》な祖先《そせん》への感謝《かんしゃ》の行事《ぎょうじ》の影響《えいきょう》を受《う》けながら、仏教《ぶっきょう》の中《なか》でも行《おこな》われるようになってきたものです。万人《ばんにん》の成仏《じょうぶつ》を願《ねが》うという仏教《ぶっきょう》の本義《ほんぎ》に反《はん》しないものなので、伝統的《でんとうてき》な慣《かん》習《しゅう》を容認《ようにん》して取《と》り入《い》れられてきたものです。「随方毘尼《ずいほうびに》」の考《かんが》えに基《もと》づくものです（本書246ジペー参照）。

盂蘭盆《うらぼん》

盂蘭盆《うらぼん》については、古《ふる》くから、サンスクリット（インド古代《こだい》の文章語《ぶんしょうご》、梵語《ぼんご》）の「アヴァランバナ」が変化《へんか》した「ウランバナ」の音《おん》を漢字《かんじ》で写《うつ》したものとされ、「倒懸《とうけん》」

（〝逆《さか》さづりの苦《くる》しみ〟の意《い》）と訳《やく》されました。古代《こだい》イランの言語《げんご》で〝死者《ししゃ》の霊魂《れいこん》〟を意味《いみ》する「ウルヴァン」が語源《ごげん》という説《せつ》もあります。近年《きんねん》の研究《けんきゅう》では、「パラヴァーラナー」というサンスクリットの語《ご》がインドや西域《せいいき》で変化《へんか》して「ウラヴァーナ」となったものを漢字《かんじ》で音《おん》を写《うつ》して「盂蘭盆《うらぼん》」とされたと考《かんが》えられています。

「パラヴァーラナー」とは「自恣《じし》」と漢訳《かんやく》されます。古代《こだい》インドでは仏教修行者《ぶっきょうしゅぎょうしゃ》たちは法《ほう》を広《ひろ》めるためにさまざまな地域《ちいき》に赴《おもむ》いていましたが、外出《がいしゅつ》・移動《いどう》が難《むずか》しい雨季《うき》には一箇所《いっかしょ》に集《あつ》まって生活《せいかつ》して修行《しゅぎょう》する習慣《しゅうかん》がありました。これを雨安居《うあんご》といいます。その最終日《さいしゅうび》の満月《まんげつ》の日《ひ》には、修行者《しゅぎょうしゃ》が互《たが》いに誤《あやま》りを指摘《してき》してもらって過《あやま》ちや罪《つみ》を告白《こくはく》し反省《はんせい》し許《ゆる》しを請《こ》うこと（懺悔《さんげ》）を行《おこな》います。このことを「パラヴァーラナー」といいます。この時《とき》に、盛大《せいだい》に供養《くよう》が行《おこな》われました。

西域《せいいき》に仏教《ぶっきょう》が広《ひろ》がる中《なか》で、この日《ひ》に供養《くよう》を行《おこな》うと過去七世《かこしちせ》の父母《ふぼ》を救《すく》うことができるという信仰《しんこう》が生《う》まれ、それがシルクロードの交易《こうえき》などで活躍《かつやく》したイラン系《けい》のソグド人《じん》などが中国《ちゅうごく》と交流《こうりゅう》する中《なか》で、中国《ちゅうごく》にも伝《つた》わったとされます。

中国《ちゅうごく》ではこの自恣《じし》の供養《くよう》を行《おこな》う満月《まんげつ》の日《ひ》を7月15日（太陰太陽暦《たいいんたいようれき》では満月《まんげつ》はほぼ十五夜《や》に当《あ》たる）とみなし、同《おな》じ7月15日に行《おこな》われる中国《ちゅうごく》の伝統的《でんとうてき》な祭《まつ》りである中元節《ちゅうげんせつ》の影響《えいきょう》も受《う》け、盂蘭盆《うらぼん》の行事《ぎょうじ》につながっていったと考《かんが》えられています。

盂蘭盆《うらぼん》の行事《ぎょうじ》の意義《いぎ》を説《と》く経典《きょうてん》として「盂蘭盆経《うらぼんきょう》」があります。現在《げんざい》では、同経《どうきょう》は中国《ちゅうごく》で成立《せいりつ》したのではないかとされています。

中国《ちゅうごく》・日本《にほん》では盂蘭盆経《うらぼんきょう》に基《もと》づいて行事《ぎょうじ》が行《おこな》われてきました。

盂蘭盆《うらぼん》の供養《くよう》をお届《とど》けした門下《もんか》へのお礼《れい》のお手紙《てがみ》で、日蓮大聖人《にちれんだいしょうにん》も伝統《でんとう》に従《したが》い盂蘭《うら》盆経《ぼんきょう》の内容《ないよう》を記《しる》すとともに、大聖人《だいしょうにん》の仏法《ぶっぽう》の立場《たちば》からのご指南《しなん》をされています。

大聖人《だいしょうにん》は、まず、盂蘭盆経《うらぼんきょう》では、釈尊《しゃくそん》の十大弟子《じゅうだいでし》で神通第一《じんずうだいいち》と称《たた》えられた目連尊者《もくれんそんじゃ》が、物惜《ものお》しみの罪《つみ》で餓鬼道《がきどう》に堕《お》ちた母《はは》を自《じ》身《しん》の力《ちから》で救《すく》おうとしてもかなわなかったことに対《たい》し、釈尊《しゃくそん》が、7月15日に十方《じっぽう》の聖僧《せいそう》を集《あつ》め、さまざまな飲食物《いんしょくぶつ》を用意《ようい》して供養《くよう》すれば救《すく》われると説《と》いていると記《しる》されています。

その上《うえ》で、目連《もくれん》ほどの人《ひと》が自身《じしん》の力《ちから》で母《はは》を救《すく》えなかったのは、まだ法華経《ほけきょう》を知《し》らず成仏《じょうぶつ》できなかったからであると教《おし》えられます。

「自身仏《じしんほとけ》にならずしては、父母《ぶも》をだにもすく《救》いがた《難》し。いおうや他人《たにん》をや」（1429ページ）と仰《おお》せです。

まして、正法《しょうほう》に背《そむ》く僧《そう》らは千万人《せんまんにん》を集《あつ》めても、故人《こじん》を苦悩《くのう》の境涯《きょうがい》から救《すく》えないと戒《いまし》められています。

どこまでも万人成仏《ばんにんじょうぶつ》を明《あ》かした法華経《ほけきょう》を信受《しんじゅ》した人《ひと》の真心《まごころ》の祈《いの》りこそが、故人《こじん》を救《すく》う追善《ついぜん》・回向《えこう》となるのです（回向《えこう》の本義《ほんぎ》は本書85ページ参照）。

彼《ひ》岸《がん》

彼岸《ひがん》の法要《ほうよう》は、日本独自《にほんどくじ》の伝統《でんとう》です。

一般的《いっぱんてき》に、春分《しゅんぶん》・秋分《しゅうぶん》の日《ひ》を中心《ちゅうしん》に前後《ぜんご》3日の合計《ごうけい》7日間《かん》を「彼岸《ひがん》」として、墓参《はかまい》りや彼岸会《ひがんえ》などの法要《ほうよう》を行《おこな》い、先祖《せんぞ》に回向《えこう》する風習《ふうしゅう》があります。

春分《しゅんぶん》・秋分《しゅうぶん》の日《ひ》は、太陽《たいよう》がほぼ真東《まひがし》から昇《のぼ》り、真西《まにし》に沈《しず》みます。その時季《じき》に、農耕《のうこう》の儀礼《ぎれい》や先祖供養《せんぞくよう》が行《おこな》われ、それが後《のち》に仏《ぶっ》教《きょう》と結《むす》びつき、「彼岸会《ひがんえ》」として定着《ていちゃく》していったと言《い》われます。江戸時代《えどじだい》には庶民《しょみん》にも広《ひろ》がって年中行事《ねんちゅうぎょうじ》となり墓参《はかまい》りなどの習慣《しゅうかん》も根付《ねづ》いていきました。

仏教《ぶっきょう》では、貪《とん》・瞋《じん》・癡《ち》の三毒《さんどく》の苦《くる》しみに満《み》ちたこの現実世界《げんじつせかい》を「此岸《しがん》（こちらの岸《きし》）」に、そして仏道修行《ぶつどうしゅぎょう》によって得《え》られる成仏《じょうぶつ》の覚《さと》りの境涯《きょうがい》を「彼岸《ひがん》（向《む》こうの岸《きし》）」に譬《たと》えています。

「彼岸《ひがん》」には、成仏《じょうぶつ》の境涯《きょうがい》とともに、「到《とう》彼岸《ひがん》」すなわち彼岸《ひがん》に到《いた》る修行《しゅぎょう》・実践《じっせん》の意《い》義《ぎ》も含《ふく》まれます。大乗仏教《だいじょうぶっきょう》では、成仏《じょうぶつ》を目《め》指《ざ》す菩薩《ぼさつ》の修行《しゅぎょう》として、「布施《ふせ》」「持戒《じかい》」「忍《にん》辱《にく》」「精進《しょうじん》」「禅定《ぜんじょう》」「智慧《ちえ》」の六つの行《ぎょう》（六《ろく》波羅蜜《はらみつ》）を立《た》てました。「波羅蜜《はらみつ》」（「波羅蜜《はらみっ》多《た》」とも書《か》く）とは、サンスクリットの「パーラミター」の音《おと》を漢字《かんじ》で写《うつ》したもので、「完成《かんせい》」「成就《じょうじゅ》」の意味《いみ》です。この漢訳《かんやく》の一つとして「到彼岸《とうひがん》」が用《もち》いられました。

日蓮大聖人《にちれんだいしょうにん》は「観心本尊抄《かんじんのほんぞんしょう》」で「未《いま》だ六《ろく》波羅蜜《はらみつ》を修行《しゅぎょう》することを得《え》ずといえども、六波羅蜜自然《ろくはらみつじねん》に在前《ざいぜん》す」との無量義経《むりょうぎきょう》の文《もん》を引《ひ》いた上《うえ》で「釈尊《しゃくそん》の因行果徳《いんぎょうかとく》の二法《にほう》は、妙法蓮華経《みょうほうれんげきょう》の五字《ごじ》に具足《ぐそく》す。我《われ》らこの五字《ごじ》を受持《じゅじ》すれば、自然《じねん》にかの因果《いんが》の功徳《くどく》を譲《ゆず》り与《あた》え給《たも》う」（２４６ページ）と仰《おお》せになり、南《な》無《ん》妙法蓮華経《みょうほうれんげきょう》の御本尊《ごほんぞん》を受持《じゅじ》することで、釈尊《しゃくそん》が行《おこな》った六波羅蜜《ろくはらみつ》などの成仏《じょうぶつ》のための修行《しゅぎょう》を実践《じっせん》しなくても、それらの功徳《くどく》はすべて満《み》たされることを教《おし》えられています。

　御本尊《ごほんぞん》を受持《じゅじ》する私たちは、この「六波羅蜜《ろくはらみつ》」の一つ一つを果《は》てしなく修行《しゅぎょう》する歴《りゃっ》劫修行《こうしゅぎょう》によって「彼岸《ひがん》」を目指《めざ》す必要《ひつよう》はないのです。

「生死《しょうじ》の大海《たいかい》を渡《わた》らんことは、妙法蓮華経《みょうほうれんげきょう》の船《ふね》にあらずんば、かなうべからず」（１４４８ページ）と仰《おお》せのように、「妙法蓮華経《みょうほうれんげきょう》の船《ふね》に乗《の》る」つまり成仏《じょうぶつ》の根源《こんげん》の法《ほう》である南《な》無《ん》妙法蓮華経《みょうほうれんげきょう》を唱《とな》え、妙法流布《みょうほうるふ》に生《い》き抜《ぬ》くことで、この一生《いっしょう》のうちに生死《しょうじ》の苦悩《くのう》の大海《たいかい》を越《こ》えて、覚《さと》りの境涯《きょうがい》を開《ひら》く（＝彼岸《ひがん》に到《いた》る）ことができるのです。

池田名誉会長《いけだめいよかいちょう》の指導《しどう》から

日蓮仏法《にちれんぶっぽう》には、儀式《ぎしき》や形式《けいしき》に縛《しば》られる窮屈《きゅうくつ》さや偏狭《へんきょう》さはない。心《こころ》を広々《ひろびろ》とさせ、伸《の》び伸《の》びと大宇宙《だいうちゅう》の運行《うんこう》のリズムに合致《がっち》しながら、意義深《いぎぶか》き人生《じんせい》の四季《しき》を飾《かざ》り、福徳《ふくとく》の生命《せいめい》の年輪《ねんりん》を刻《きざ》みゆく正道《せいどう》が示《しめ》されているのである。

「彼岸《ひがん》」においても、大事《だいじ》なポイント

は、一体《いったい》、何《なに》か。
仏法《ぶっぽう》の本義《ほんぎ》に立《た》ち返《かえ》るならば、「成仏《じょうぶつ》の境涯《きょうがい》（彼岸《ひがん》）」へ向《む》かって、自分自身《じぶんじしん》も、そして一家眷属《いっかけんぞく》も、より希望《きぼう》に燃《も》えて前進《ぜんしん》していくことこそが、眼目《がんもく》なのである。

戸田先生《とだせんせい》は、彼岸《ひがん》に関連《かんれん》して、正《ただ》しい仏法《ぶっぽう》のあり方《かた》を、さまざまに語《かた》り残《のこ》してくださっている。

そのまま、ご紹介《しょうかい》させていただきたい。

「彼岸《ひがん》といいお盆《ぼん》といい寺《てら》に詣《もう》でる者《もの》多《おお》く、あたかも日本《にほん》は仏教隆盛《ぶっきょうりゅうせい》の国《くに》のようにみえる。しかるにその真実《しんじつ》は仏法《ぶっぽう》の形骸《けいがい》のみあって真《しん》の仏法《ぶっぽう》はない」

そして先生《せんせい》は、日々《ひび》の学会活動《がっかいかつどう》にこそ、「彼岸《ひがん》に到《いた》る」道《みち》があると教《おし》えられた。日々《ひび》の倦《う》まぬ実践《じっせん》の積《つ》み重《かさ》ねだけが、自身《じしん》を幸福《こうふく》の彼岸《ひがん》に運《はこ》んでくれることを強調《きょうちょう》しておられた。

〝全同志《ぜんどうし》を、幸福《こうふく》の彼岸《ひがん》へと導《みちび》きたい！〟――これが、戸田先生《とだせんせい》の叫《さけ》びであった。また、創価《そうか》の三代《さんだい》の心《こころ》である。

（2006年9月、池田名誉会長「霊鷲山《りょうじゅせん》」と「彼岸《ひがん》」を語る）

4 依正不二《えしょうふに》と色心不二《しきしんふに》

ここでは、一念三千《いちねんさんぜん》の法門《ほうもん》に基《もと》づいて立《た》てられた、「依正不二《えしょうふに》」と「色心不二《しきしんふに》」という二つの法理《ほうり》について学《まな》びます。

二つの法理《ほうり》の現代的意義《げんだいてきいぎ》について、池田名誉会長《いけだめいよかいちょう》は次《つぎ》のように綴《つづ》っています。

「自分《じぶん》と環境《かんきょう》とが不可分《ふかぶん》の関係《かんけい》にあるという仏法《ぶっぽう》の『依正不二《えしょうふに》』の哲理《てつり》は、環境破壊《かんきょうはかい》をもたらした文明《ぶんめい》の在《あ》り方《かた》を問《と》い直《なお》し、人類繁栄《じんるいはんえい》の新《あら》たな道《みち》を開《ひら》く哲学《てつがく》となろう。肉体《にくたい》と精神《せいしん》とは密接不可分《みっせつふかぶん》の関係《かんけい》にあると説《と》く『色心不二《しきしんふに》』もまた、人間《にんげん》の全体像《ぜんたいぞう》を見失《みうしな》いがちな現代医学《げんだいいがく》の進《すす》むべき道《みち》を示《しめ》す道標《どうひょう》となる」

不二《ふに》

不二《ふに》とは、二つの別《べつ》のものであるけれども、実《じつ》は分《わ》かちがたく関連《かんれん》しているという法《ほう》理《り》です。

中国《ちゅうごく》・唐代《とうだい》に活躍《かつやく》した妙楽大師《みょうらくだいし》（湛然《たんねん》）は、法華経《ほけきょう》に示《しめ》された妙法《みょうほう》のもつ特徴《とくちょう》を、不《ふ》二《に》という観点《かんてん》から10に分《わ》けて述《の》べています。その中《なか》の二つが依正不二《えしょうふに》と色心不二《しきしんふに》です。

依正不二《えしょうふに》

依正不二《えしょうふに》とは、依報《えほう》と正報《しょうほう》が、一見《いっけん》、二つの別《べつ》のものであるけれども、実《じつ》は分《わ》かちがたく関連《かんれん》している、という法理《ほうり》です。

正報《しょうほう》とは、生《せい》を営《いとな》む主体《しゅたい》である衆生《しゅじょう》をいい、依報《えほう》とは、衆生《しゅじょう》が生《せい》を営《いとな》むための依《よ》り所《どころ》となる環境《かんきょう》・国土《こくど》をいいます。

依報《えほう》・正報《しょうほう》の「報《ほう》」とは、「報《むく》い」の意味《いみ》です。

善悪《ぜんあく》さまざまな行為《こうい》（業《ごう》）という因《いん》によって、苦楽《くらく》を生《う》み出《だ》す影響力《えいきょうりょく》が果《か》として生命《せいめい》に刻《きざ》まれて、それがやがてきっかけを得《え》て現実《げんじつ》に報《むく》いとなって顕《あらわ》れます。

過去《かこ》の行為《こうい》の果報《かほう》を現在《げんざい》に受《う》けている主体《しゅたい》であるので、衆生《しゅじょう》を正報《しょうほう》といいます。

それぞれの主体《しゅたい》が生《せい》を営《いとな》む環境《かんきょう》・国土《こくど》は、それぞれの衆生《しゅじょう》が、その報《むく》いを受《う》けるための依《よ》り所《どころ》であるので、環境《かんきょう》・国土《こくど》を依報《えほう》といいます。

依報《えほう》と正報《しょうほう》は、別々《べつべつ》に切《き》り離《はな》せるものではありません。日蓮大聖人《にちれんだいしょうにん》が「依報《えほう》は影《かげ》のごとし、正報《しょうほう》は体《たい》のごとし。身《み》なくば影《かげ》なし。正報《しょうほう》なくば依報《えほう》なし。また正報《しょうほう》をば依報《えほう》をもってこれをつくる《作》」（1140㌻）と示《しめ》されているように、依報《えほう》と正報《しょうほう》は互《たが》いに影響《えいきょう》を与《あた》え合《あ》う密接不可分《みっせつふかぶん》な関係《かんけい》にあります。

環境《かんきょう》・国土《こくど》によって衆生《しゅじょう》の生命《せいめい》が形成《けいせい》されています。また衆生《しゅじょう》のはたらきによって環《かん》境《きょう》・国土《こくど》の様相《ようそう》も変化《へんか》するのです。

依正不二《えしょうふに》は、環境《かんきょう》に翻弄《ほんろう》され、支配《しはい》されることをよしとせよ、という教《おし》えではありません。激動《げきどう》の現実社会《げんじつしゃかい》にあって、妙法《みょうほう》という根本《こんぽん》とすべき永遠《えいえん》の法則《ほうそく》・規範《きはん》を求《もと》め、何《なに》ものにも壊《こわ》されない絶対的幸福境涯《ぜったいてきこうふくきょうがい》である成仏《じょうぶつ》を目指《めざ》し実現《じつげん》することを教《おし》えるものです。

さらには、仏法《ぶっぽう》を信《しん》じ実践《じっせん》する人自身《ひとじしん》が主体者《しゅたいしゃ》となって、智慧《ちえ》と慈悲《じひ》の行動《こうどう》で変化《へんか》の連続《れんぞく》を正《ただ》しく方向《ほうこう》づけ、皆《みな》が幸福《こうふく》で平和《へいわ》な社会《しゃかい》を築《きず》くことを教《おし》えています。

池田名誉会長《いけだめいよかいちょう》は語《かた》っています。

「〝かけがえのない宇宙《うちゅう》と自己《じこ》〟を、生《せい》の創造《そうぞう》へと導《みちび》く発動力《はつどうりょく》と能動性《のうどうせい》を顕現《けんげん》させるような人間《にんげん》の生《い》き方《かた》と、真《しん》に、宇宙《うちゅう》の律動《りつどう》と協調《きょうちょう》しつつ生《せい》を営《いとな》む人間《にんげん》らしい境涯《きょうがい》を、さまざまな角度《かくど》から明確《めいかく》にしえたとき、『依正不二論《えしょうふにろん》』は、人類救済《じんるいきゅうさい》の偉大《いだい》な実践哲理《じっせんてつり》として、人々《ひとびと》の行動《こうどう》のなかに生《い》かされるのではないだろうか」

色心不二《しきしんふに》

色心不二《しきしんふに》とは、色法《しきほう》（物質《ぶっしつ》・肉体面《にくたいめん》のはたらき）と心法《しんぽう》（心《こころ》のはたらき）が、一見《いっけん》、二つの別《べつ》のものであるけれども、実《じつ》は分《わ》かちがたく関連《かんれん》している、という法理《ほうり》です。

色法《しきほう》とは、あらゆる生命《せいめい》・存在《そんざい》の物質《ぶっしつ》、肉体《にくたい》など、目《め》や耳《みみ》など感覚器官《かんかくきかん》でとらえられる物質的《ぶっしつてき》、顕在的《けんざいてき》なものであり、そこに現《あらわ》れる種々《しゅじゅ》の変化《へんか》の現象《げんしょう》です。

心法《しんぽう》とは、精神《せいしん》、心《こころ》、性質《せいしつ》など、感覚器官《かんかくきかん》では直接《ちょくせつ》はとらえられない、法則的《ほうそくてき》、内在《ないざい》的《てき》なものです。「心《しん》」に具《そな》わり納《おさ》まっているものが因《いん》となり、縁《えん》にふれて、「心《しん》」に果《か》が生《しょう》じ、やがて報《むく》いとして「色《しき》」の上《うえ》にも顕在化《けんざいか》する。

「色《しき》」である肉体《にくたい》で行《おこな》い、体験《たいけん》した種々《しゅじゅ》の行為《こうい》の影響《えいきょう》は「心《しん》」に刻《きざ》まれ、生死《しょうじ》を超《こ》えて連続《れんぞく》し、因《いん》となって縁《えん》に応《おう》じて新《あら》たな果報《かほう》を生《う》み出《だ》していく。

心《しん》と色《しき》は、三世《さんぜ》にわたる生命《せいめい》の因果《いんが》の法則《ほうそく》によって一貫《いっかん》しています。心《しん》と色《しき》は、一つの生命《せいめい》・存在《そんざい》そのものにおいて、分《わ》かちがたく結《むす》び付《つ》き、種々《しゅじゅ》のはたらきを示《しめ》すのです。

「御義口伝《おんぎくでん》」には「色心不二《しきしんふに》なるを一極《いちごく》というなり」（７０８ジペー）とあります。

自身《じしん》の心《しん》に本性《ほんしょう》として具《そな》わっている無限《むげん》の可能性《かのうせい》を、色《しき》である現実《げんじつ》の自身《じしん》と世界《せかい》に自在《じざい》に開《ひら》きあらわし、外《そと》なる色法《しきほう》と内《うち》なる心法《しんぽう》が一致《いっち》し色心不二《しきしんふに》が実現《じつげん》したのが、最高《さいこう》の境涯《きょうがい》である仏界《ぶっかい》（一極《いちごく》）なのです。

事物《じぶつ》として外《そと》にあらわれた「色《しき》」に縛《しば》られることもなく、理念《りねん》として内《うち》に秘《ひ》めた

「心《しん》」にとらわれることもなく、理想《りそう》を現実《げんじつ》に展開《てんかい》しゆく正《ただ》しい道《みち》を進《すす》むべきことを「色心不二《しきしんふに》」は示《しめ》しています。

それを実現《じつげん》する具体的《ぐたいてき》な実践《じっせん》は、日蓮大聖人《にちれんだいしょうにん》の仏界《ぶっかい》の生命《せいめい》をあらわされた御本尊《ごほんぞん》を信《しん》じ受持《じゅじ》することです。

日蓮大聖人《にちれんだいしょうにん》は、次《つぎ》のように仰《おお》せです。

「自身《じしん》の思《おも》いを声《こえ》にあらわすことあり。されば意《こころ》が声《こえ》とあらわる。意《こころ》は心法《しんぽう》、声《こえ》は色法《しき》。心《しん》より色《しき》をあらわす。また声《こえ》を聞《き》いて心《こころ》を知《し》る。色法《しきほう》が心法《しんぽう》を顕《あらわ》すなり。色心不《しきしんふ》二《に》なるがゆえに而二《にに》とあらわれて、仏《ほとけ》の御意《みこころ》あらわれて法華《ほっけ》の文字《もんじ》となれり。文字変《もんじへん》じてまた仏《ほとけ》の御意《みこころ》となる」（469ジペー）

仏《ほとけ》の自身《じしん》の心《こころ》を、そのままあらわした声《こえ》で説《と》いたのが法華経《ほけきょう》です。

その声《こえ》も、そのまま記《しる》した文字《もじ》も、仏《ほとけ》の心法《しんぽう》が色法《しきほう》にあらわれたものなのです。その声《こえ》を聞《き》き、文字《もじ》を見《み》ることで、私たちは、自身《じしん》の心《こころ》に仏《ほとけ》の心《こころ》があることを知《し》ることができます。

色法《しきほう》が心法《しんぽう》をあらわすという相互《そうご》のはたらきかけが可能《かのう》なのは、色法《しきほう》と心法《しんぽう》が相互《そうご》に通《つう》じ合《あ》うもので、不二《ふに》であるからです。

世界《せかい》広布《こうふ》と創価学会《そうかがっかい》

第1章　仏教《ぶっきょう》の人間主義《にんげんしゅぎ》の系譜《けいふ》

創価学会《そうかがっかい》は、釈尊《しゃくそん》に始《はじ》まり、インドの竜樹《りゅうじゅ》・天親《てんじん》（世親《せしん》）らの菩薩《ぼさつ》とたたえられた論師《ろんじ》、中国《ちゅうごく》の天台大師《てんだいだいし》（智顗《ちぎ》）・妙楽大師《みょうらくだいし》（湛然《たんねん》）、日本《にほん》の伝教大師《でんぎょうだいし》（最澄《さいちょう》）、日蓮大聖人《にちれんだいしょうにん》へと発展的《はってんてき》に継承《けいしょう》された仏教《ぶっきょう》を信奉《しんぽう》する教団《きょうだん》です。釈尊《しゃくそん》以来《いらい》の仏教《ぶっきょう》の生命尊厳《せいめいそんげん》・万人尊敬《ばんにんそんけい》という人間主義《にんげんしゅぎ》の正統《せいとう》な系譜《けいふ》に連《つら》なっています。

創価学会《そうかがっかい》は、大乗経典《だいじょうきょうてん》のなかでも法華経《ほけきょう》に依拠《いきょ》し、日蓮大聖人《にちれんだいしょうにん》が身《み》をもって示《しめ》された法華経《ほけきょう》の根本精神《こんぽんせいしん》に則《のっと》った信仰実践《しんこうじっせん》と活動《かつどう》を現代《げんだい》に展開《てんかい》しています。

釈尊《しゃくそん》

仏教《ぶっきょう》を開《ひら》いた釈尊《しゃくそん》は、古代《こだい》インドに王子《おうじ》として生《う》まれました（生誕《せいたん》の地《ち》ルンビニーは、ネパールに位置《いち》している）。

若《わか》き日《ひ》、生《しょう》・老《ろう》・病《びょう》・死《し》という免《まぬか》れられない人間《にんげん》の苦《くる》しみを目《ま》の当《あ》たりにし、今《いま》は青《せい》春《しゅん》の真《ま》っ只中《ただなか》で健康《けんこう》に生《い》きていても、生《しょう》・老《ろう》・病《びょう》・死《し》は免《まぬか》れがたいことを知《し》り、その根《こん》源《げん》の苦悩《くのう》の解決法《かいけつほう》を探究《たんきゅう》しようとして出家《しゅっけ》しました。

釈尊《しゃくそん》は、王子《おうじ》として万人《ばんにん》が羨《うらや》む、満《み》たされた境遇《きょうぐう》にいました。しかし、人々《ひとびと》が求《もと》める贅沢《ぜいたく》さも所詮《しょせん》、はかなく空《むな》しいと知《し》り、楽《たの》しむことはなかったと回想《かいそう》しています。

そこで、人間《にんげん》が生《い》きる意味《いみ》を明《あき》らかにする正《ただ》しい思想《しそう》・哲学《てつがく》を求《もと》めたのです。

目覚《めざ》めた人《ひと》＝ブッダ

釈尊《しゃくそん》は、伝統的《でんとうてき》な教《おし》えにも、また同時代《どうじだい》の革新的《かくしんてき》な教《おし》えにも満足《まんぞく》できず、瞑想修行《めいそうしゅぎょう》によって、種々《しゅじゅ》の苦悩《くのう》の根本原因《こんぽんげんいん》とその解決《かいけつ》について探究《たんきゅう》しました。

そして、一人《ひとり》ひとりの生命《せいめい》、宇宙《うちゅう》を貫《つらぬ》く永遠普遍《えいえんふへん》の〝法《ほう》〟に目覚《めざ》めたのです。

釈尊《しゃくそん》は、古代《こだい》インドの言葉《ことば》で〝目覚《めざ》めた人《ひと》〟という意味《いみ》の「ブッダ」と呼《よ》ばれます。後《のち》に中国《ちゅうごく》では漢字《かんじ》で「仏《ぶつ》」「仏陀《ぶっだ》」などと表記《ひょうき》しました。また、〝釈迦族出身《しゃかぞくしゅっしん》の聖者《せいじゃ》〟という意味《いみ》で「釈迦牟尼《しゃかむに》」「釈尊《しゃくそん》」ともいいます。

仏教《ぶっきょう》の教《おし》えの中核《ちゅうかく》は、この釈尊《しゃくそん》が目覚《めざ》めた「法《ほう》」です。

尊厳性《そんげんせい》を自覚《じかく》する智慧《ちえ》

釈尊《しゃくそん》は、人々《ひとびと》が、自己《じこ》の本来的《ほんらいてき》な尊厳性《そんげんせい》への無知《むち》から、自己中心的《じこちゅうしんてき》な目先《めさき》の欲望《よくぼう》にとらわれ、他《た》の人《ひと》を不幸《ふこう》に陥《おとしい》れても幸《しあわ》せになろうとするエゴイズムに覆《おお》われていると喝破《かっぱ》しました。

そして、内《うち》なる永遠普遍《えいえんふへん》の法《ほう》に目覚《めざ》めて、根源的《こんげんてき》な無知《むち》(無明《むみょう》)から解放《かいほう》された自己《じこ》の本来《ほんらい》の清浄《せいじょう》な生命《せいめい》に立《た》ち返《かえ》る生《い》き方《かた》こそ、人間《にんげん》が人間《にんげん》らしく生《い》きるために必要《ひつよう》な最《もっと》も尊《とうと》く優《すぐ》れたものであると教《おし》えました。

それは、内《うち》なる智慧《ちえ》の発現《はつげん》によって、無上《むじょう》の尊厳性《そんげんせい》を人間自身《にんげんじしん》の生命《せいめい》に取《と》り戻《もど》し、無《む》限《げん》の可能性《かのうせい》の開花《かいか》を促《うなが》す〝人間《にんげん》の価値《かち》の再生《さいせい》〟であったといえるでしょう。

万人尊敬《ばんにんそんけい》の慈悲《じひ》

釈尊《しゃくそん》は、自己《じこ》の尊厳性《そんげんせい》を自覚《じかく》することによって、他者《たしゃ》の尊厳性《そんげんせい》を知《し》り、尊敬《そんけい》することを教《おし》えました。これが「慈悲《じひ》」の基本精神《きほんせいしん》です。

釈尊《しゃくそん》は、ある大王《だいおう》に対《たい》して〝だれにとっても自分以上《じぶんいじょう》に愛《いと》しいものはない。自己《じこ》を愛《あい》する者《もの》は他人《たにん》を害《がい》してはならない〟と教《おし》えています。

仏教《ぶっきょう》で説《と》く〝慈悲《じひ》〟とは、他《た》の人《ひと》も自身《じしん》と同《おな》じように大切《たいせつ》な存在《そんざい》であると知《し》って、他《た》の人《ひと》を大切《たいせつ》にすることであり、万人《ばんにん》に双方向性《そうほうこうせい》をもつものです。

大乗仏教《だいじょうぶっきょう》の精髄《せいずい》＝法華経《ほけきょう》

釈尊《しゃくそん》が五十年に及《およ》ぶ弘教《ぐきょう》の人生《じんせい》を終《お》えて亡《な》くなった後《あと》、釈尊《しゃくそん》のさまざまな言行《げんこう》が弟子《でし》たちによってまとめられていきました。

その中《なか》で、慈悲《じひ》と智慧《ちえ》を根幹《こんかん》とする教《おし》えが大乗経典《だいじょうきょうてん》として編纂《へんさん》されていきます。その精髄《せいずい》が法華経《ほけきょう》であり、「経《きょう》の王《おう》」とたたえられます。

法華経《ほけきょう》には、〝一切衆生《いっさいしゅじょう》を自分《じぶん》と同《おな》じ境涯《きょうがい》に高《たか》めたい〟という釈尊《しゃくそん》自身《じしん》の長遠《ちょうおん》な過去《かこ》からの願《ねが》いが、法華経《ほけきょう》を説《と》くことで満《み》たされたと説《と》かれています。

さらに法華経《ほけきょう》は、釈尊《しゃくそん》の無数《むすう》の弟子《でし》たちに対《たい》して、その永遠《えいえん》の願《ねが》いを受《う》け継《つ》ぎ実現《じつげん》していく慈悲《じひ》の行動《こうどう》を繰《く》り返《かえ》し呼《よ》びかけています。

法華経《ほけきょう》の行者《ぎょうじゃ》＝日蓮大聖人《にちれんだいしょうにん》

日蓮大聖人《にちれんだいしょうにん》は、混迷《こんめい》する社会《しゃかい》にあって、民衆《みんしゅう》の苦悩《くのう》をわが苦悩《くのう》とされ、その解決《かいけつ》の道《みち》を探究《たんきゅう》されました。

人間《にんげん》の真《しん》の幸福《こうふく》と尊厳《そんげん》を実現《じつげん》する仏法《ぶっぽう》の継承《けいしょう》を誓《ちか》い、先人《せんじん》たちの探究《たんきゅう》を踏《ふ》まえつつ、自《みずか》らも諸経典《しょきょうてん》を探索《たんさく》されました。そして、万人《ばんにん》の無限《むげん》の可能性《かのうせい》の開花《かいか》と社会《しゃかい》への展開《てんかい》を説《と》く法華経《ほけきょう》に、解答《かいとう》を見出《みいだ》されました。

さらに、人間《にんげん》の真《しん》の幸福《こうふく》と尊厳《そんげん》を確立《かくりつ》し、社会《しゃかい》の安穏《あんのん》を実現《じつげん》することを固《かた》く決意《けつい》されます。仏教《ぶっきょう》に対《たい》する無理解《むりかい》と旧来《きゅうらい》の思想《しそう》への誤《あやま》った固執《こしゅう》に基《もと》づく強烈《きょうれつ》な反発《はんぱつ》や権力者《けんりょくしゃ》からの厳《きび》しい弾圧《だんあつ》に屈《くっ》することなく、民衆《みんしゅう》を励《はげ》まし、蘇生《そせい》させていく実践《じっせん》を、法華経《ほけきょう》の教《きょう》説《せつ》の通《とお》り、命懸《いのちが》けで貫《つらぬ》かれたのです。

大聖人《だいしょうにん》は、「南無妙法蓮華経《なんみょうほうれんげきょう》」と唱《とな》える唱題行《しょうだいぎょう》を確立《かくりつ》し、信仰《しんこう》の対象《たいしょう》である御本尊《ごほんぞん》を図顕《ずけん》されます。法華経《ほけきょう》の肝要《かんよう》の教《おし》えを取《と》り出《だ》して確立《かくりつ》し、万人成仏《ばんにんじょうぶつ》への方途《ほうと》を具体的《ぐたいてき》に示《しめ》し開《ひら》かれたのです。

「立正安国論《りっしょうあんこくろん》」には「国《くに》を失《うしな》い家《いえ》を滅《めっ》せば、いずれの所《ところ》にか世《よ》を遁《のが》れん。汝《なんじ》すべからく一身《いっしん》の安堵《あんど》を思《おも》わば、まず四表《しひょう》の静謐《せいひつ》を禱《いの》らん者《もの》か」（31ジペー）と、人々《ひとびと》の幸福《こうふく》を築《きず》くには、世界《せかい》の平和《へいわ》と繁栄《はんえい》が不可欠《ふかけつ》であることを訴《うった》えられています。

大聖人《だいしょうにん》は、「立正安国《りっしょうあんこく》」――社会《しゃかい》を支《ささ》える根本原理《こんぽんげんり》として、人間尊厳《にんげんそんげん》の哲学《てつがく》を打《う》ち立《た》て、人々《ひとびと》が安穏《あんのん》に暮《く》らせる社会《しゃかい》を建設《けんせつ》すること――を、生涯《しょうがい》の実践《じっせん》の根幹《こんかん》とされました。

それは、人間生命《にんげんせいめい》や人間社会《にんげんしゃかい》を侵食《しんしょく》する破壊的《はかいてき》なエゴイズムを克服《こくふく》していくための釈尊《しゃくそん》以来《いらい》の努力《どりょく》に連《つら》なるものであり、信頼《しんらい》と価値創造《かちそうぞう》と調和《ちょうわ》に彩《いろど》られた自他共《じたとも》の幸福《こうふく》の実現《じつげん》を願《ねが》う仏法《ぶっぽう》の根本精神《こんぽんせいしん》に基《もと》づく、新《あら》たな人間主義《にんげんしゅぎ》の実践《じっせん》にほかなりません。

その機軸《きじく》は、理性《りせい》と人間性《にんげんせい》に満《み》ちた「対話《たいわ》」だったのです。

日蓮仏法《にちれんぶっぽう》を現代《げんだい》に展開《てんかい》する創価学会《そうかがっかい》

日蓮大聖人《にちれんだいしょうにん》の思想《しそう》と行動《こうどう》を、命《いのち》を賭《と》して、現代《げんだい》に蘇《よみがえ》らせたのが、牧口先生《まきぐちせんせい》、戸田先生《とだせんせい》、池田先生《いけだせんせい》という創価《そうか》の三代会長《さんだいかいちょう》です。

その指導《しどう》に基《もと》づいて、学会員《がっかいいん》はさまざまな活動《かつどう》を展開《てんかい》しています。

個人《こじん》の日々《ひび》の活動《かつどう》では、人生《じんせい》のさまざまな課題《かだい》に挑戦《ちょうせん》しながら、唱題《しょうだい》の実践《じっせん》によって、自身《じしん》を深《ふか》く見《み》つめ、内《うち》なる希望《きぼう》と挑戦《ちょうせん》する勇気《ゆうき》を引《ひ》き出《だ》すとともに、人間性《にんげんせい》あふれる価値観《かちかん》を確立《かくりつ》し、豊《ゆた》かな人格《じんかく》の完成《かんせい》を図《はか》っていきます。

この実践《じっせん》を「人間革命《にんげんかくめい》」と呼《よ》んでいます。

学会員《がっかいいん》は、日常的《にちじょうてき》な対話《たいわ》や会合《かいごう》などで日蓮大聖人《にちれんだいしょうにん》の御書《ごしょ》や池田名誉会長《いけだめいよかいちょう》の指導《しどう》などを学《まな》び、それぞれの実践体験《じっせんたいけん》を語《かた》り合《あ》い、そして互《たが》いに励《はげ》まし合《あ》い支《ささ》え合《あ》いながら活動《かつどう》しています。

さらに自《みずか》らの信仰体験《しんこうたいけん》や仏法思想《ぶっぽうしそう》を友人《ゆうじん》・知人《ちじん》に語《かた》り、仏法《ぶっぽう》という生命《せいめい》の法理《ほうり》と創価《そうか》の人間主義《にんげんしゅぎ》の運動《うんどう》への理解《りかい》・共感《きょうかん》を広《ひろ》げ、同志《どうし》のスクラムを拡大《かくだい》しているのです。

仏法西還《ぶっぽうせいかん》──世界広宣流布《せかいこうせんるふ》

日蓮仏法《にちれんぶっぽう》の実践《じっせん》は、どこまでも自他共《じたとも》の幸福《こうふく》の実現《じつげん》を目指《めざ》します。

〝よき市民《しみん》〟として、それぞれが属《ぞく》する共同体《きょうどうたい》への貢献《こうけん》を大切《たいせつ》にします。それぞれの家庭《かてい》・地域《ちいき》・職場《しょくば》における役割《やくわり》をしっかりと果《は》たし、なくてはならない存在《そんざい》として信頼《しんらい》を勝《か》ち得《え》ることを目指《めざ》しています。

創価学会《そうかがっかい》では、現代世界《げんだいせかい》が抱《かか》える地球的問題群《ちきゅうてきもんだいぐん》への取《と》り組《く》みも、積極的《せっきょくてき》に行《おこな》っています。

世界《せかい》各国《かっこく》での核兵器《かくへいき》の廃絶《はいぜつ》を訴《うった》える展示《てんじ》の開催《かいさい》や難民救援活動《なんみんきゅうえんかつどう》などを通《とお》し、平和《へいわ》の大《たい》切《せつ》さと生命《せいめい》の尊厳《そんげん》、人権《じんけん》の尊重《そんちょう》などを訴《うった》えています。

また環境展《かんきょうてん》などを通《とお》し、地球環境《ちきゅうかんきょう》の保全《ほぜん》への意識啓発《いしきけいはつ》を推進《すいしん》しています。

創価学会《そうかがっかい》は、釈尊《しゃくそん》から日蓮大聖人《にちれんだいしょうにん》にいたる人間主義《にんげんしゅぎ》の哲学《てつがく》と実践《じっせん》の系譜《けいふ》を再発見《さいはっけん》し、仏教《ぶっきょう》の真髄《しんずい》として認識《にんしき》し、尊重《そんちょう》するとともに、その伝統《でんとう》と精神《せいしん》を現代社会《げんだいしゃかい》において継承《けいしょう》し、未来《みらい》に伝《つた》えていく活動《かつどう》を展開《てんかい》しています。

納得《なっとく》と触発《しょくはつ》の対話《たいわ》を通《とお》して、仏法《ぶっぽう》の人間主義《にんげんしゅぎ》を各人《かくじん》の立場《たちば》で実現《じつげん》していく人材群《じんざいぐん》の輩《はい》出《しゅつ》のために、たゆまぬ努力《どりょく》を続《つづ》けているのです。

この人類《じんるい》の幸福《こうふく》と世界平和《せかいへいわ》を実現《じつげん》しゆく運動《うんどう》を「広宣流布《こうせんるふ》」と呼《よ》んでいます。

インドから東《ひがし》へと向《む》かい、日本《にほん》に伝わった仏教《ぶっきょう》は、いま、日本《にほん》から西《にし》へと還《かえ》っていっています（仏法西還《ぶっぽうせいかん》）。

仏法《ぶっぽう》を基調《きちょう》とした人間主義《にんげんしゅぎ》の運動《うんどう》は、世界《せかい》192カ国《こく》・地域《ちいき》に広《ひろ》がっています。

三宝《さんぽう》

創価学会《そうかがっかい》は、釈尊以来《しゃくそんいらい》の仏法《ぶっぽう》の正統《せいとう》を現代《げんだい》に受《う》け継《つ》ぐ団体《だんたい》です。「仏《ほとけ》」と「法《ほう》」と「教《おし》えを実践《じっせん》する人々《ひとびと》」を大切《たいせつ》に敬《うやま》うことは、仏法者《ぶっぽうしゃ》の基本《きほん》です。それゆえ、これらをそれぞれ仏宝《ぶっぽう》・法宝《ほうほう》・僧宝《そうほう》とたたえ、三《あ》つ合わせて三宝《さんぽう》と呼《よ》びます。仏宝《ぶっぽう》とは、教《おし》えを説《と》く仏《ほとけ》です。法宝《ほうほう》は、仏《ほとけ》が説《と》く教《おし》えです。僧宝《そうほう》とは、教《おし》えを信《しん》じ実《じっ》践《せん》する人々《ひとびと》の集《つど》いです。

現代日本《げんだいにほん》では、男性《だんせい》の出家者《しゅっけしゃ》のみを僧《そう》と呼《よ》びますが、「僧《そう》」は、僧伽《そうぎゃ》の略《りゃく》で、〝集《つど》い〟を意味《いみ》する古代《こだい》インドの言葉《ことば》「サンガ」に漢字《かんじ》を当《あ》てたものです。意味《いみ》をとって「和《わ》合《ごう》」と訳《やく》され、二つ合わせて「和合僧《わごうそう》」とも言《い》います。

長《なが》い歴史《れきし》を持《も》つ仏教《ぶっきょう》では、時代《じだい》や社会《しゃかい》の変化《へんか》により、必要性《ひつようせい》に応《おう》じて、さまざまな教《おし》えが広《ひろ》められて、人々《ひとびと》を教《おし》え導《みちび》いてきました。

それぞれの教《おし》えに基《もと》づいて、尊崇《そんすう》する三宝《さんぽう》の内容《ないよう》も異《こと》なっています。

日蓮大聖人《にちれんだいしょうにん》の下種仏法《げしゅぶっぽう》において尊崇《そんすう》する三宝《さんぽう》とは、生命《せいめい》の根源《こんげん》の次元《じげん》である久遠元初《くおんがんじょ》の三宝《さんぽう》です。「久遠元初《くおんがんじょ》」とは〝久遠《くおん》の過去《かこ》から永遠《えいえん》の未来《みらい》まで常《つね》に〟という意味《いみ》です。実践《じっせん》に即《そく》していえば、凡夫《ぼんぷ》が妙法《みょうほう》を自身《じしん》の生命《せいめい》に開《ひら》き顕《あらわ》す根源《こんげん》の成仏《じょうぶつ》の時《とき》を意味《いみ》します。「久遠元初《くおんがんじょ》の三宝《さんぽう》」とは、私たちの成仏《じょうぶつ》のために永遠《えいえん》に尊崇《そんすう》する三宝《さんぽう》です。

久遠元初《くおんがんじょ》の仏宝《ぶっぽう》は、凡夫《ぼんぷ》の身《み》に成仏《じょうぶつ》の根源《こんげん》の法《ほう》を開《ひら》き顕《あらわ》された久遠元初《くおんがんじょ》の自受用報身《じじゅゆうほうしん》如来《にょらい》であられる日蓮大聖人《にちれんだいしょうにん》です。

久遠元初《くおんがんじょ》の法宝《ほうほう》とは、大聖人《だいしょうにん》が万人成仏《ばんにんじょうぶつ》の法《ほう》として説《と》き示《しめ》された南無妙法蓮華経《なんみょうほうれんげきょう》の御《ご》本尊《ほんぞん》です。

久遠元初《くおんがんじょ》の僧宝《そうほう》とは、この仏宝《ぶっぽう》と法宝《ほうほう》を護持《ごじ》し正《ただ》しく伝《つた》えた日興上人《にっこうしょうにん》です。

以上《いじょう》が、下種仏法《げしゅぶっぽう》で尊崇《そんすう》の対象《たいしょう》となる三宝《さんぽう》です。

この三宝《さんぽう》に南無《なむ》することによって、下種《げしゅ》の利益《りやく》を得《え》て、成仏《じょうぶつ》が可能《かのう》となります。

「南無《なむ》」とは古代《こだい》インドの言葉《ことば》で、「帰命《きみょう》」などと漢訳《かんやく》されます。身《み》も心《こころ》も従《したが》い基《もと》づいていくこと、全身全霊《ぜんしんぜんれい》で信《しん》じ根本《こんぽん》としていくことです。

尊崇《そんすう》の対象《たいしょう》となる三宝《さんぽう》を正《ただ》しく護持《ごじ》して伝《つた》え広《ひろ》める人々《ひとびと》の集《つど》いも、広《ひろ》い意味《いみ》での僧宝《そうほう》です。今日《こんにち》では、日蓮大聖人《にちれんだいしょうにん》の御心《おこころ》と御振《おふ》る舞《ま》いを継承《けいしょう》し、世界広宣流布《せかいこうせんるふ》を推進《すいしん》している創価学会《そうかがっかい》が、僧宝《そうほう》に当《あ》たります。

第2章　創《そう》価《か》学会《がっかい》の歴史《れきし》

ここでは、広宣流布《こうせんるふ》に生《い》き抜《ぬ》いた三代会長《さんだいかいちょう》の足跡《そくせき》、並《なら》びに、師弟《してい》の精神《せいしん》を通《とお》して、創《そう》価学会《かがっかい》の歴史《れきし》を学《まな》びます。

法華経《ほけきょう》は、仏意《ぶつい》（釈尊《しゃくそん》が教《おし》えを説《と》く真意《しんい》）を明《あき》らかにした経典《きょうてん》です。仏意《ぶつい》とは、万人《ばんにん》が自《じ》身《しん》の生命《せいめい》に本来具《ほんらいそな》わる仏《ほとけ》の智慧《ちえ》をあらわし、自他共《じたとも》の揺《ゆ》るがぬ幸福《こうふく》と平和《へいわ》な世界《せかい》を実現《じつげん》していくことです。

法華経《ほけきょう》では、この仏意《ぶつい》を実現《じつげん》するために、あらゆる障害《しょうがい》と戦《たたか》って自他《じた》の生命変革《せいめいへんかく》を成《な》し遂《と》げていくのが真実《しんじつ》の大乗《だいじょう》の菩薩《ぼさつ》であることを明《あき》らかにしました。そして、この菩薩《ぼさつ》が釈尊滅後《しゃくそんめつご》の末法《まっぽう》に出現《しゅつげん》して、全世界《ぜんせかい》に法華経《ほけきょう》を広《ひろ》め、仏意《ぶつい》を実現《じつげん》していく——すなわち広宣流布《こうせんるふ》することを説《と》いています。その使命《しめい》を担《にな》った菩薩《ぼさつ》こそ、「地涌《じゆ》の菩薩《ぼさつ》」です。

この地涌《じゆ》の菩薩《ぼさつ》の棟梁《とうりょう》である上行菩薩《じょうぎょうぼさつ》の使命《しめい》を自覚《じかく》し、法華経《ほけきょう》に示《しめ》された広宣流布《こうせんるふ》の仏意仏勅《ぶついぶっちょく》を自身《じしん》の大願《だいがん》として、その実現《じつげん》のために立《た》ち上《あ》がり、末法《まっぽう》の衆生《しゅじょう》と時代《じだい》を救済《きゅうさい》していく根本法《こんぽんほう》と実践《じっせん》を確立《かくりつ》された末法《まっぽう》の御本仏《ごほんぶつ》が、日蓮大聖人《にちれんだいしょうにん》です。

そして、現代《げんだい》において、大聖人《だいしょうにん》の御精神《ごせいしん》を継承《けいしょう》して、世界広宣流布《せかいこうせんるふ》の使命《しめい》を深《ふか》く自覚《じかく》し、その実現《じつげん》のために真剣《しんけん》な実践《じっせん》を貫《つらぬ》いてきた教団《きょうだん》が創価学会《そうかがっかい》です。また、現代《げんだい》における広宣流布《こうせんるふ》の自覚《じかく》と実践《じっせん》を確立《かくりつ》してきた指導者《しどうしゃ》が、牧口常三郎初代会長《まきぐちつねさぶろうしょだいかいちょう》・戸田城聖第《とだじょうせいだい》2代会長《だいかいちょう》・池田大作第《いけだだいさくだい》3代会長《だいかいちょう》（現《げん》・名誉会長《めいよかいちょう》、SGI会長《かいちょう》）の「三代会長《さんだいかいちょう》」です。

牧口常三郎《まきぐちつねさぶろう》 初代会長《しょだいかいちょう》の時代《じだい》

創価学会《そうかがっかい》の淵源《えんげん》は、牧口常三郎初代会長《まきぐちつねさぶろうしょだいかいちょう》と戸田城聖第2代会長《とだじょうせいだいだいかいちょう》の師弟《してい》に求《もと》められます。牧口先生《まきぐちせんせい》と戸田先生《とだせんせい》は、ともに教育者《きょういくしゃ》でした。

牧口先生《まきぐちせんせい》は、明治《めいじ》4年（1871年）の旧暦《きゅうれき》6月6日、新潟県柏崎市荒浜《にいがたけんかしわざきしあらはま》で生《う》まれました。少年期《しょうねんき》に北海道《ほっかいどう》にわたり、働《はたら》きながら読書《どくしょ》と勉強《べんきょう》に励《はげ》み、北海道尋常師範学校《ほっかいどうじんじょうしはんがっこう》（のちの北海道教育大学《ほっかいどうきょういくだいがく》）に入学《にゅうがく》。卒業後《そつぎょうご》は、教員《きょういん》になりました。

数年《すうねん》の教員生活《きょういんせいかつ》の後《のち》に上京《じょうきょう》し、明治《めいじ》36年（1903年）に最初《さいしょ》の著書《ちょしょ》である『人生地理学《じんせいちりがく》』を発刊《はっかん》しました。その後《ご》、東京各地《とうきょうかくち》の尋常小学校《じんじょうしょうがっこう》の校長《こうちょう》を歴任《れきにん》しました。

一方《いっぽう》、戸田先生《とだせんせい》は、明治《めいじ》33年（1900年）2月11日、石川県加賀市塩屋町《いしかわけんかがしおやまち》で生《う》まれました。明治《めいじ》35年ごろ、一家《いっか》で北海道厚田郡厚田村《ほっかいどうあつたぐんあつたむら》（石狩市厚田区《いしかりしあつたく》）に移住《いじゅう》。尋常小学校高《じんじょうしょうがっこうこう》等科《とうか》を卒業後《そつぎょうご》、働《はたら》きながら独学《どくがく》で教員《きょういん》の資格《しかく》を取得《しゅとく》し、夕張《ゆうばり》で教育者《きょういくしゃ》の道《みち》を歩《あゆ》み始《はじ》めました。

牧口先生《まきぐちせんせい》・戸田先生《とだせんせい》の師弟《してい》の出会《であ》い

その頃《ころ》から真剣《しんけん》に人生《じんせい》の師《し》を求《もと》めていた戸田先生《とだせんせい》は、東京《とうきょう》に出《で》た折《おり》に、既《すで》に小学校《しょうがっこう》校長《ちょう》として活躍《かつやく》していた牧口先生《まきぐちせんせい》と出会《であ》い、意気投合《いきとうごう》します。牧口先生《まきぐちせんせい》48歳《さい》、戸田先生《とだせんせい》19歳《さい》の時《とき》でした。間《ま》もなく、戸田先生《とだせんせい》は、牧口先生《まきぐちせんせい》のもとで教員《きょういん》として働《はたら》き始《はじ》め、師《し》と定《さだ》めた牧口先生《まきぐちせんせい》を陰《いん》に陽《よう》に支《ささ》えます。

＊上京後《じょうきょうご》、働《はたら》きながら夜学《やがく》の開成予備学校《かいせいよびがっこう》、中央大学《ちゅうおうだいがく》に学《まな》びました。

創価教育学会《そうかきょういくがっかい》の創立《そうりつ》へ

牧口先生《まきぐちせんせい》は、自《みずか》ら教育者《きょういくしゃ》として初等教育《しょとうきょういく》の現場《げんば》に関《かか》わるなかで、すべての子《こ》どもが、自《みずか》らの手《て》で幸福《こうふく》を勝《か》ち取《と》っていける自立《じりつ》した社会人《しゃかいじん》として成長《せいちょう》していくことを願《ねが》い、それを可能《かのう》にする教育《きょういく》の確立《かくりつ》を模索《もさく》していきました。

そして、独自《どくじ》の教育学《きょういくがく》を構想《こうそう》し、その土台《どだい》となる価値論《かちろん》を深《ふか》く追究《ついきゅう》しました。そのなかで、人間《にんげん》が社会《しゃかい》の中《なか》で価値《かち》を創造《そうぞう》しゆく確固《かっこ》たる主体《しゅたい》となりうる生命変革《せいめいへんかく》の原理《げんり》と、そのための根本《こんぽん》の実践《じっせん》を明《あ》かした日蓮大聖人《にちれんだいしょうにん》の仏法《ぶっぽう》に出《で》あい、昭和3年（1928年）、大聖人《だいしょうにん》の仏法《ぶっぽう》を継承《けいしょう》した日興上人《にっこうしょうにん》の流《なが》れを汲《く》む日蓮正宗《にちれんしょうしゅう》に入信《にゅうしん》しました。57歳《さい》の時《とき》でした。

牧口先生《まきぐちせんせい》は、入信《にゅうしん》した当時《とうじ》の心境《しんきょう》を〝言語《げんご》を絶《ぜっ》する歓喜《かんき》をもって、ほとんど60年の生活法《せいかつほう》を一新《いっしん》した〟と述懐《じゅっかい》しているように、大聖人《だいしょうにん》の仏法《ぶっぽう》を「生活法《せいかつほう》」として受《う》け止《と》め、社会生活《しゃかいせいかつ》の中《なか》で実証《じっしょう》できる価値創造《かちそうぞう》の力《ちから》の源泉《げんせん》となる宗教《しゅうきょう》と捉《とら》えて帰依《きえ》したのでした。

牧口先生《まきぐちせんせい》は、入信《にゅうしん》の動機《どうき》について、「法華経《ほけきょう》に逢《あ》い奉《たてまつ》るに至《いた》っては、吾々《われわれ》の日常生活《にちじょうせいかつ》の基礎《きそ》をなす科学《かがく》、哲学《てつがく》の原理《げんり》にして何等《なんら》の矛盾《むじゅん》がない」とも語《かた》っています。

なお、戸田先生《とだせんせい》も、牧口先生《まきぐちせんせい》に従《したが》って、同年《どうねん》に、大聖人《だいしょうにん》の仏法《ぶっぽう》に帰依《きえ》しました。

昭和5年（1930年）11月18日、牧口先生《まきぐちせんせい》は、『創価教育学体系《そうかきょういくがくたいけい》』第1巻《かん》を発刊《はっかん》しました。この書《しょ》は、牧口先生《まきぐちせんせい》が構想《こうそう》された教育学《きょういくがく》を体系化《たいけいか》するものであり、全《ぜん》12巻《かん》が予定《よてい》されていました（刊行《かんこう》されたのは全4巻）。弟子《でし》である戸田先生《とだせんせい》が私財《しざい》を投《とう》じて出版《しゅっぱん》を支《ささ》え、また、牧口先生《まきぐちせんせい》の教育理論《きょういくりろん》のメモを順序立《じゅんじょだ》てて構成《こうせい》し、文章《ぶんしょう》を整理《せいり》するなど、全面的《ぜんめんてき》に協力《きょうりょく》しています。

また、『創価教育学体系《そうかきょういくがくたいけい》』の奥付《おくづけ》には、著作者《ちょさくしゃ》である牧口先生《まきぐちせんせい》、発行兼印刷者《はっこうけんいんさつしゃ》である戸田先生《とだせんせい》の名前《なまえ》とともに、発行所《はっこうじょ》として、創価学会《そうかがっかい》の前身《ぜんしん》となる「創価教育学会《そうかきょういくがっかい》」の名《めい》称《しょう》が記《しる》されています。これが創価教育学会《そうかきょういくがっかい》の名《な》が世《よ》に出《で》た最初《さいしょ》でした。そこで、同書《どうしょ》が発行《はっこう》された11月18日をもって、創価学会《そうかがっかい》の創立記念日《そうりつきねんび》としています。

「創価《そうか》」とは、「価値創造《かちそうぞう》」の意味《いみ》です。教育《きょういく》の目的《もくてき》、そして、人生《じんせい》の目的《もくてき》は幸福《こうふく》の追《つい》求《きゅう》にあり、その内実《ないじつ》は価値《かち》の創造《そうぞう》であるという牧口先生《まきぐちせんせい》の思想《しそう》が込《こ》められた言葉《ことば》です。

この「創価《そうか》」という言葉《ことば》そのものも、牧口先生《まきぐちせんせい》と戸田先生《とだせんせい》の師弟《してい》の語《かた》らいのなかで生《う》み出《だ》されたものでした。創価学会《そうかがっかい》は、そのスタートにおいて、「師弟一体《していいったい》」の魂《たましい》の結晶《けっしょう》であったといえます。

大聖人直結《だいしょうにんちょっけつ》の仏法《ぶっぽう》の実践《じっせん》

牧口先生《まきぐちせんせい》、戸田先生《とだせんせい》の師弟二人《していふたり》で出発《しゅっぱつ》した創価教育学会《そうかきょういくがっかい》は、次第《しだい》に、機構的《きこうてき》にも整《ととの》えられ、発展《はってん》していきます。

当初《とうしょ》は創価教育学説《そうかきょういくがくせつ》に共鳴《きょうめい》する教育者《きょういくしゃ》の団体《だんたい》でしたが、やがて教育者以外《きょういくしゃいがい》の人々《ひとびと》も加《くわ》わるようになり、価値創造《かちそうぞう》の根本《こんぽん》ともいうべき日蓮大聖人《にちれんだいしょうにん》の仏法《ぶっぽう》を実践《じっせん》する団体《だんたい》となっていきました。

そして、創価教育学会《そうかきょういくがっかい》は、日蓮正宗《にちれんしょうしゅう》の在家信徒団体《ざいけしんとだんたい》となりますが、従来《じゅうらい》の講《こう》（僧侶《そうりょ》の指導《しどう》のもと末寺《まつじ》に所属《しょぞく》する信徒団体《しんとだんたい》）とは、全《まった》く別《べつ》の在《あ》り方《かた》をとってきました。

牧口会長《まきぐちかいちょう》、戸田理事長《とだりじちょう》のもと、会《かい》の運営《うんえい》も会員《かいいん》の信心指導《しんじんしどう》も、僧侶《そうりょ》に依存《いそん》することなく、学会独自《がっかいどくじ》で行《おこな》っていました。学会《がっかい》は当初《とうしょ》から、従来《じゅうらい》の日蓮正宗宗門《にちれんしょうしゅうしゅうもん》の枠《わく》を超《こ》えた、独自《どくじ》の在家団体《ざいけだんたい》だったのです。

また、その実践《じっせん》においても、仏法《ぶっぽう》を寺院《じいん》や、葬式《そうしき》などの儀式《ぎしき》に閉《と》じ込《こ》めるものではありませんでした。信行《しんぎょう》の深化《しんか》によって、各人《かくじん》が現実《げんじつ》の人生《じんせい》において幸福《こうふく》を実現《じつげん》するとと

第2章

もに、社会《しゃかい》の平和《へいわ》と繁栄《はんえい》を目指《めざ》す〝開《ひら》かれた〟ものでした。それは、日蓮大聖人《にちれんだいしょうにん》の仏法《ぶっぽう》本来《ほんらい》の実践《じっせん》の在《あ》り方《かた》に基《もと》づいています。

座談会《ざだんかい》や地方指導《ちほうしどう》も活発《かっぱつ》に行《おこな》われ、創価教育学会《そうかきょういくがっかい》は、順調《じゅんちょう》に発展《はってん》していきました。全《ぜん》国《こく》の会員《かいいん》は、約《やく》3000人《にん》に至《いた》ったといわれます。

軍国主義《ぐんこくしゅぎ》との戦《たたか》い

しかし、「国家神道《こっかしんとう》」を精神的支柱《せいしんてきしちゅう》として、戦争拡大《せんそうかくだい》に暴走《ぼうそう》する軍部政府《ぐんぶせいふ》は、国内《こくない》の思想統制《しそうとうせい》を強化《きょうか》し、学会《がっかい》の座談会《ざだんかい》なども、思想犯《しそうはん》の摘発《てきはつ》を任務《にんむ》とする特高《とっこう》（特別高等警察《とくべつこうとうけいさつ》）の監視下《かんしか》で行《おこな》われるようになりました。

当時《とうじ》、政府《せいふ》は神社参拝《じんじゃさんぱい》や神札《かみふだ》を祭《まつ》ることを国民《こくみん》に強要《きょうよう》していました。昭和18年（1943年）6月、学会《がっかい》は権力《けんりょく》の弾圧《だんあつ》を恐《おそ》れた日蓮正宗《にちれんしょうしゅう》から、当時《とうじ》の法主立《ほっすた》ち会《あ》いのもと、「神札《かみふだ》を受《う》けるようにしてはどうか」と言《い》い渡《わた》されました。

この日蓮正宗《にちれんしょうしゅう》の態度《たいど》は、謗法《ほうぼう》（正法《しょうほう》を謗《そし》ること）容認《ようにん》の行為《こうい》であり、日蓮大聖人《にちれんだいしょうにん》、日興《にっこう》上人《しょうにん》の教《おし》えに背《そむ》くものでした。これに対《たい》して、牧口先生《まきぐちせんせい》は、神札《かみふだ》の受《う》け取《と》りを断固《だんこ》として拒否《きょひ》しました。学会《がっかい》は日蓮大聖人《にちれんだいしょうにん》が示《しめ》された謗法厳誡《ほうぼうげんかい》の教《おし》えを貫《つらぬ》いたのです。

同年《どうねん》7月6日、牧口先生《まきぐちせんせい》は地方折伏《ちほうしゃくぶく》で訪《おとず》れていた伊豆《いず》・下田《しもだ》で、同日《どうじつ》、戸田先生《とだせんせい》は東京《とうきょう》で、特高刑事《とっこうけいじ》に連行《れんこう》され、最終的《さいしゅうてき》に21人《にん》の幹部《かんぶ》が逮捕《たいほ》されました。不敬罪《ふけいざい》と治安維持《ちあんいじ》法違反《ほういはん》の容疑《ようぎ》が、逮捕《たいほ》の理由《りゆう》でした。

厳《きび》しい取《と》り調《しら》べのなかで、最後《さいご》まで退転《たいてん》することなく信仰《しんこう》を貫《つらぬ》き通《とお》したのは、牧口先《まきぐちせん》生《せい》と戸田先生《とだせんせい》の師弟《してい》だけでした。

牧口先生《まきぐちせんせい》は、取《と》り調《しら》べに当《あ》たった検事《けんじ》や判事《はんじ》にも、日蓮大聖人《にちれんだいしょうにん》の仏法《ぶっぽう》の教義《きょうぎ》を説《と》きました。権力《けんりょく》の弾圧《だんあつ》に屈《くっ》せず、仏法《ぶっぽう》の正義《せいぎ》を貫《つらぬ》き通《とお》したのです。

昭和19年（1944年）11月18日、牧口先生《まきぐちせんせい》は、栄養失調《えいようしっちょう》と老衰《ろうすい》のため、東京拘置所内《とうきょうこうちしょない》で逝去《せいきょ》しました。奇《く》しくも「創立記念日《そうりつきねんび》」と同《おな》じ日《ひ》、73歳《さい》で殉教《じゅんきょう》したのです。

その生涯《しょうがい》は、まさに御書《ごしょ》に仰《おお》せの通《とお》りに不惜身命《ふしゃくしんみょう》の実践《じっせん》を貫《つらぬ》き、日蓮大聖人《にちれんだいしょうにん》の民衆救《みんしゅうきゅう》済《さい》と妙法弘通《みょうほうぐつう》の御精神《ごせいしん》を現代《げんだい》に蘇《よみがえ》らせた、尊《とうと》い先駆《せんく》の一生《いっしょう》でした。

戸田先生《とだせんせい》の獄中《ごくちゅう》の悟達《ごだつ》

戸田先生《とだせんせい》は、昭和19年初頭《しょとう》から、獄中《ごくちゅう》で唱題《しょうだい》に励《はげ》むとともに、法華経《ほけきょう》を読《よ》み、思索《しさく》していきました。そのなかで、「仏《ほとけ》とは生命《せいめい》である」との悟達《ごだつ》を得《え》ました。

さらに唱題《しょうだい》と思索《しさく》を重《かさ》ねていったとき、戸田先生《とだせんせい》は自身《じしん》がまさに、法華経《ほけきょう》に説《と》かれる虚空会《こくうえ》の儀式《ぎしき》で、釈尊《しゃくそん》の滅後《めつご》に法華経《ほけきょう》を広宣流布《こうせんるふ》していく使命《しめい》を託《たく》された地涌《じゆ》の菩薩《ぼさつ》にほかならないことを悟《さと》り、「われ地涌《じゆ》の菩薩《ぼさつ》なり」との確信《かくしん》を得《え》ました。昭和19年11月のことです。

戸田先生《とだせんせい》は、この「獄中《ごくちゅう》の悟達《ごだつ》」により、日蓮大聖人《にちれんだいしょうにん》の仏法《ぶっぽう》への確信《かくしん》を不動《ふどう》のものとするとともに、広宣流布《こうせんるふ》を自《みずか》らの使命《しめい》として自覚《じかく》しました。

戸田先生《とだせんせい》のこの「獄中《ごくちゅう》の悟達《ごだつ》」こそ、仏法《ぶっぽう》を現代《げんだい》に生《い》き生《い》きと蘇《よみがえ》らせ、創価学会《そうかがっかい》が広《こう》宣流布《せんるふ》の教団《きょうだん》として飛躍《ひやく》していく原点《げんてん》となったのです。

戦後《せんご》、戸田先生《とだせんせい》は、牧口先生《まきぐちせんせい》の法要《ほうよう》の席上《せきじょう》、次《つぎ》のように語《かた》っています。

「あなたの慈悲《じひ》の広大無辺《こうだいむへん》は、わたくしを牢獄《ろうごく》まで連《つ》れていってくださいました。そのおかげで、『在在諸仏土《ざいざいしょぶつど》・常与師倶生《じょうよしくしょう》』と、妙法蓮華経《みょうほうれんげきょう》の一句《いっく》を身《み》をもって読《よ》み、その功徳《くどく》で、地涌《じゆ》の菩薩《ぼさつ》の本事《ほんじ》を知《し》り、法華経《ほけきょう》の意味《いみ》をかすかながらも身読《しんどく》することができました。なんたるしあわせでございましょうか」

「在在諸仏土《ざいざいしょぶつど》・常与師倶生《じょうよしくしょう》」とは、法華経化城喩品第《ほけきょうけじょうゆほんだい》7の文《もん》で、〝師匠《ししょう》と弟子《でし》とは、あらゆる仏国土《ぶっこくど》にあって、いつも一緒《いっしょ》に生《う》まれ、民衆救済《みんしゅうきゅうさい》に戦《たたか》っていく〟という師弟《してい》の絆《きずな》を述《の》べた言葉《ことば》です。

弾圧《だんあつ》に屈《くっ》して多《おお》くの人《ひと》が退転《たいてん》したなかで、牧口先生《まきぐちせんせい》への報恩感謝《ほうおんかんしゃ》の誠《まこと》を尽《つ》くし抜《ぬ》かれた戸田先生《とだせんせい》の言葉《ことば》に、師弟《してい》の絆《きずな》の強《つよ》さを拝《はい》することができます。

戸田城聖《とだじょうせい》 第2代会長《かいちょう》の時代《じだい》

昭和20年（1945年）7月3日、2年の獄中生活《ごくちゅうせいかつ》を耐《た》え抜《ぬ》いて出獄《しゅつごく》した戸田先生《とだせんせい》は、牧口先生《まきぐちせんせい》の遺志《いし》を継《つ》いで、ただ一人《ひとり》、広宣流布《こうせんるふ》に立《た》ち上《あ》がり、理事長《りじちょう》として、壊滅状態《かいめつじょうたい》だった学会《がっかい》の再建《さいけん》に直《ただ》ちに着手《ちゃくしゅ》します。時《とき》あたかも敗戦《はいせん》の混乱《こんらん》と荒廃《こうはい》により、日本《にほん》の民《みん》衆《しゅう》は塗炭《とたん》の苦《くる》しみのどん底《ぞこ》にうちひしがれていました。それまで国民《こくみん》が強制《きょうせい》された国家《こっか》神道《しんとう》など、信念《しんねん》、価値観《かちかん》は否定《ひてい》されたものの、新《あら》たな希望《きぼう》を見出《みいだ》せないでいました。戸《と》田先生《だせんせい》は、その民衆《みんしゅう》を救《すく》いゆく大法理《だいほうり》は、日蓮仏法《にちれんぶっぽう》しかないと、広宣流布《こうせんるふ》の大願《だいがん》に立《た》たれたのです。まず、教育改革《きょういくかいかく》だけでなく、広宣流布《こうせんるふ》という全民衆《ぜんみんしゅう》の幸福《こうふく》と世界《せかい》の平和《へいわ》を目指《めざ》す学会《がっかい》の目的《もくてき》に即《そく》して、会《かい》の名称《めいしょう》を「創価学会《そうかがっかい》」に改《あらた》め、座談会《ざだんかい》や地方指導《ちほうしどう》も再開《さいかい》しました。

戸田《とだ》先生《せんせい》・池田《いけだ》先生《せんせい》の師弟《してい》の出会《であ》い

昭和22年（1947年）には、戸田《とだ》先生《せんせい》と、第3代会長《だいかいちょう》（現《げん》・名誉会長《めいよかいちょう》）池田大作先生《いけだだいさくせんせい》の師弟《してい》が出会《であ》います。

池田先生《いけだせんせい》は、昭和3年（1928年）1月2日、東京都大田区大森北《とうきょうとおおたくおおもりきた》で生《う》まれました。日本《にほん》が次第《しだい》に戦争《せんそう》に突入《とつにゅう》していく時《とき》で、9歳《さい》の時《とき》に日中戦争《にっちゅうせんそう》、さらに13歳《さい》の時《とき》に太平洋戦争《たいへいようせんそう》が勃発《ぼっぱつ》。やがて戦況《せんきょう》が悪化《あっか》するなか、働《はたら》き盛《ざか》りの4人《にん》の兄《あに》は皆《みな》、徴兵《ちょうへい》されて出征《しゅっせい》しました。池田先生《いけだせんせい》は家《いえ》を支《ささ》えながら軍需工場《ぐんじゅこうじょう》で働《はたら》きますが、このころから結核《けっかく》に苦《くる》しみ、生死《しょうじ》の問題《もんだい》を考《かんが》え、悩《なや》む青春時代《せいしゅんじだい》を送《おく》りました。

戦地《せんち》から一時帰国《いちじきこく》した長兄《ちょうけい》の、戦争《せんそう》がアジアの民衆《みんしゅう》を苦《くる》しめているとの言葉《ことば》や、空襲《くうしゅう》で焼《や》け出《だ》されたことから、戦争《せんそう》の矛盾《むじゅん》や悲惨《ひさん》さを痛感《つうかん》。特《とく》に、再度《さいど》、出征《しゅっせい》した長兄《ちょうけい》がビルマ（ミャンマー）で戦死《せんし》したことを、戦後《せんご》になって知《し》らされます。この時《とき》、母《はは》の悲《かな》しみの姿《すがた》を通《とお》して、あらためて戦争《せんそう》の罪悪《ざいあく》を実感《じっかん》したのです。また、文学《ぶんがく》や哲学《てつがく》の書《しょ》を通《とお》し、確《たし》かな人生《じんせい》の在《あ》り方《かた》を模索《もさく》していました。

そうしたなか、池田先生《いけだせんせい》は、昭和22年（1947年）8月14日、初《はじ》めて創価学会《そうかがっかい》の座談会《ざだんかい》に出席《しゅっせき》し、そこで、生涯《しょうがい》の師《し》となる戸田先生《とだせんせい》と出会《であ》いました。

この日《ひ》、戸田先生《とだせんせい》は、立正安国論《りっしょうあんこくろん》を講義《こうぎ》していました。講義終了後《こうぎしゅうりょうご》、池田先生《いけだせんせい》は、戸田先生《とだせんせい》に「正《ただ》しい人生《じんせい》とは」「本当《ほんとう》の愛国者《あいこくしゃ》とは」「南無妙法蓮華経《なんみょうほうれんげきょう》とは」「天皇《てんのう》について」と、次々《つぎつぎ》に質問《しつもん》しました。軍部政府《ぐんぶせいふ》と戦《たたか》い、2年間《ねんかん》の獄中闘争《ごくちゅうとうそう》を貫《つらぬ》いた戸田先生《とだせんせい》の深《ふか》い信念《しんねん》が脈打《みゃくう》ち、理路整然《りろせいぜん》とした明快《めいかい》な答《こた》えに、池田先生《いけだせんせい》は、「この人《ひと》の言《い》うことなら信《しん》じられる」と直感《ちょっかん》します。

そして、10日後《ご》の昭和22年8月24日、信仰《しんこう》の道《みち》に入《はい》りました。戸田先生《とだせんせい》47歳《さい》、池田先生《いけだせんせい》19歳《さい》の時《とき》でした。

池田先生《いけだせんせい》は、その翌年《よくねん》、大世学院《たいせいがくいん》（のちの東京富士大学《とうきょうふじだいがく》）の夜間部《やかんぶ》に学《まな》びます。9月には、戸田先生《とだせんせい》による法華経講義《ほけきょうこうぎ》の受講生《じゅこうせい》となり、仏法《ぶっぽう》の研鑽《けんさん》を深《ふか》めるなかで、戸田先生《とだせんせい》を師《し》として、広宣流布《こうせんるふ》に生《い》き抜《ぬ》くことを誓《ちか》います。

また、昭和24年（1949年）1月、戸田先生《とだせんせい》が経営《けいえい》する出版社《しゅっぱんしゃ》に入社《にゅうしゃ》し、少年雑誌《しょうねんざっし》の編集《へんしゅう》に携《たずさ》わります。

師弟共戦《していきょうせん》による学会再建《がっかいさいけん》

昭和24年7月には、創価学会《そうかがっかい》の機関誌《きかんし》として新《あら》たに「大白蓮華《だいびゃくれんげ》」が誕生《たんじょう》。その創刊号《そうかんごう》に戸田先生《とだせんせい》は、論文《ろんぶん》「生命論《せいめいろん》」を執筆《しっぴつ》しました。

その後《ご》、日本経済《にほんけいざい》の混乱《こんらん》の影響《えいきょう》を受《う》けて戸田先生《とだせんせい》の事業《じぎょう》は苦境《くきょう》に陥《おちい》り、翌《よく》25年（1950年）8月24日、戸田先生《とだせんせい》は、学会《がっかい》の理事長《りじちょう》を辞任《じにん》する意向《いこう》を発表《はっぴょう》します。

この時《とき》、「これから、私の師匠《ししょう》は誰《だれ》になるのでしょうか」と尋《たず》ねる池田先生《いけだせんせい》に対《たい》し、戸田先生《とだせんせい》は、「苦労《くろう》ばかりかけるけれども、君《きみ》の師匠《ししょう》は、この私だよ」と師弟《してい》の絆《きずな》を確認《かくにん》しています。

池田先生《いけだせんせい》は、戸田先生《とだせんせい》の事業《じぎょう》の残務整理《ざんむせいり》などに奔走《ほんそう》するなかで、この窮地《きゅうち》を打開《だかい》し、必《かなら》ず戸田先生《とだせんせい》に学会《がっかい》の会長《かいちょう》になっていただくのだと深《ふか》く決意《けつい》しました。

師匠《ししょう》を支《ささ》えるために夜学《やがく》を断念《だんねん》した池田先生《いけだせんせい》に対《たい》して、戸田先生《とだせんせい》は、大学教育《だいがくきょういく》にも優《まさ》

第2章

る、万般《ばんぱん》の学問《がくもん》の個人教授《こじんきょうじゅ》をしていきました。この個人教授《こじんきょうじゅ》は、戸田先生《とだせんせい》が逝去《せいきょ》する前《ぜん》年《ねん》まで続《つづ》き、「戸田大学《とだだいがく》」と呼《よ》ばれています。

また、こうした悪戦苦闘《あくせんくとう》のさなかにあっても、戸田先生《とだせんせい》は、常《つね》に側《そば》にいた池田先生《いけだせんせい》に、広布《こうふ》の言論戦《げんろんせん》のための機関紙《きかんし》の発刊《はっかん》、創価大学《そうかだいがく》の設立《せつりつ》など、未来《みらい》の構想《こうそう》を語《かた》っています。聖教新聞《せいきょうしんぶん》も、創価大学《そうかだいがく》も、この師弟《してい》の語《かた》らいから生《う》まれたのです。

第2代会長就任《かいちょうしゅうにん》

苦境《くきょう》を勝《か》ち越《こ》えた戸田先生《とだせんせい》は、多《おお》くの会員《かいいん》の要請《ようせい》を受《う》けて、昭和26年（1951年）5月3日、第《だい》2代会長《だいかいちょう》に就任《しゅうにん》します。そのあいさつで、75万世帯《まんせたい》の折伏《しゃくぶく》を達成《たっせい》するとの誓《せい》願《がん》を宣言《せんげん》しました。当時《とうじ》の学会員《がっかいいん》は実質約《じっしつやく》3000人《にん》。誰《だれ》もが信《しん》じられない弘教《ぐきょう》の目標《もくひょう》でした。

戸田先生《とだせんせい》は、この会長就任《かいちょうしゅうにん》を前《まえ》に学会組織《がっかいそしき》を再編《さいへん》。その後《ご》の発展《はってん》の基盤《きばん》となる支部体《しぶたい》制《せい》を整《ととの》え、広宣流布《こうせんるふ》への布陣《ふじん》を新《あら》たにします。

会長就任直前《かいちょうしゅうにんちょくぜん》の4月20日には、機関紙《きかんし》「聖教新聞《せいきょうしんぶん》」が創刊《そうかん》され、戸田先生《とだせんせい》はその第《だい》1号《ごう》から、妙悟空《みょうごくう》のペンネームで小説《しょうせつ》『人間革命《にんげんかくめい》』を執筆《しっぴつ》・連載《れんさい》しました。「人間革命《にんげんかくめい》」とは、日蓮大聖人《にちれんだいしょうにん》の仏法《ぶっぽう》の実践《じっせん》によって、各自《かくじ》が自身《じしん》の生命境涯《せいめいきょうがい》を変革《へんかく》し、全人類《ぜんじんるい》の宿命転換《しゅくめいてんかん》を成《な》し遂《と》げていくことを意味《いみ》しています。戸田先生《とだせんせい》は、生命論《せいめいろん》を基盤《きばん》とする人間革命《にんげんかくめい》の理念《りねん》を掲《かか》げ、日蓮大聖人《にちれんだいしょうにん》の仏法《ぶっぽう》を現代《げんだい》に展開《てんかい》していったのです。

また、会長就任後《かいちょうしゅうにんご》には、直《ただ》ちに、婦人部《ふじんぶ》、男子部《だんしぶ》、女子部《じょしぶ》などの各部《かくぶ》を相次《あいつ》いで結成《けっせい》しました。

そうしたなか、翌《よく》27年（1952年）の初頭《しょとう》、戸田先生《とだせんせい》の命《めい》を受《う》けて、蒲田支部《かまたしぶ》の支部《しぶ》幹事《かんじ》になった池田先生《いけだせんせい》は、2月の1カ月間で支部《しぶ》201世帯《せたい》の弘教《ぐきょう》を推進《すいしん》。当時《とうじ》の弘教《ぐきょう》の壁《かべ》を破《やぶ》ったのです（2月闘争《とうそう》）。これが契機《けいき》となって、会員《かいいん》75万世帯達成《まんせたいたっせい》へ、学会全体《がっかいぜんたい》の弘教《ぐきょう》が加速度的《かそくどてき》に進《すす》んでいくようになりました。

一方《いっぽう》、戸田先生《とだせんせい》は、御書全集《ごしょぜんしゅう》の発刊《はっかん》にも取《と》り組《く》みました。広宣流布《こうせんるふ》を進《すす》めていくためには、御書《ごしょ》を正《ただ》しく研鑽《けんさん》していくことが不可欠《ふかけつ》だったからです。

戸田先生《とだせんせい》は、碩学《せきがく》・日亨上人《にちこうしょうにん》に編纂《へんさん》を依頼《いらい》し、昭和27年4月の立宗《りっしゅう》700年の節目《ふしめ》に『日蓮大聖人御書全集《にちれんだいしょうにんごしょぜんしゅう》』を発刊《はっかん》しました。この御書全集《ごしょぜんしゅう》を一人《ひとり》ひとりが真剣《しんけん》に研鑽《けんさん》することで、御書根本《ごしょこんぽん》の精神《せいしん》が学会全体《がっかいぜんたい》に確立《かくりつ》されていきました。

権力《けんりょく》の魔性《ましょう》の蠢動《しゅんどう》

学会《がっかい》は、民衆《みんしゅう》の幸福《こうふく》と社会《しゃかい》の平和《へいわ》のために戦《たたか》われた日蓮大聖人《にちれんだいしょうにん》の「立正安国《りっしょうあんこく》」の精神《せいしん》を根本《こんぽん》として、腐敗《ふはい》した政治《せいじ》を浄化《じょうか》し、民衆《みんしゅう》の手《て》に政治《せいじ》を取《と》り戻《もど》すために、昭和30年（1955年）4月の統一地方選挙《とういつちほうせんきょ》で、初《はじ》めて独自《どくじ》に推薦《すいせん》する候補《こうほ》を立《た》てました。

翌《よく》31年（1956年）、池田先生《いけだせんせい》は関西《かんさい》で飛躍的《ひやくてき》な折伏《しゃくぶく》を推進《すいしん》し、5月には大阪支部《おおさかしぶ》が1万《まん》1111世帯《せたい》という未曾有《みぞう》の弘教《ぐきょう》を達成《たっせい》。また、7月に行《おこな》われた参議院議員選挙《さんぎいんぎいんせんきょ》では、池田先生《いけだせんせい》が支援活動《しえんかつどう》の責任者《せきにんしゃ》となった大阪地方区《おおさかちほうく》で、当選《とうせん》は不可能《ふかのう》といわれた予想《よそう》を覆《くつがえ》し、支持《しじ》した候補者《こうほしゃ》は当選《とうせん》を果《は》たします。一般紙《いっぱんし》も「〝まさか〟が実現《じつげん》」との見出《みだ》しを掲《かか》げるほどの見事《みごと》な勝利《しょうり》でした。

この選挙《せんきょ》では、学会推薦《がっかいすいせん》の参議院議員《さんぎいんぎいん》が3人誕生《にんたんじょう》。このころから、創価学会《そうかがっかい》は社会的《しゃかいてき》に影響力《えいきょうりょく》を持《も》つ団体《だんたい》として注目《ちゅうもく》されるようになり、それと同時《どうじ》に、さまざまな既成勢力《きせいせいりょく》から不当《ふとう》な圧迫《あっぱく》が加《くわ》えられるようになります。

そうした弾圧《だんあつ》に対《たい》して、池田先生《いけだせんせい》は、学会員《がっかいいん》を守《まも》るために果敢《かかん》に戦《たたか》いました。北海道《ほっかいどう》の夕張炭労《ゆうばりたんろう》（炭鉱《たんこう》の労働組合《ろうどうくみあい》）が信教《しんきょう》の自由《じゆう》を踏《ふ》みにじり、学会員《がっかいいん》を圧迫《あっぱく》する動《うご》きをみせていることに対《たい》しても、昭和32年（1957年）6月、直《ただ》ちに現地《げんち》に赴《おもむ》き、炭労《たんろう》に断固抗《だんここう》議《ぎ》する姿勢《しせい》を明確《めいかく》に示《しめ》し、事件《じけん》の解決《かいけつ》に奮闘《ふんとう》しました（夕張炭労事件《ゆうばりたんろうじけん》）。

その直後《ちょくご》の7月3日、池田先生《いけだせんせい》は大阪府警《おおさかふけい》に不当逮捕《ふとうたいほ》されました（大阪事件《おおさかじけん》）。これは、同年《どうねん》4月に行《おこな》われた参議院大阪地方区《さんぎいんおおさかちほうく》の補欠選挙《ほけつせんきょ》で選挙違反者《せんきょいはんしゃ》が出《で》たことに関連《かんれん》して、選挙支援《せんきょしえん》の責任者《せきにんしゃ》であった池田先生《いけだせんせい》を事件《じけん》の首謀者《しゅぼうしゃ》に仕立《した》て上《あ》げ、事実無根《じじつむこん》の罪《つみ》を着《き》せようとしたものでした。

この7月3日は、昭和20年に戸田先生《とだせんせい》が出獄《しゅつごく》した日《ひ》と同《おな》じ日《ひ》であり、池田先生《いけだせんせい》は後《こう》年《ねん》、「出獄《しゅつごく》と　入獄《にゅうごく》の日《ひ》に　師弟《してい》あり」と詠《よ》みました。

15日間《かん》にわたる過酷《かこく》な取《と》り調《しら》べで、検察《けんさつ》は、池田先生《いけだせんせい》に「罪《つみ》を認《みと》めなければ、戸田会《とだかい》長《ちょう》を逮捕《たいほ》する」などと言《い》って迫《せま》りました。既《すで》に、戸田先生《とだせんせい》の体《からだ》は衰弱《すいじゃく》していました。池田先生《いけだせんせい》は、師《し》の命《いのち》を守《まも》るために、一旦《いったん》は罪《つみ》を被《かぶ》って、その後《ご》の裁判《さいばん》で身《み》の潔白《けっぱく》を証《しょう》明《めい》する道《みち》を決断《けつだん》。7月17日に大阪拘置所《おおさかこうちしょ》から釈放《しゃくほう》されます。

それから池田先生《いけだせんせい》は4年半に及《およ》ぶ法廷闘争《ほうていとうそう》を貫《つらぬ》き、昭和37年（1962年）1月25日、無罪《むざい》が言《い》い渡《わた》されました。検察側《けんさつがわ》の控訴《こうそ》はなく、この判決《はんけつ》が確定《かくてい》しました。

広宣流布《こうせんるふ》の後継《こうけい》を託《たく》す

昭和32年（1957年）9月8日、戸田先生《とだせんせい》は、創価学会《そうかがっかい》の平和運動《へいわうんどう》の基調《きちょう》となる「原《げん》水爆禁止宣言《すいばくきんしせんげん》」を発表《はっぴょう》します。

この宣言《せんげん》では、仏法《ぶっぽう》の生命尊厳《せいめいそんげん》の原理《げんり》のうえから、核兵器《かくへいき》を人類《じんるい》の生存権《せいぞんけん》を奪《うば》う「魔《ま》」の産物《さんぶつ》ととらえ、核兵器《かくへいき》の使用《しよう》を絶対悪《ぜったいあく》として断罪《だんざい》しています。

同年《どうねん》12月には、戸田先生《とだせんせい》が誓願《せいがん》された弘教《ぐきょう》75万世帯《まんせたい》を達成《たっせい》しました。

翌《よく》33年（1958年）3月には、学会《がっかい》が大石寺《たいせきじ》に建立寄進《こんりゅうきしん》した大講堂《だいこうどう》が完成《かんせい》。3月16日には、池田先生《いけだせんせい》をはじめ、集《つど》った青年部員《せいねんぶいん》の代表《だいひょう》6000人《にん》に広宣流布《こうせんるふ》の一切《いっさい》を託《たく》す儀《ぎ》式《しき》が行《おこな》われ、席上《せきじょう》、戸田先生《とだせんせい》は、「創価学会《そうかがっかい》は、宗教界《しゅうきょうかい》の王者《おうじゃ》である！」と宣言《せんげん》します。戸田先生《とだせんせい》から、後継《こうけい》の青年《せいねん》に広宣流布《こうせんるふ》の大願《だいがん》が託《たく》されたこの「3・16」は、後《のち》に「広《こう》宣流布記念《せんるふきねん》の日《ひ》」となっています。

昭和33年（1958年）4月2日、戸田先生《とだせんせい》は、一切《いっさい》の願業《がんぎょう》を成就《じょうじゅ》し、58歳《さい》で逝去《せいきょ》しました。戸田先生《とだせんせい》は、獄中《ごくちゅう》の悟達《ごだつ》を原点《げんてん》として学会《がっかい》を再建《さいけん》し、広宣流布《こうせんるふ》の揺《ゆ》るがぬ基盤《きばん》を築《きず》いたのです。

池田《いけだ》大作《だいさく》 第3代会長《かいちょう》・SGI会長の時代《じだい》

戸田先生《とだせんせい》の逝去後《せいきょご》、新設《しんせつ》の役職《やくしょく》の総務《そうむ》となり、実質的《じっしつてき》に学会《がっかい》の運営《うんえい》を担《にな》っていた池田《いけだ》先生《せんせい》は、昭和35年（1960年）5月3日、第《だい》3代会長《だいかいちょう》に就任《しゅうにん》しました。

「若輩《じゃくはい》ではございますが、本日《ほんじつ》より、戸田門下生《とだもんかせい》を代表《だいひょう》して化儀《けぎ》の広宣流布《こうせんるふ》を目指《めざ》し、一歩前進《いっぽぜんしん》への指揮《しき》を執《と》らせていただきます！」――戸田先生《とだせんせい》の時《とき》と同《おな》じ「5・3」に行《おこな》われた会長就任式《かいちょうしゅうにんしき》における、池田先生《いけだせんせい》のこの第一声《だいいっせい》の師子吼《ししく》から、学会《がっかい》の新《あら》たな大前進《だいぜんしん》が始《はじ》まりました。

同年《どうねん》10月2日には、南北《なんぼく》アメリカへ出発《しゅっぱつ》。世界広布《せかいこうふ》の第一歩《だいいっぽ》を踏《ふ》み出《だ》しました。翌《よく》36年（1961年）1月には、香港《ホンコン》、インドなどアジアへ、同年《どうねん》10月には、ヨーロッパを訪《ほう》問《もん》するなど、世界広布《せかいこうふ》の布石《ふせき》を打《う》っていきます。

日蓮大聖人《にちれんだいしょうにん》が示《しめ》された「仏法西還《ぶっぽうせいかん》」「一閻浮提広宣流布《いちえんぶだいこうせんるふ》」への本格的《ほんかくてき》な歩《あゆ》みが、池田《いけだ》先生《せんせい》によって、開始《かいし》されたのです。

池田先生《いけだせんせい》は、創価学会《そうかがっかい》の歴史《れきし》と精神《せいしん》を正《ただ》しく後世《こうせい》に残《のこ》すために、昭和40年（1965年）から聖教新聞《せいきょうしんぶん》に法悟空《ほうごくう》のペンネームで小説《しょうせつ》『人間革命《にんげんかくめい》』（全《ぜん》12巻《かん》）の連載《れんさい》をスタート。「一人《ひとり》の人間《にんげん》における偉大《いだい》な人間革命《にんげんかくめい》は、やがて一国《いっこく》の宿命《しゅくめい》の転換《てんかん》をも成《な》し遂《と》げ、さらに全人類《ぜんじんるい》の宿命《しゅくめい》の転換《てんかん》をも可能《かのう》にする」との主題《しゅだい》のもと、人々《ひとびと》の幸福《こうふく》と人類《じんるい》の平和《へいわ》建設《けんせつ》に挑《いど》む三代会長《さんだいかいちょう》の闘争《とうそう》が描《えが》かれています。その執筆活動《しっぴつかつどう》は、現在《げんざい》の小説《しょうせつ》『新《しん》・人間革命《にんげんかくめい》』に続《つづ》いています。

平和《へいわ》・文化《ぶんか》・教育《きょういく》の運動《うんどう》

学会《がっかい》は、社会《しゃかい》に貢献《こうけん》する青年《せいねん》を育《そだ》てる団体《だんたい》です。

池田先生《いけだせんせい》は、恩師《おんし》・戸田先生《とだせんせい》の――広宣流布《こうせんるふ》が進《すす》んでいけば、多《おお》くの人材《じんざい》が育《そだ》ち、社《しゃ》会《かい》のあらゆる分野《ぶんや》で活躍《かつやく》していくことになる。やがて創価学会《そうかがっかい》は、人類《じんるい》の平和《へいわ》と文化《ぶんか》を担《にな》う中核的存在《ちゅうかくてきそんざい》として、そのための人材《じんざい》を育《そだ》て上《あ》げる壮大《そうだい》な教育的《きょういくてき》母体《ぼたい》になっていくだろう――との展望《てんぼう》を具現化《ぐげんか》するため、仏法《ぶっぽう》を基調《きちょう》とした平和《へいわ》・文化《ぶんか》・教育《きょういく》の運動《うんどう》を広《ひろ》げ、社会《しゃかい》に貢献《こうけん》していきます。

池田先生《いけだせんせい》の提案《ていあん》で、教育部《きょういくぶ》（教育本部《きょういくほんぶ》）、学術部《がくじゅつぶ》、芸術部《げいじゅつぶ》、文芸部《ぶんげいぶ》、国際部《こくさいぶ》（国際本部《こくさいほんぶ》）、ドクター部《ぶ》を結成《けっせい》されました。

また、社会部《しゃかいぶ》、農村部《のうそんぶ》（農漁光部《のうぎょこうぶ》）、専門部《せんもんぶ》、離島本部《りとうほんぶ》（離島部《りとうぶ》）、地域部《ちいきぶ》もつくられ、さらに東洋学術研究所《とうようがくじゅつけんきゅうじょ》（東洋哲学研究所《とうようてつがくけんきゅうじょ》）や民主音楽協会《みんしゅおんがくきょうかい》（略称《りゃくしょう》・民音《みんおん》）、東京富士美術館《とうきょうふじびじゅつかん》が設立《せつりつ》されるなど、多彩《たさい》な教育《きょういく》・文化《ぶんか》、社会貢献《しゃかいこうけん》の運動《うんどう》が展開《てんかい》されます。

政治《せいじ》の分野《ぶんや》にあっては、庶民《しょみん》のため、大衆《たいしゅう》のため、社会《しゃかい》のための政治《せいじ》を確立《かくりつ》するために、昭和39年（1964年）、独立《どくりつ》した政党《せいとう》として公明党《こうめいとう》が誕生《たんじょう》します。

また、牧口先生《まきぐちせんせい》、戸田先生《とだせんせい》の教育理念《きょういくりねん》の実現《じつげん》に取《と》り組《く》み、東京《とうきょう》・小平市《こだいらし》に創価中学《そうかちゅうがく》・高校《こうこう》（昭和43年開校《かいこう》）、東京《とうきょう》・八王子市《はちおうじし》に創価大学《そうかだいがく》（昭和46年開学《かいがく》）、大阪《おおさか》・交野市《かたのし》に創価女《そうかじょ》子《し》中学《ちゅうがく》・高校《こうこう》（昭和48年開校《かいこう》。のちの関西創価中学《かんさいそうかちゅうがく》・高校《こうこう》）を創立《そうりつ》するなど、幼稚園《ようちえん》、小学校《しょうがっこう》から短大《たんだい》・大学《だいがく》、大学院《だいがくいん》までの「創価教育《そうかきょういく》」の教育機関《きょういくきかん》をつくりました。

平成13年（2001年）には、カリフォルニア州オレンジ郡《ぐん》にアメリカ創価大学《そうかだいがく》が開学《かいがく》しました。

そして、池田先生《いけだせんせい》の平和《へいわ》・文化《ぶんか》・教育《きょういく》に焦点《しょうてん》をあてた対話《たいわ》の行動《こうどう》は、世界《せかい》に大《おお》きく広《ひろ》がっていきました。

昭和43年（1968年）9月8日には、日中国交正常化提言《にっちゅうこっこうせいじょうかていげん》を発表《はっぴょう》。

昭和47年（1972年）から、池田先生《いけだせんせい》は、イギリスの世界的歴史家《せかいてきれきしか》アーノルド・J・トインビー博士と2年越《ねんご》し、40時間《じかん》に及《およ》ぶ対談《たいだん》を行《おこな》いました。

このころから世界《せかい》の識者《しきしゃ》との対話《たいわ》による〝平和《へいわ》・文化《ぶんか》・教育《きょういく》の交流《こうりゅう》〟が、本格的《ほんかくてき》に始《はじ》まります。

東西冷戦《とうざいれいせん》、中《ちゅう》ソ対立《たいりつ》の壁《かべ》が厚《あつ》かった昭和49年（1974年）から翌年《よくねん》にかけて、中国《ちゅうごく》、ソ連《れん》（当時《とうじ》）、アメリカを相次《あいつ》ぎ訪問《ほうもん》して各国首脳《かっこくしゅのう》と会見《かいけん》。平和《へいわ》と友好《ゆうこう》の道《みち》を開《ひら》きます。

そして、昭和50年（1975年）1月26日には、世界《せかい》51カ国《こく》・地域《ちいき》の代表《だいひょう》が、グアム島《とう》に集《つど》って、創価学会《そうかがっかい》インタナショナル（ＳＧＩ）が発足《ほっそく》し、池田先生《いけだせんせい》がＳＧＩ会長《かいちょう》に就《しゅう》任《にん》しました。

学会《がっかい》が世界広宣流布《せかいこうせんるふ》に大《おお》きく飛翔《ひしょう》していくなか、昭和52年（1977年）ごろから、宗《しゅう》門《もん》の末寺等《まつじとう》で、僧《そう》による理不尽《りふじん》な学会批判《がっかいひはん》が繰《く》り返《かえ》されました。第《だい》1次宗門事件《じしゅうもんじけん》です。

そこには、反逆者《はんぎゃくしゃ》が僧《そう》と結託《けったく》し、広宣流布《こうせんるふ》の指導者《しどうしゃ》である池田先生《いけだせんせい》と会員《かいいん》の師弟《してい》の絆《きずな》を分断《ぶんだん》し、学会《がっかい》を自在《じざい》に操《あやつ》ろうとする謀略《ぼうりゃく》がありました。

池田先生《いけだせんせい》は、その攻撃《こうげき》から会員《かいいん》を守《まも》り、僧俗和合《そうぞくわごう》を図《はか》ることができるならと、昭和54年（1979年）4月、会長《かいちょう》を辞任《じにん》して名誉会長《めいよかいちょう》となり、事態《じたい》の収拾《しゅうしゅう》に努《つと》めました。

相次《あいつ》ぐ賞讃《しょうさん》と顕彰《けんしょう》

昭和58年（1983年）から、1月26日の「SGIの日」を記念《きねん》して池田先生《いけだせんせい》は、毎《まい》年《とし》、「平和提言《へいわていげん》」を発表《はっぴょう》。その提言《ていげん》は、世界《せかい》から注目《ちゅうもく》されています。また、世界《せかい》の大学《だいがく》や学術機関《がくじゅつきかん》での講演《こうえん》も30回以上《かいいじょう》になります。

池田先生《いけだせんせい》と海外《かいがい》の識者《しきしゃ》との対談《たいだん》も広《ひろ》がり、国家元首《こっかげんしゅ》、文化人《ぶんかじん》、大学総長《だいがくそうちょう》らとの対話《たいわ》が

1600回以上《かいいじょう》。世界《せかい》の識者《しきしゃ》との対談集《たいだんしゅう》は70点《てん》を超《こ》え、このうちトインビー対談《たいだん》は、世《せ》界《かい》の約《やく》30言語《げんご》で出版《しゅっぱん》され、「世界《せかい》の文化《ぶんか》の道標《みちしるべ》」「人類《じんるい》の教科書《きょうかしょ》」と評《ひょう》されるなど、世界《せかい》の学識者《がくしきしゃ》や指導者《しどうしゃ》に賛同《さんどう》を広《ひろ》げています。

こうした「文明間対話《ぶんめいかんたいわ》」「宗教間対話《しゅうきょうかんたいわ》」は、相互理解《そうごりかい》を深《ふか》め、民衆《みんしゅう》の交流《こうりゅう》を結《むす》ぶ善《ぜん》の連帯《れんたい》を築《きず》き上《あ》げています。

平成7年（1995年）には、SGIの人間主義《にんげんしゅぎ》の理念《りねん》を明確《めいかく》にした「SGI憲章《けんしょう》」が制定《せいてい》され、平成8年（1996年）には、戸田先生《とだせんせい》の遺訓《いくん》を原点《げんてん》に「戸田記念国際平和研《とだきねんこくさいへいわけん》究所《きゅうじょ》」が創設《そうせつ》。

こうしたSGIの運動《うんどう》に対《たい》して、世界各地《せかいかくち》に、牧口先生《まきぐちせんせい》、戸田先生《とだせんせい》、池田先生《いけだせんせい》の名前《なまえ》が冠《かん》された、公園《こうえん》や通《とお》りなどが誕生《たんじょう》し、池田先生《いけだせんせい》に世界各国《せかいかっこく》から国家勲章《こっかくんしょう》、各学術機関《かくがくじゅつきかん》から名誉博士《めいよはくし》・名誉教授等《めいよきょうじゅとう》、また世界各地《せかいかくち》の名誉市民《めいよしみん》の称号《しょうごう》が授与《じゅよ》されるなど、賞讃《しょうさん》と顕彰《けんしょう》が相次《あいつ》いでいます。

その間《かん》、平成3年（1991年）には、日蓮正宗宗門《にちれんしょうしゅうしゅうもん》が創価学会《そうかがっかい》1000万信徒《まんしんと》を「破《は》門《もん》」するという横暴極《おうぼうきわ》まりない事件《じけん》が起《お》こりました（第《だい》2次宗門事件《じしゅうもんじけん》）。

しかし、学会《がっかい》は、宗祖大聖人《しゅうそだいしょうにん》に違背《いはい》し、腐敗堕落《ふはいだらく》しきった宗門《しゅうもん》の大謗法《だいほうぼう》を責《せ》め抜《ぬ》き、宗門事件《しゅうもんじけん》に大勝利《だいしょうり》して、世界《せかい》192カ国《こく》・地域《ちいき》に日蓮大聖人《にちれんだいしょうにん》の仏法《ぶっぽう》が広《ひろ》まる世界広布《せかいこうふ》の時代《じだい》を迎《むか》えたのです。

各国《かっこく》のSGIでは、仏法《ぶっぽう》の人間主義《にんげんしゅぎ》の精神《せいしん》を基調《きちょう》に、地道《じみち》な社会貢献《しゃかいこうけん》に取《と》り組《く》み、大《おお》きな信頼《しんらい》と賞讃《しょうさん》が広《ひろ》がっています。

平成25年（2013年）11月に、東京《とうきょう》・信濃町《しなのまち》の総本部《そうほんぶ》に「広宣流布大誓堂《こうせんるふだいせいどう》」が落成《らくせい》しました。

池田先生《いけだせんせい》は「広宣流布《こうせんるふ》 誓願《せいがん》の碑《ひ》」に、「広宣流布《こうせんるふ》は、世界《せかい》の平和《へいわ》と社会《しゃかい》の繁栄《はんえい》を開《ひら》きゆく大道《だいどう》なり。全人類《ぜんじんるい》を救《すく》わんとする、我《われ》らの久遠《くおん》の大誓願《だいせいがん》なり」と綴《つづ》られています。

全国《ぜんこく》、全世界《ぜんせかい》の同志《どうし》が大誓堂《だいせいどう》に集《つど》って行《おこな》われる「広宣流布誓願勤行会《こうせんるふせいがんごんぎょうかい》」では、各人《かくじん》が、「大法弘通慈折広宣流布大願成就《だいほうぐつうじしゃくこうせんるふだいがんじょうじゅ》」と認《したた》められた創価学会常住《そうかがっかいじょうじゅう》の御本尊《ごほんぞん》に広布誓願《こうふせいがん》の祈《いの》りを捧《ささ》げ、新《あら》たな決意《けつい》で出発《しゅっぱつ》しています。

創価学会《そうかがっかい》の実践《じっせん》によって、日蓮大聖人《にちれんだいしょうにん》の仏法《ぶっぽう》は、いまや人類全体《じんるいぜんたい》を照《て》らす希望《きぼう》の太陽《たいよう》となっているのです。

第2章

第3章　日顕宗《にっけんしゅう》を破《は》す

創価学会《そうかがっかい》は、創立以来《そうりついらい》、日蓮大聖人直結《にちれんだいしょうにんちょっけつ》の信心《しんじん》に立《た》ち、仏法《ぶっぽう》を広《ひろ》め、万人《ばんにん》の幸福《こうふく》と立正安国《りっしょうあんこく》、世界《せかい》の平和《へいわ》のために活動《かつどう》してきました。

広宣流布《こうせんるふ》を破壊《はかい》しようとして、魔性《ましょう》を現《あらわ》したのが「日顕宗《にっけんしゅう》」です。

日顕宗《にっけんしゅう》とは、法主《ほっす》（管長《かんちょう》）に絶対的《ぜったいてき》な権威《けんい》・権力《けんりょく》があるとし、日蓮正宗第《にちれんしょうしゅうだい》67世の法主《ほっす》を名乗《なの》る阿部日顕《あべにっけん》が支配《しはい》してきた日蓮正宗宗門《にちれんしょうしゅうしゅうもん》のことです。

日顕宗《にっけんしゅう》は、第《だい》2次宗門事件《じしゅうもんじけん》が勃発《ぼっぱつ》してより、この20年以上《ねんいじょう》の間《あいだ》、日蓮大聖人《にちれんだいしょうにん》の仏法《ぶっぽう》の教義《きょうぎ》と御精神《ごせいしん》にことごとく違背《いはい》し、謗法《ほうぼう》の教団《きょうだん》と化《か》しました。

法主《ほっす》が日顕《にっけん》から次《つぎ》の代《だい》に代《か》わっても、日顕《にっけん》の謗法《ほうぼう》の濁流《だくりゅう》をそのまま受《う》け継《つ》いでいるので、私たちは日顕宗《にっけんしゅう》と呼《よ》びます。

悪《あく》と戦《たたか》う

日蓮大聖人《にちれんだいしょうにん》は、「立正安国論《りっしょうあんこくろん》」のなかで「しかず、かの万祈《ばんき》を修《しゅ》せんよりは、この一凶《いっきょう》を禁《きん》ぜんには」(24ページ)、「すべからく凶《きょう》を捨《す》てて善《ぜん》に帰《き》し、源《みなもと》を塞《ふさ》ぎ根《ね》を截《た》つべし」(25ページ)と仰《おお》せです。

仏法《ぶっぽう》を正《ただ》しく実践《じっせん》していく上《うえ》で決《けっ》して忘《わす》れてはならない一点《いってん》は、人々《ひとびと》の心《こころ》を惑《まど》わす根本《こんぽん》の悪縁《あくえん》である「一凶《いっきょう》」と戦《たたか》い抜《ぬ》くことです。

「法華経《ほけきょう》の敵《かたき》」を責《せ》めてこそ成仏《じょうぶつ》

日蓮大聖人《にちれんだいしょうにん》の仏法《ぶっぽう》では「悪《あく》を責《せ》める」「悪《あく》と戦《たたか》う」信心《しんじん》を強調《きょうちょう》されています。

「信心《しんじん》ふか《深》きものも法華経《ほけきょう》のかたき《敵》をばせ《責》めず。いかなる大善《だいぜん》をつく《作》り、法華経《ほけきょう》を千《せん》万部《まんぶ》読《よ》み書写《しょしゃ》し、一念三千《いちねんさんぜん》の観道《かんどう》を得《え》たる人《ひと》なりとも、法華経《ほけきょう》の敵《かたき》をだにもせめ《責》ざれば、得道《とくどう》ありがたし」（1494ジベー）

どんなに大善《だいぜん》を作《つく》って、仏法《ぶっぽう》の修行《しゅぎょう》を重《かさ》ねても、「法華経《ほけきょう》の敵《かたき》」を責《せ》めなければ成仏《じょうぶつ》は叶《かな》わないと仰《おお》せです。

「法華経《ほけきょう》の敵《かたき》」とは、人々《ひとびと》に法華経《ほけきょう》を捨《す》てさせ、万人《ばんにん》の成仏《じょうぶつ》の道《みち》を塞《ふさ》ぐ者《もの》をいいます。法華経《ほけきょう》は、誰人《たれびと》の生命《せいめい》にも仏性《ぶっしょう》があると説《と》く、最《もっと》も普遍的《ふへんてき》な「人間尊敬《にんげんそんけい》」の思想《しそう》です。この法華経《ほけきょう》を否定《ひてい》したり、法華経《ほけきょう》の流布《るふ》を阻《はば》んだり、法華経《ほけきょう》の実践者《じっせんしゃ》を迫害《はくがい》することは、「生命尊厳《せいめいそんげん》」「万人平等《ばんにんびょうどう》」「民衆根本《みんしゅうこんぽん》」の思想《しそう》に逆行《ぎゃっこう》する「法華経《ほけきょう》の敵《かたき》」にあたります。

この趣旨《しゅし》の上《うえ》から、日蓮大聖人《にちれんだいしょうにん》の御在世当時《ございせとうじ》において「法華経《ほけきょう》の敵《かたき》」の姿《すがた》を顕《あらわ》した人間《にんげん》を一人《ひとり》、挙《あ》げるならば、極楽寺良観《ごくらくじりょうかん》が、その代表格《だいひょうかく》といえるでしょう。世間的《せけんてき》には〝生《い》き仏《ぼとけ》〟のように人々《ひとびと》の尊敬《そんけい》を集《あつ》めながら、裏《うら》では法華経《ほけきょう》の真髄《しんずい》である南無妙法蓮華経《なんみょうほうれんげきょう》を広宣流布《こうせんるふ》しようとされる大聖人《だいしょうにん》を迫害《はくがい》した僭聖増上慢《せんしょうぞうじょうまん》であったのです。

そして、現代《げんだい》であれば、日蓮大聖人《にちれんだいしょうにん》の御遺命《ごゆいめい》である広宣流布《こうせんるふ》を現実《げんじつ》に展開《てんかい》している創《そう》価学会《かがっかい》を破壊《はかい》しようと企《くわだ》てた日顕《にっけん》が「法華経《ほけきょう》の敵《かたき》」に当《あ》たります。

宗門事件《しゅうもんじけん》の経過《けいか》

日蓮大聖人《にちれんだいしょうにん》の広宣流布《こうせんるふ》の精神《せいしん》と実践《じっせん》は、日興上人《にっこうしょうにん》に正《ただ》しく継承《けいしょう》されました。しかし、時代《じだい》を経《へ》るごとに、日蓮正宗宗門《にちれんしょうしゅうしゅうもん》では、そうした精神《せいしん》と実践《じっせん》が形骸化《けいがいか》して、「葬式仏教《そうしきぶっきょう》」と化《か》し、僧侶《そうりょ》の権威化《けんいか》が進《すす》み、僧俗《そうぞく》の差別《さべつ》が行《おこな》われるようになってしまいました。創価学会《そうかがっかい》が創立《そうりつ》されるころには、まさに法滅《ほうめつ》という状況《じょうきょう》でした。

創立以来《そうりついらい》、広宣流布《こうせんるふ》の実現《じつげん》を目指《めざ》す大願《だいがん》を貫《つらぬ》いてきた創価学会《そうかがっかい》は、宗門《しゅうもん》に対《たい》して正《ただ》すべきは正《ただ》しながら、宗門《しゅうもん》を支《ささ》えてきました。

戦後《せんご》、宗門《しゅうもん》が経済的《けいざいてき》に疲弊《ひへい》していた時《とき》から赤誠《せきせい》の真心《まごころ》で宗門《しゅうもん》を守《まも》り、３５０以上《いじょう》もの寺院《じいん》を建立《こんりゅう》して寄進《きしん》してきました。

広布《こうふ》の大願《だいがん》に生《い》きる創価学会《そうかがっかい》と、僧侶《そうりょ》の権威《けんい》を保《たも》とうとする宗門《しゅうもん》との間《あいだ》には摩擦《まさつ》が生《しょう》ずることもありました。しかし、学会《がっかい》は紛糾《ふんきゅう》した事態《じたい》の収拾《しゅうしゅう》に、忍耐強《にんたいづよ》く努力《どりょく》してきました。

日顕《にっけん》が法主《ほっす》になると、広宣流布《こうせんるふ》のために宗門《しゅうもん》を支《ささ》えていこうとする学会《がっかい》の誠意《せいい》を踏《ふ》みにじり、僧侶《そうりょ》が宗教的権威《しゅうきょうてきけんい》をふるう信徒蔑視《しんとべっし》の体質《たいしつ》が一層強《いっそうつよ》まりました。

世界宗教《せかいしゅうきょう》へと飛躍《ひやく》する創価学会《そうかがっかい》と、その指導者《しどうしゃ》であり、各界《かっかい》から賞讃《しょうさん》される池田先生《いけだせんせい》を敵視《てきし》するようになった日顕《にっけん》は、学会《がっかい》を破壊《はかい》しようと画策《かくさく》。平成2年（1990年）、日顕《にっけん》は、学会《がっかい》を切《き》り捨《す》てて、会員信徒《かいいんしんと》を宗門《しゅうもん》に隷属《れいぞく》させるために、「創価学会分離作戦《そうかがっかいぶんりさくせん》」（C作戦《さくせん》）という陰謀《いんぼう》を企《くわだ》て、実行《じっこう》に移《うつ》しました。

すなわち、同年《どうねん》12月、宗門《しゅうもん》は宗規《しゅうき》（宗門《しゅうもん》の規約《きやく》）を一方的《いっぽうてき》に変更《へんこう》し、池田名誉会長《いけだめいよかいちょう》に対《たい》して、法華講《ほっけこう》（宗門《しゅうもん》の信徒団体《しんとだんたい》）総講頭《そうこうとう》の役職罷免《やくしょくひめん》を通告《つうこく》してきたのです。

学会《がっかい》は話《はな》し合《あ》いによる解決《かいけつ》を求《もと》めましたが、宗門《しゅうもん》はこれを拒否《きょひ》しました。

そして、平成3年（1991年）11月には、全《まった》く根拠《こんきょ》のない「解散勧告書《かいさんかんこくしょ》」（7日）を学《がっ》会《かい》に送《おく》りつけ、さらには「破門通告書《はもんつうこくしょ》」（28日）を送付《そうふ》。一方的《いっぽうてき》に学会《がっかい》を「破門《はもん》」するに至《いた》ったのです。

また、宗門《しゅうもん》は、非道《ひどう》にも学会員《がっかいいん》に対《たい》して、時《とき》の法主《ほっす》が書写《しょしゃ》した御本尊《ごほんぞん》の下付《かふ》を停止《ていし》しました。これは、御本尊《ごほんぞん》を受持《じゅじ》したければ宗門《しゅうもん》に従《したが》えという、信仰《しんこう》の根本《こんぽん》である御本尊《ごほんぞん》を〝人質《ひとじち》〟とした、卑劣《ひれつ》な宗教的弾圧《しゅうきょうてきだんあつ》であり、脅迫《きょうはく》でした。

しかし、学会《がっかい》は、平成5年（1993年）に日寛上人《にちかんしょうにん》書写《しょしゃ》の御本尊《ごほんぞん》を全世界《ぜんせかい》の会員《かいいん》に授《じゅ》与《よ》していくことを決定《けってい》。

日蓮大聖人直結《にちれんだいしょうにんちょっけつ》の広宣流布《こうせんるふ》の教団《きょうだん》である学会《がっかい》こそ、「法華弘通《ほっけぐつう》のはた《旗》じるし」（1243ジペー）と仰《おお》せの御本尊《ごほんぞん》を授与《じゅよ》する権能《けんのう》があると宣言《せんげん》し、仏意仏勅《ぶついぶっちょく》の世界広布《せかいこうふ》の実現《じつげん》へ、前進《ぜんしん》していくことになりました。

創価学会《そうかがっかい》は、大聖人《だいしょうにん》の御遺命《ごゆいめい》の世界広宣流布《せかいこうせんるふ》を推進《すいしん》する仏意仏勅《ぶついぶっちょく》の教団《きょうだん》であるとの自《じ》覚《かく》に立《た》ち、その責任《せきにん》において広宣流布《こうせんるふ》のための御本尊《ごほんぞん》を認定《にんてい》しており、世界宗教《せかいしゅうきょう》として大きく飛翔《ひしょう》する時代《じだい》を迎《むか》えたのです。

日顕宗《にっけんしゅう》は、ますます魔性《ましょう》の正体《しょうたい》をあらわにし、平成10年（１９９８年）には、８００万《まん》人《にん》の信心《しんじん》の結晶《けっしょう》で建立《こんりゅう》された正本堂《しょうほんどう》を破壊《はかい》するという暴挙《ぼうきょ》に出《で》ました。

正本堂《しょうほんどう》は耐用年数《たいようねんすう》は千年《せんねん》ともいわれ、20世紀最大最高《せいきさいだいさいこう》の宗教建築《しゅうきょうけんちく》とうたわれていました。しかし、日顕《にっけん》は、建立《こんりゅう》からわずか26年にして無残《むざん》にも破壊《はかい》。８００万人の信心《しんじん》の赤誠《せきせい》を、いとも簡単《かんたん》に踏《ふ》みにじったのです。

平成17年（２００５年）12月、日顕《にっけん》は退座《たいざ》し、日如《にちにょ》が法主《ほっす》となりましたが、天魔《てんま》・日顕《にっけん》の毒《どく》に染《そ》められた濁流《だくりゅう》は、元《もと》には戻《もど》りません。日顕宗《にっけんしゅう》は、完全《かんぜん》に日蓮大聖人《にちれんだいしょうにん》の仏法《ぶっぽう》に違背《いはい》した邪宗門《じゃしゅうもん》と化《か》したのです。

日顕宗《にっけんしゅう》の大罪《だいざい》と邪義《じゃぎ》

日顕宗《にっけんしゅう》では、法主《ほっす》を絶対《ぜったい》として崇《あが》める「法主信仰《ほっすしんこう》」ともいうべき誤《あやま》った信仰《しんこう》を根幹《こんかん》としています。その前提《ぜんてい》として、法主《ほっす》だけに流《なが》れ通《かよ》う〝神秘的《しんぴてき》〟な血脈《けつみゃく》があるなどとします。そうした考《かんが》えを根本《こんぽん》にして、信徒蔑視《しんとべっし》の体質《たいしつ》がつくられていったのです。

これらは、御書《ごしょ》のどこにも一切《いっさい》書《か》かれていない、日蓮大聖人《にちれんだいしょうにん》の仏法《ぶっぽう》とは正反対《せいはんたい》の邪義《じゃぎ》です。ここでは、日顕宗《にっけんしゅう》の邪義《じゃぎ》の破折《はしゃく》を通《とお》して、日蓮仏法《にちれんぶっぽう》の本義《ほんぎ》を学《まな》びます。

① 広布破壊《こうふはかい》の謗法《ほうぼう》

広宣流布《こうせんるふ》の団体《だんたい》である創価学会《そうかがっかい》を破壊《はかい》しようと、C作戦《さくせん》を推進《すいしん》していた日顕宗《にっけんしゅう》は、平成3年（1991年）11月、学会《がっかい》に「破門通告書《はもんつうこくしょ》」を送《おく》ってきました。

そこには御書《ごしょ》の引用《いんよう》もなく、学会《がっかい》を破門《はもん》する教義上《きょうぎじょう》の根拠《こんきょ》も全《まった》く示《しめ》されていませんでした。単《たん》に〝学会《がっかい》が宗門《しゅうもん》に服従《ふくじゅう》しないから〟という権威的《けんいてき》・感情的《かんじょうてき》な主張《しゅちょう》が繰《く》り返《かえ》されていたにすぎません。

「大願《だいがん》とは法華弘通《ほっけぐつう》なり」（736ジペー）、「広宣流布《こうせんるふ》の大願《だいがん》」（1337ジペー）と仰《おお》せのように、広宣流布《こうせんるふ》は日蓮大聖人《にちれんだいしょうにん》の御遺命《ごゆいめい》です。

だからこそ、創価学会《そうかがっかい》は、創立以来《そうりついらい》、広宣流布《こうせんるふ》を目指《めざ》して、折伏《しゃくぶく》・弘教《ぐきょう》の実践《じっせん》に努《つと》め、日本《にほん》のみならず、全世界《ぜんせかい》に大聖人《だいしょうにん》の仏法《ぶっぽう》を弘通《ぐつう》してきたのです。

その創価学会《そうかがっかい》の破壊《はかい》を企《くわだ》てるということは、広宣流布《こうせんるふ》破壊《はかい》の大謗法《だいほうぼう》であり、一切衆生《いっさいしゅじょう》の救済《きゅうさい》を目指《めざ》された日蓮大聖人《にちれんだいしょうにん》の御心《おこころ》に背《そむ》く大罪《だいざい》です。

日顕《にっけん》の「破和合僧《はわごうそう》」の大罪《だいざい》

仏法上《ぶっぽうじょう》の大罪《だいざい》に「五逆罪《ごぎゃくざい》」があります。

五逆《ごぎゃく》とは、①父《ちち》を殺《ころ》す、②母《はは》を殺《ころ》す、③阿羅漢《あらかん》を殺《ころ》す、④仏身《ぶっしん》より血《ち》を出《いだ》す、⑤和合《わごう》僧《そう》を破《やぶ》る（破和合僧《はわごうそう》）、の五つです。

このうち、仏《ほとけ》の教団《きょうだん》を分裂混乱《ぶんれつこんらん》させる行為《こうい》である「破和合僧《はわごうそう》」は、仏《ほとけ》の教《おし》えを破壊《はかい》し、人々《ひとびと》を迷《まよ》わせ不幸《ふこう》へと堕《お》とす重罪《じゅうざい》です。日顕《にっけん》が犯《おか》した最大《さいだい》の罪《つみ》は、この「破和合僧《はわごうそう》」の罪《つみ》です。

広布《こうふ》を推進《すいしん》してきた創価学会《そうかがっかい》の組織《そしき》破壊《はかい》を企《くわだ》てたことは、日蓮大聖人《にちれんだいしょうにん》の御遺命《ごゆいめい》に違背《いはい》する謗法《ほうぼう》以外《いがい》の何《なに》ものでもありません。

② 法主信仰《ほっすしんこう》の邪義《じゃぎ》

現日蓮正宗《げんにちれんしょうしゅう》を、なぜ「日顕宗《にっけんしゅう》」と呼《よ》ぶのか。それは、日顕宗《にっけんしゅう》の教義《きょうぎ》が、法主《ほっす》を信仰《しんこう》の対象《たいしょう》としているからです。

本来《ほんらい》、法主《ほっす》とは、法《ほう》を護持《ごじ》し教《おし》え広《ひろ》める主体者《しゅたいしゃ》という意味《いみ》です。信行学《しんぎょうがく》の範《はん》となり、正法《しょうほう》を護持《ごじ》する存在《そんざい》でなければなりません。

ところが、第《だい》2次宗門事件《じしゅうもんじけん》が起《お》こって以来《いらい》、宗門《しゅうもん》の法主《ほっす》であった阿部日顕《あべにっけん》とその一派《いっぱ》が終始《しゅうし》、主張《しゅちょう》しているのは〝法主《ほっす》は絶対《ぜったい》であるから、ともかく法主《ほっす》に従《したが》え〟という、一切《いっさい》の対話《たいわ》を拒絶《きょぜつ》して独善化《どくぜんか》を進《すす》める「法主絶対論《ほっすぜったいろん》」「法主信仰《ほっすしんこう》」です。法主《ほっす》（日顕《にっけん》）を絶対《ぜったい》とするゆえに日顕宗《にっけんしゅう》というのです。

法主信仰《ほっすしんこう》は、日蓮大聖人《にちれんだいしょうにん》の仏法《ぶっぽう》の三宝《さんぽう》（仏宝《ぶっぽう》・法宝《ほうぼう》・僧宝《そうほう》）を破壊《はかい》する大慢心《だいまんしん》の教義《きょうぎ》であり、日顕宗《にっけんしゅう》が邪教《じゃきょう》と化《か》した根幹《こんかん》の要因《よういん》です。

たとえば、宗門《しゅうもん》の公式文書《こうしきぶんしょ》には次《つぎ》のようにあります（宗門《しゅうもん》の機関誌《きかんし》に掲載《けいさい》された、いわゆる「能化文書《のうけぶんしょ》」）。

「唯授一人《ゆいじゅいちにん》の血脈《けつみゃく》の当処《とうしょ》は、戒壇《かいだん》の大御本尊《だいごほんぞん》と不二《ふに》の尊体《そんたい》にましますーー」「この根本《こんぽん》の二つ（大御本尊《だいごほんぞん》と法主《ほっす》）に対《たい》する信心《しんじん》は、絶対《ぜったい》でなければなりません」

法主《ほっす》が大御本尊《だいごほんぞん》と不二《ふに》の尊体《そんたい》であるとは、法主《ほっす》を絶対《ぜったい》なるものとして礼拝《らいはい》し、信仰《しんこう》せよということです。

御本尊《ごほんぞん》をお守《まも》りする役割《やくわり》の法主《ほっす》が、いわば、尊極《そんごく》の法《ほう》そのものの体《たい》である御本尊《ごほんぞん》と同《どう》等《とう》の地位《ちい》にまでのし上《あ》がった教義《きょうぎ》です。これほどの前代未聞《ぜんだいみもん》の邪義《じゃぎ》はありません。

「御本尊根本《ごほんぞんこんぽん》」こそ正《ただ》しい信心《しんじん》

日蓮大聖人《にちれんだいしょうにん》は「この曼荼羅《まんだら》、よくよく信《しん》ぜさせ給《たも》うべし」（1124ジ）、「無二《むに》に信《しん》ずる故《ゆえ》によって、この御本尊《ごほんぞん》の宝塔《ほうとう》の中《なか》へ入《い》るべきなり」（1244ジ）等《とう》と仰《おお》せです。

また、日興上人《にっこうしょうにん》も「ただ御書《ごしょ》の意《い》に任《まか》せて、妙法蓮華経《みょうほうれんげきょう》の五字《ごじ》をもって本尊《ほんぞん》と為《な》すべしと。即《すなわ》ち御自筆《ごじひつ》の本尊《ほんぞん》（大聖人御自身《だいしょうにんごじしん》が認《したた》められた御本尊《ごほんぞん》）これなり」（1606ジペー）と述《の》べられています。

「御本尊根本《ごほんぞんこんぽん》の信心《しんじん》」こそが、大聖人《だいしょうにん》・日興上人《にっこうしょうにん》以来《いらい》の正《ただ》しい信心《しんじん》です。

法主《ほっす》の絶対視《ぜったいし》は大聖人《だいしょうにん》・日興上人《にっこうしょうにん》に違背《いはい》

ところが日顕宗《にっけんしゅう》は、唯一無二《ゆいいつむに》であるべき御本尊《ごほんぞん》に法主《ほっす》を加《くわ》えて「根本《こんぽん》の二つ」とし、大聖人《だいしょうにん》・日興上人《にっこうしょうにん》の御心《おこころ》に背《そむ》く正法破壊《しょうほうはかい》の邪義《じゃぎ》を唱《とな》えています。

「日興遺誡置文《にっこうゆいかいおきぶみ》」には、次《つぎ》のようにあります。

「時《とき》の貫首《かんず》たりといえども、仏法《ぶっぽう》に相違《そうい》して己義《こぎ》を構《かま》えば、これを用《もち》うべからざること」（1618ジペー）

たとえ法主《ほっす》であろうとも、仏法《ぶっぽう》から逸脱《いつだつ》して、自分勝手《じぶんかって》な主張《しゅちょう》をする場合《ばあい》は、それを用《もち》いてはならないと断言《だんげん》されています。日興上人《にっこうしょうにん》は、貫首《かんず》すなわち後代《こうだい》の法主《ほっす》が誤《あやま》りを

第3章

犯《おか》すこともありうると想定《そうてい》されていたのです。

同《おな》じく「遺誡置文《ゆいかいおきぶみ》」には、「時《とき》の貫首《かんず》あるいは習学《しゅうがく》の仁《じん》においては、たとい一旦《いったん》の婬《よう》犯《はん》有《あ》りといえども、衆徒《しゅうと》に差《さ》し置《お》くべきこと」（1619㌻）とも言《い》われています。

時《とき》の法主《ほっす》や、しかるべき学《がく》を積《つ》んだ僧《そう》が、僧侶《そうりょ》としてあってはならない間違《まちが》いを犯《おか》すことがあったとすれば、本来《ほんらい》は即刻破門《そっこくはもん》にすべきだが、むしろ、一般《いっぱん》の僧《そう》（衆徒《しゅうと》）として修行《しゅぎょう》を再《ふた》びやり直《なお》させて、根本的《こんぽんてき》に謝罪《しゃざい》する道《みち》をとらせるべきであるとの御指南《ごしなん》です。

「遺誡置文《ゆいかいおきぶみ》」に照《て》らしても、法主《ほっす》を絶対視《ぜったいし》することは、日蓮大聖人《にちれんだいしょうにん》・日興上人《にっこうしょうにん》に完全《かんぜん》に違背《いはい》した邪義《じゃぎ》であることは明白《めいはく》です。

③ 誤《あやま》った血脈観《けつみゃくかん》

神秘的《しんぴてき》な血脈《けつみゃく》の嘘《うそ》

日顕宗《にっけんしゅう》で法主《ほっす》が絶対《ぜったい》であるとする考《かんが》えが生《しょう》じているのは、前提《ぜんてい》となる血脈観《けつみゃくかん》が誤《あやま》っているからです。

前《まえ》の法主《ほっす》から「血脈相承《けつみゃくそうじょう》」を受《う》けるだけで、仏《ほとけ》の内証《ないしょう》（心《こころ》の中《なか》の覚《さと》り）、法体《ほったい》（覚《さと》りの法《ほう》そのもの）が、次《つぎ》の法主《ほっす》へ伝《つた》えられるとする〝神秘的《しんぴてき》〟な血脈観《けつみゃくかん》のことです。

日顕宗《にっけんしゅう》の「能化文書《のうけぶんしょ》」には、「唯授一人《ゆいじゅいちにん》の血脈法水《けつみゃくほっすい》は、まさに人法一箇《にんぽういっか》の御法体《ごほったい》です」などと記《しる》されています。

　このような〝神秘的《しんぴてき》〟な血脈観《けつみゃくかん》は、日蓮大聖人《にちれんだいしょうにん》、日興上人《にっこうしょうにん》の教《おし》えとは無縁《むえん》の邪義《じゃぎ》であり、のちの時代《じだい》の者《もの》が、法主《ほっす》の権威《けんい》を主張《しゅちょう》するために作《つく》ったものです。

日蓮大聖人《にちれんだいしょうにん》の仏法《ぶっぽう》における血脈《けつみゃく》とは、本来《ほんらい》、一切衆生《いっさいしゅじょう》に開《ひら》かれたものであり、一部《いちぶ》の者《もの》が独占《どくせん》するものではありません。

「血脈《けつみゃく》」という言葉《ことば》は、真言密教《しんごんみっきょう》や日本天台宗《にほんてんだいしゅう》や禅宗《ぜんしゅう》で盛《さか》んに用《もち》いられ、師匠《ししょう》から弟子《でし》へ法門《ほうもん》が受《う》け継《つ》がれることを、親《おや》から子《こ》へ血筋《ちすじ》が受《う》け継《つ》がれることに譬《たと》えたものです。

「血脈《けつみゃく》」の本義《ほんぎ》は万人《ばんにん》に開《ひら》かれた「信心《しんじん》」

日蓮大聖人御在世当時《にちれんだいしょうにんございせとうじ》の日本仏教界《にほんぶっきょうかい》では、「血脈《けつみゃく》」の名《な》のもとに、ごく一部《いちぶ》の閉《と》ざされた人間《にんげん》だけに仏法《ぶっぽう》の奥義《おうぎ》なるものが伝《つた》わるとする「秘伝主義《ひでんしゅぎ》」が横行《おうこう》していました。

それに対《たい》して日蓮大聖人《にちれんだいしょうにん》は、成仏《じょうぶつ》の血脈《けつみゃく》は特定《とくてい》の人間《にんげん》のみが所持《しょじ》するものではなく、万人《ばんにん》に開《ひら》かれるものであることを明確《めいかく》に示《しめ》されています。

「生死一大事血脈抄《しょうじいちだいじけつみゃくしょう》」に「日本国《にほんこく》の一切衆生《いっさいしゅじょう》に法華経《ほけきょう》を信《しん》ぜしめて、仏《ほとけ》に成《な》る血脈《けつみゃく》を継《つ》がしめん」（1337ジ《ペー》）と仰《おお》せです。

日蓮大聖人《にちれんだいしょうにん》の仏法《ぶっぽう》においては、「血脈《けつみゃく》」といっても、結論《けつろん》は「信心《しんじん》の血脈《けつみゃく》」（1338ジ《ペー》）という表現《ひょうげん》にあるように「信心《しんじん》」のことです。

これに対《たい》して、信心《しんじん》、実践《じっせん》と関係《かんけい》なく、相承《そうじょう》されれば、そのまま仏《ほとけ》であるとする日顕《にっけん》宗《しゅう》の特権的《とっけんてき》・神秘的相承観《しんぴてきそうじょうかん》は、「信心《しんじん》の血脈《けつみゃく》」という血脈《けつみゃく》の本義《ほんぎ》から大《おお》きく外《はず》れた邪義《じゃぎ》なのです。

④ 僧俗差別《そうぞくさべつ》

「僧俗差別義《そうぞくさべつぎ》」の時代錯誤《じだいさくご》

日顕《にっけん》および日顕宗《にっけんしゅう》の僧侶《そうりょ》に共通《きょうつう》しているのは、〝僧《そう》が上《うえ》で信者《しんじゃ》は下《した》〟という、信徒《しんと》に対《たい》する「差別思想《さべつしそう》」が染《し》みついていることです。

例《たと》えば、日顕《にっけん》が平成2年（1990年）に学会《がっかい》を切《き》ろうとした際《さい》に「20万《まん》、こっちにつけばいい」と語《かた》っていたことは有名《ゆうめい》です。「20万《まん》」というのは、自分《じぶん》たちが贅沢三昧《ぜいたくざんまい》の生活《せいかつ》を続《つづ》けるための人数《にんずう》です。こうした発言自体《はつげんじたい》、信徒《しんと》の幸福《こうふく》を全《まった》く考《かんが》えていないことを物語《ものがた》っています。

信徒蔑視《しんとべっし》の思想《しそう》は、日蓮大聖人《にちれんだいしょうにん》の仏法《ぶっぽう》には存在《そんざい》しません。

日蓮大聖人《にちれんだいしょうにん》は「この世《よ》の中《なか》の男女僧尼《なんにょそうに》は嫌《きら》うべからず。法華経《ほけきょう》を持《たも》たせ給《たも》う人《ひと》は、一《いっ》切衆生《さいしゅじょう》のしう《主》とこそ、仏《ほとけ》は御《ご》らん候《そうろう》らめ」（1134ジペー）、「僧《そう》も俗《ぞく》も尼《あま》も女《おんな》も、一句《いっく》をも人《ひと》にかたらん人《ひと》は、如来《にょらい》の使《つかい》と見《み》えたり」(1448ジペー)と、明確《めいかく》に僧俗《そうぞく》の平等《びょうどう》を説《と》かれています。

日顕宗《にっけんしゅう》が、僧俗《そうぞく》の平等《びょうどう》を真《ま》っ向《こう》から否定《ひてい》する背景《はいけい》には、江戸《えど》時代《じだい》を中心《ちゅうしん》に日本《にほん》の仏教《ぶっきょう》が葬式仏教化《そうしきぶっきょうか》し、檀家制度《だんかせいど》が普及《ふきゅう》したことがあげられます。僧侶《そうりょ》は信者《しんじゃ》を支配《しはい》し、隷属《れいぞく》させ、信徒《しんと》も僧侶《そうりょ》に依存《いそん》し、自身《じしん》の仏道修行《ぶつどうしゅぎょう》を完全《かんぜん》になおざりにしてしまったのです。僧俗差別《そうぞくさべつ》檀家制度《だんかせいど》の弊害《へいがい》を体質《たいしつ》として深《ふか》く残《のこ》している時代錯誤《じだいさくご》の集団《しゅうだん》が日顕宗《にっけんしゅう》です。僧俗差別義《ぎ》は、その象徴《しょうちょう》です。

⑤ 化儀《けぎ》の悪用《あくよう》

日顕宗《にっけんしゅう》の大罪《だいざい》の一つとして、葬儀《そうぎ》、法要《ほうよう》、戒名《かいみょう》、塔婆《とうば》などの化儀《けぎ》を悪用《あくよう》し、仏法《ぶっぽう》を金《かね》儲《もう》けの道具《どうぐ》にしてきたことが挙《あ》げられます。

現在《げんざい》、宗門《しゅうもん》が行《おこな》っているような僧侶《そうりょ》による葬儀《そうぎ》、法要《ほうよう》、戒名《かいみょう》などの化儀《けぎ》は、大聖人御《だいしょうにんご》自身《じしん》が定《さだ》められたものではなく、のちの時代《じだい》に作《つく》られたものにすぎません。

宗門《しゅうもん》は、僧侶《そうりょ》による葬儀《そうぎ》が成仏《じょうぶつ》のために不可欠《ふかけつ》であるなどと主張《しゅちょう》していますが、そのようなことを大聖人《だいしょうにん》は一切言《いっさいい》われていません。

むしろ、「過去《かこ》の慈父尊霊《じぶそんりょう》は、存生《ぞんしょう》に南無妙法蓮華経《なんみょうほうれんげきょう》と唱《とな》えしかば、即身成仏《そくしんじょうぶつ》の人《ひと》なり」（1423ジベー、通解《つうかい》――亡《な》くなった御尊父《ごそんぷ》は、存命中《ぞんめいちゅう》に南無妙法蓮華経《なんみょうほうれんげきょう》と唱《とな》えたのですから、即身《そくしん》成仏《じょうぶつ》の人《ひと》なのです）等《とう》と仰《おお》せのように、各人《かくじん》の成仏《じょうぶつ》は、生前《せいぜん》の信心《しんじん》・実践《じっせん》によることを強《きょう》調《ちょう》されています。

大聖人《だいしょうにん》の御教示《ごきょうじ》を無視《むし》して、僧侶《そうりょ》による葬儀《そうぎ》が成仏《じょうぶつ》のために不可欠《ふかけつ》である、などと言《い》うこと自体《じたい》、大聖人《だいしょうにん》の仏法《ぶっぽう》を歪《ゆが》める大罪《だいざい》です。

⑥腐敗堕落《ふはいだらく》

大聖人《だいしょうにん》は、僧侶《そうりょ》の在《あ》り方《かた》について、「ただ正直《しょうじき》にして、少欲知足《しょうよくちそく》たらん僧《そう》こそ、真実《しんじつ》

第3章

の僧《そう》なるべけれ」（1056ジペ－、通解《つうかい》――ただ正法《しょうほう》に対《たい》して素直《すなお》で、少欲知足《しょうよくちそく》である僧《そう》こそが、真実《しんじつ》の僧《そう》である）と、欲望《よくぼう》が少《すく》なく、わずかで満足《まんぞく》する質素《しっそ》な振《ふ》る舞《ま》いであるべきことを示《しめ》されています。

しかし、日顕《にっけん》をはじめ、日顕宗《にっけんしゅう》の悪僧《あくそう》の実態《じったい》は、腐敗堕落《ふはいだらく》を極《きわ》め、大聖人《だいしょうにん》の御教示《ごきょうじ》とは、全《まった》く逆《ぎゃく》のものになっています。

大聖人《だいしょうにん》は、こうした仏法利用《ぶっぽうりよう》の悪僧《あくそう》について、「法師《ほっし》の皮《かわ》を著《き》たる畜生《ちくしょう》」（1386ジペ－）、「食法《じきほう》がき（餓鬼《がき》）」（1111ジペ－）と厳《きび》しく破折《はしゃく》されています。

創価学会《そうかがっかい》は、邪宗門《じゃしゅうもん》の黒《くろ》い鉄鎖《てっさ》を断《た》ち切《き》り、いわば「魂《たましい》の独立《どくりつ》」を果《は》たしました。以来《いらい》、年《とし》を重《かさ》ねるごとに、地球上《ちきゅうじょう》のあの地《ち》この地《ち》でメンバーが誕生《たんじょう》し、同志《どうし》が増《ふ》えていきました。今《いま》やSGIの連帯《れんたい》は世界《せかい》192カ国《こく》・地域《ちいき》まで広《ひろ》がるに至《いた》りました。

これに対《たい》して、日顕宗《にっけんしゅう》は衰退《すいたい》の一途《いっと》をたどっており、信者数《しんじゃすう》は学会《がっかい》を破門《はもん》する前《まえ》のわずか2％にまで激減《げきげん》しています。

現実《げんじつ》の姿《すがた》の上《うえ》からも、また、仏法《ぶっぽう》の上《うえ》からも、その正邪《せいじゃ》はあまりにも明《あき》らかです。学会《がっかい》は、大聖人《だいしょうにん》の御心《おこころ》に違背《いはい》した大謗法《だいほうぼう》の地《ち》にある弘安《こうあん》2年の御本尊《ごほんぞん》は受持《じゅじ》の対象《たいしょう》にしないことを平成26年（2014年）11月に確認《かくにん》しました。

大聖人《だいしょうにん》の御遺命《ごゆいめい》である広宣流布《こうせんるふ》を実践《じっせん》する学会《がっかい》にこそ、日蓮仏法《にちれんぶっぽう》の本義《ほんぎ》は脈々《みゃくみゃく》と受《う》け継《つ》がれているのです。

私たちは、日顕宗《にっけんしゅう》の悪《あく》を断固《だんこ》、打《う》ち破《やぶ》り、さらに世界広布《せかいこうふ》の大《おお》きな流《なが》れを開《ひら》いていきましょう。

語句索引

※ 対象語句の理解に役立つ
主なページ数のみを明記した

き

く

け

こ

さ

し

す

せ

そ

ま

み

め

も

り

ろ

わ

教学入門

発行日　二〇一五年六月六日
編　者　創価学会教学部
発行者　松岡　資
発行所　聖教新聞社
〒一六〇-八〇七〇　東京都新宿区信濃町一八
電話〇三—三三五三—六一一一（大代表）
印刷・製本　図書印刷株式会社
＊
落丁・乱丁本はお取り替えいたします

定価は表紙に表示してあります
ISBN978-4-412-01570-8